本书出版得到以下项目资助：
国家社会科学基金项目“技术市场促进有效创新的路径与政策研究”（20XJL010）
广西高校人文社会科学重点研究基地（广西科技大学广西工业高质量发展研究中心）基金
国家民委民族研究项目“西南民族地区资源型产业低端锁定困境突破路径研究”（2020-GMB-025）
广西哲学社会科学规划项目“价值链视角下广西制造业深度融入‘双循环’路径研究”（21BYJ025）
广西科技大学博士基金项目“广西工业参与国内大循环机制研究”（校科博21S11）

中国城市群创新空间结构及其经济增长质量效应研究

Research on the Innovation Spatial Structure of China Urban Agglomeration and Its Effect on Quality of Economic Growth

高安刚◎著

经济管理出版社
ECONOMY & MANAGEMENT PUBLISHING HOUSE

图书在版编目（CIP）数据

中国城市群创新空间结构及其经济增长质量效应研究/高安刚著．—北京：经济管理出版社，2022.2

ISBN 978-7-5096-8315-6

Ⅰ.①中…　Ⅱ.①高…　Ⅲ.①城市群—空间结构—研究—中国②城市群—经济增长质量—研究—中国　Ⅳ.①F299.2

中国版本图书馆 CIP 数据核字(2022)第 037658 号

组稿编辑：曹　靖
责任编辑：郭　飞
责任印制：黄章平
责任校对：蔡晓臻

出版发行：经济管理出版社
（北京市海淀区北蜂窝 8 号中雅大厦 A 座 11 层　100038）
网　　址：www.E-mp.com.cn
电　　话：(010) 51915602
印　　刷：北京虎彩文化传播有限公司
经　　销：新华书店
开　　本：720mm×1000mm/16
印　　张：14
字　　数：245 千字
版　　次：2022 年 4 月第 1 版　　2022 年 4 月第 1 次印刷
书　　号：ISBN 978-7-5096-8315-6
定　　价：88.00 元

序

《中华人民共和国国民经济和社会发展第十四个五年规划和2035年远景目标纲要》强调加大推进城市群建设力度，城市群建设不仅是全球城市化的主导方向，也是促进区域创新、拉动经济增长的核心空间载体。在中国经济增速减缓、“刘易斯拐点”来临及“人口红利”趋于消失的状态下，传统依靠要素驱动经济增长的模式将不可持续，实现经济增长质量提升将是中国经济发展方式转变、增长动力转换的关键所在。

在国家深入推进城市群建设、加快实施创新驱动战略、推动经济高质量转型的多重战略叠加下，城市群建设在战略中的核心地位越来越突出，但是，目前对城市群建设如何作用于多重战略、功能如何协同等方面的研究较少，路径并不清晰。高安刚副教授采用规范研究与实证研究相结合的方法，在严谨的理论逻辑以及翔实的数据分析基础上研究中国城市群创新空间结构及其经济增长质量效应，进而形成本书，有效地回答了这些问题。本书特色与创新体现在以下几点：

第一，基于“单中心—多中心”视角研究城市群创新空间结构，将城市群创新空间结构的表现形式聚焦于创新单中心还是创新多中心，研究视角新颖，拓宽了城市创新的空间视野，也提供了城市创新管理的新视角。

第二，构建基于“行为—空间结构—功能”的城市群创新空间结构形成动力与经济效应的基本分析框架。基于社会学中的结构功能主义理论，凝练提出“创新活动—创新空间结构—经济增长”的具体分析思路，进一步增进区域创新理论与结构功能主义之间的“对话”，拓宽创新经济地理学的实践认知领域。笔者发现，城市创新活动塑造城市群创新空间结构，而创新空间结构受到地方创新动力、国家创新动力及全球创新动力的影响，在多股力量作用下城市群创新单中心空间结构特征减弱、多中心空间结构特征增强。这种发现是难能可贵的，相当具有洞察力。

第三，搭建国家制度创新动力与创新空间结构演进之间的关联，为国家创新制度空间嵌入战略优化提供新的经验证据。作为国家创新制度的地域表现，笔者将国家高新区单独分离出来，运用双重差分法研究国家高新区对城市群创新空间结构的作用及其区域异质性表现，有助于从外生制度视角揭示城市群创新空间结构演化机制，为国家夯实和提升高新区空间战略布局提供一个新的实证结论。

第四，阐释并验证城市创新空间产生的经济效率是城市群创新经济效应的逻辑前提，提出基于创新空间结构优化的经济高质量增长新路径。本书通过对城市群创新空间结构与经济增长质量之间关系的进行经验探索，在此基础上提出基于创新空间结构调整的经济高质量增长新路径，丰富与拓展了经济高质量增长的战略体系内涵。

此外，高安刚副教授具有极强的责任心和事业心以及较强的学术科研潜力，热爱教学，潜心科研，勤奋努力，善于学习，不断思考。作为他的导师，看着他从硕士到博士再到副教授，为他取得的丰硕研究成果感到无比欣慰！因此，欣然为序，希望高安刚副教授在学术的道路上不断开拓进取，结出累累硕果！

张林

2021 年 11 月 29 日

目　录

第 1 章　绪论

1.1　研究背景与研究意义

1.1.1　研究背景

1.1.1.1　城市群是国家经济增长的重要战略空间

城市群建设是全球城市化的主导方向，是国家推进新型城镇化的空间主体，是未来经济增长格局中最具效率与潜力的核心区域，更是国家参与全球竞争的重要载体，深刻影响着国家经济发展走向及区域均衡增长（方创琳等，2018；孙铁山，2016）。城市群已成为中国国家战略中的重要组成部分，受到党和国家的高度重视。2005 年，国家出台的《全国城镇体系规划纲要（2005—2020）》提出建设三大都市连绵区及多个城镇群。2011 年，《全国主体功能区规划》将培育新的城市群作为推进城市化进程的战略目标。为了适应中国经济转型升级及加快推进社会主义现代化的现实需求，国家于 2014 年出台《国家新型城镇化规划（2014—2020 年）》，确定了城市群作为城镇化进程的主体形态的地位。2021 年，《中华人民共和国国民经济和社会发展第十四个五年规划和 2035 年远景目标纲要》再次强调加大推进城市群建设力度，城市群数量明显增多，在区域之间的空间分布更为均衡。在中国进入经济增长的新时期、新常态背景下，党的十九大进一步强化了城市群在构建城镇协调发展新格局中的主体地位。关于城市群的重大战略部署逐渐勾勒出城市群治理的清晰路径。将城市群作为研究的空间单元，适应了中国城市群治理的现实需要，有助于为国家城市化战略优化提供决策参考。

1.1.1.2 创新是引领中国经济发展的核心驱动力

熊彼特1912年提出了创新是经济增长的源泉。从20世纪60年代以后，新增长理论开始强调知识在经济增长中的作用，OECD（1996）提出了知识经济概念，进一步认为创新是推动经济发展的基本动力，并越来越受到世界各国的重视。自改革开放40多年以来，中国的创新战略经历了两次重大变革（王胜光和王旭琰，2015），第一次是1978～2006年，主要采取模仿创新的创新战略，具体表现为通过“市场换技术”的方式为模仿创新提供通道，这显著促进了知识在时间与空间上的双重累积，但也由于缺乏自主创新能力造成了“受制于人”的问题出现，对国民经济的发展带来了一定冲击。第二次是2006年至今，国家逐步将自主创新上升为国家战略，并在实践中不断得以强化。党的十六大提出创新是国家兴旺发达的不竭动力，《国家中长期科学和技术发展规划纲要（2006—2020年）》中明确提出建设创新型国家战略，党的十七大报告进一步明确提高自主创新能力是国家发展战略的核心。2012年，党的十八大提出实施创新驱动战略，2016年实施的《国家创新驱动发展战略纲要》更加突出原始创新，提出打造世界主要科学中心与创新高地的宏伟战略。党的十九大更加坚定了创新在引领新时代中国经济发展过程中的关键作用。2018年，国家出台文件在京津冀城市群积极打造北京与天津两个创新中心。2019年，长三角城市群提出围绕“一圈一核三城多点”进行区域创新布局，同年，国家发布的《粤港澳大湾区发展规划纲要》中明确提出建设“广州—深圳—香港—澳门”国际科技创新中心。国家对创新的重视程度越来越高，而城市群更是肩负着增强创新能力的重要使命，是国家有效落实创新驱动战略的重要空间载体，国家和地方政府相继出台的城市群发展规划都将创新摆在了突出位置，尤其越来越重视打造以创新中心为主要特征的区域创新空间结构。

1.1.1.3 经济高质量增长成为新时代中国的紧迫任务

随着中国经济已由高速增长阶段转向高质量发展阶段，必须推动经济发展质量变革，经济高质量增长受到党和国家的高度重视。可见，在中国经济增速减缓、“刘易斯拐点”来临及“人口红利”趋于消失的背景下，传统的依靠要素驱动经济增长的模式将不可持续（蔡昉，2013；胡晨沛，2021），实现经济高质量增长将是中国经济发展方式转变、增长动力转换的关键所在（李平等，2017），而城市群作为经济增长的“引擎”，是经济高质量发展的重要载体（Duraton和

Puga，2001；沈坤荣和赵倩，2018）。但在实际中，经济高质量发展仍存在诸多问题，核心表现在技术创新能力弱、产品与服务质量总体偏低、劳动生产率和全要素生产率均低于世界发达国家平均水平（盖庆恩等，2013；郭春丽等，2018）。究竟如何促进经济高质量发展成为新时代摆在中国经济面前的重大现实问题。由于反映技术进步的全要素生产率是衡量经济高质量发展的核心指标，已有研究普遍开出了通过创新驱动来实现经济高质量转型的经典“药方”，主要观点有“创新要素投入说”（如知识资本、R&D 经费等）、“创新模式选择说”等（余泳泽和张先轸，2015；吕静韦和董微微，2021），这些研究充分表明创新在推动经济高质量发展过程中起着极其重要的作用，但由于创新要素市场的扭曲可能会导致创新资源错配，一味强调创新资源的投入未必有助于促进技术进步（冯宗宪等，2011；白俊红和卞元超，2016），进而可能会间接抑制经济高质量发展。实际上，创新要素的空间格局特征也会影响经济增长进程（万勇，2014；孙彪和杨山，2021），在关于经济增长的研究中，逐渐出现由重视创新要素数量投入向重视创新空间结构再配置的新转向。

总之，国家深入推进城市群建设、加快实施创新驱动战略、推动经济转向高质量增长的三重战略叠加促使本书思考如下问题：中国城市的创新已取得了一定成就，那么，在城市群空间尺度下形成了何种创新空间结构类型？如何运用新的视角对这一创新空间结构进行测度？在地方政府支持、国家政策扶持及经济全球化的背景下，影响城市群创新空间结构演化的因素是什么？创新空间结构与经济增长质量之间存在何种关联？是否可以从创新空间结构调整优化的视角为中国经济高质量增长寻找新的“药方”？针对这些问题，亟须在理论与实证上给予回答。

1.1.2 研究意义

1.1.2.1 理论意义

第一，区别于已有研究，本书基于单中心—多中心视角测度城市群创新空间结构，丰富了单中心—多中心空间结构的表现维度，进一步拓展了创新空间结构的研究视野与学术空间。单中心—多中心空间结构正成为世界城市群空间发展战略规划的重要方向之一，城市群创新空间结构也一直是学术界关注的焦点话题。但已有研究大多从人口规模或经济规模的维度测度单中心—多中心空间结构，在针对城市群创新空间结构的研究中，大部分研究运用可视化工具对创新空间结构进行直观表达，鲜有研究关注城市群创新单中心及创新多中心空间结构。本书基于单中心—多中心视角探索中国城市群的创新空间结构特征，揭示不同地带、不同等级的城市群创新多中心程度演化趋势，并进一步探索不同城市群之间创新多中心程度的差异，把握城市群创新空间结构的变化规律，为本书的后续研究奠定基础。

第二，结构功能主义是社会哲学中的重要理论，本书借鉴其核心观点，将其扩展应用到创新地理学、区域经济学等领域，进一步增进了区域创新理论与结构功能主义之间的“对话”，拓宽了创新地理学的实践认知领域。并在此基础上基于单中心—多中心视角论证建立城市群创新空间结构生成及其经济增长质量效应的理论模型，基于“地方—国家—全球”三种空间思维范式，分别探索地方创新动力、国家创新动力与全球创新动力对城市群创新空间结构演化的影响及其作用机制，考察三种创新动力影响城市群创新空间结构的空间差异特征，揭示城市群创新空间结构形成的内在规律，有助于基于创新空间结构调整的这一新视角重新审视地方、国家及全球创新动力在塑造城市群创新空间格局中的作用，为三种创新动力的再整合与再利用提供科学指导。探索创新空间结构对经济增长质量的效应及其作用机制，更有助于从创新单中心—多中心角度揭示经济增长规律，丰富发展了区域空间结构理论、创新地理理论、经济增长理论与多中心研究等理论的内涵与探索空间。

1.1.2.2 实践意义

研究中国城市群创新空间结构及其对经济增长质量的效应还具有以下实践价值：

第一，城市是创新的重要空间载体，研究城市群创新空间结构是落实国家创新驱动战略、促进创新协调发展、增强国家整体创新竞争力的现实需要。本书基于单中心—多中心对城市群创新空间结构的现实考察，区分不同城市群的创新多中心水平，能够从更高空间尺度反映城市之间创新水平的差异，为不同城市群制定差异化的创新战略提供现实依据，对于中国城市群创新空间结构的调整与优化具有较强的实践指导意义。

第二，本书基于地方创新动力—国家创新动力—全球创新动力构建的影响城市群创新空间结构演化的理论框架，及其实证检验结果有助于为地方政府科技支持行为、国家创新政策的空间选择行为、参与全球化的行为实践提供经验指导与科学依据。就整体而言，如何推动地方创新动力提升城市创新水平、彰显地方创新动力在提高城市群创新多中心程度的作用是今后地方科技支持战略的关键所在。以国家高新区等为表现形式的国家创新动力则应保持其连续性，而如何利用全球创新动力优化城市群创新空间结构则是全球化战略的重要指向。中国幅员辽阔，东部地区城市群的经济相对发达，地方创新动力相对较强，也是国家创新动力、全球创新动力嵌入较多的地区，本书通过实证揭示三种创新动力对不同地带城市群创新空间结构的影响存在的区域异质性，为不同地带城市群地方创新动力、国家创新动力及全球创新动力的空间布局与优化调整提供决策参考。

第三，本书构建的理论框架及城市群创新空间结构影响经济增长质量的实证检验结果，旨在为中国城市群如何通过创新空间结构的调整与优化（单中心还是多中心?）提高经济增长质量给予经验回答，推动创新实践由创新要素投入导向转为创新空间结构导向，探索“基于创新空间结构”的提升经济增长质量的新路径，为进一步拓宽经济高质量增长的战略实践路径范畴提供科学依据。为中国城市群优化创新空间结构的策略选择提供理论依据与经验指导，具有较强的实践应用价值。

1.2 研究目标、研究内容与研究方法

1.2.1 研究目标

单中心—多中心空间结构在区域规划中越来越受到重视，创新空间结构的表现形式、地区之间的差异及其形成机制是创新地理学需要关注的核心议题之一，创新空间结构对地区经济增长的影响则是区域经济学对创新研究的核心议题之一。综合三者的考量，基于创新地理学、区域经济学的视角提出本书的具体研究目标：①梳理现有文献的现状与不足，论证阐释基于单中心—多中心研究创新空间结构的新视角，构建驱动城市群创新空间结构发展及其经济增长效应的综合理论框架，为本书研究奠定理论基础。②刻画中国城市群创新多中心程度现状，并揭示不同城市群之间创新多中心程度的空间差异及演化特征。③揭示地方创新动力、国家创新动力及全球创新动力对城市群创新空间结构的影响及其作用机制。④通过实证研究检验城市群创新空间结构对城市群经济增长质量的作用，旨在为中国城市群究竟该选择何种创新空间结构（单中心还是多中心?）给予经验回答，为中国经济高质量增长探寻新路径。

1.2.2 研究内容

根据设定的研究目标，本书的主要研究内容包括以下几个方面：

1.2.2.1 创新空间结构形成机制及其经济增长效应的理论框架研究

通过对相关文献的梳理，将测度创新空间结构的视角聚焦于创新单中心—创新多中心维度。在此基础上，对相关核心概念进行再解析，将空间结构界定为"基于创新的空间结构"，基于单中心—多中心视角对创新空间结构内涵进行再定义，凝练提出创新单中心空间结构、创新多中心空间结构概念。

将社会学中的结构功能主义理论进行再拓展，将其与经济地理学、区域经济学、创新经济地理学进行整合，纳入统一的分析框架，将创新视为一种推动经济演化的社会行为活动，遵循其结构会产生功能的基本逻辑，凝练提出"行为—空间结构—功能"的一般理论框架，并结合本书研究的主要目标，将此框架具体化为"创新活动—创新空间结构—经济增长"的具体理论框架，认为城市创新活动塑造城市群创新空间结构，而创新空间结构受到地方创新动力、国家创新动力及全球创新动力的影响和制约，会对经济增长产生影响。在此基础上搭建城市群创新空间结构形成机制及其经济效应的理论框架，进而提出研究假说，为本书开展进一步研究奠定理论基础。

1.2.2.2 城市群创新空间结构的测度及经济增长的现实考察

本书选取中国 13 个典型城市群为研究样本。首先运用专利数据对城市创新水平现状进行初步考察。然后基于单中心—多中心视角采用位序—规模法则测度中国城市群创新多中心指数，揭示城市群创新空间结构特征。采用 ArcGIS 空间可视化、核密度等工具和方法研究不同地带城市群、不同等级城市群之间创新空间结构程度的差异化特征及其演化趋势。运用人均 GDP、GDP 总量等数据对城市群经济增长规模及速度进行现实考察。城市群创新空间结构的测度及经济增长的现状研究为后续计量实证研究奠定基础。

1.2.2.3 城市群创新空间结构影响因素及其作用机制实证研究

在对城市群创新多中心指数测度的基础上，依据本书构建的理论框架，用地方政府科技支持、国家高新区及外商直接投资（FDI）分别作为地方创新动力、国家创新动力及全球创新动力的代理变量，采用固定效应及双重差分（DID）等计量模型实证考察三种创新动力对城市群创新空间结构的影响。并将知识密集型服务业差距作为中介变量，探索三种创新动力对城市群创新空间结构的作用机制。更进一步地，将城市群区分为东部城市群与中西部城市群两类，实证检验三种创新动力对不同地区城市群创新空间结构影响的区域异质性特征。通过本部分实证研究，为研究假说及研究目标提供充分依据。

1.2.2.4 城市创新空间对经济增长质量的有效性研究

本书在对城市群创新空间结构测度的基础上，研究影响城市群创新空间结构演化的因素，核心探讨城市群创新空间结构的经济增长质量效应。为了研究创新空间结构具有的经济增长质量效应，须首先探讨城市创新空间是否具有经济增长效应，以便为城市群创新空间结构的经济增长效应奠定逻辑基础。为此，在研究城市群创新空间结构的影响因素及其经济增长质量效应之前，本书将国家高新区作为城市创新空间的典型代表，基于资源依赖的视角深入研究城市创新空间对经济增长的有效性，以期为后续研究奠定基础。

1.2.2.5 城市群创新空间结构对经济增长质量效应的实证研究

为了揭示城市群创新空间结构与经济增长质量之间的内在关系，依据本书构建的理论框架和研究假说，对城市群创新空间结构与经济增长质量之间的关系进行实证检验。运用全要素生产率作为经济增长质量的代理变量，利用面板固定效应实证考察城市群创新空间结构与经济增长质量存在的非线性关系，以检验两者之间存在的倒“U”型关系。在此基础上，引入产业结构门槛变量，运用面板门槛模型实证检验城市群创新空间结构影响经济增长质量的门槛效应。为了保证检验结果的稳定性与可靠性，采用改变核心解释变量计算方法及用劳动生产率替换被解释变量的方法对实证结果进行稳健性检验。

1.2.2.6 基于创新空间结构优化的提升经济增长质量的对策研究

依据本书构建的基本理论框架，在对城市群创新空间结构测度分析、城市群创新空间结构影响因素及其作用机制及城市群创新空间结构对经济增长质量效应的实证研究的基础上，根据研究的结论，本部分结合国家推动创新驱动与经济高质量增长战略的实践，从创新单中心—创新多中心视角具体研究城市群创新空间结构优化及经济高质量增长的政策建议。

1.2.3 研究方法

根据本书不同的研究内容，选取与其相适应的研究方法开展深入研究，如图1-1所示。

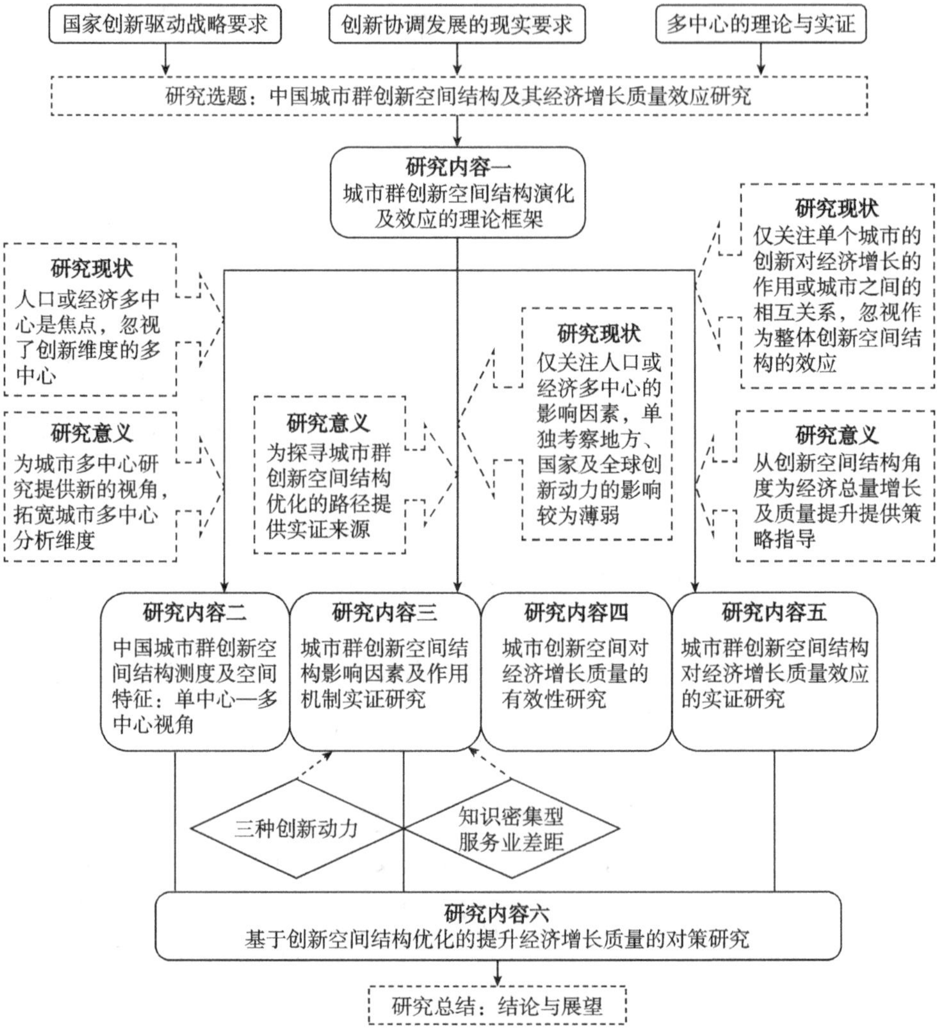

图 1－1　研究框架

1.2.3.1　文献资料研究方法

收集和阅读国内外与创新空间结构及经济增长质量研究相关文献，对相关研究成果进行梳理、总结与提炼，主要解决以下两个问题：①把握创新空间结构研究的现状与趋势，为寻找测度城市群创新空间结构新视角提供文献支撑。②通过对文献的归纳演绎，厘清影响创新空间结构的因素及其与经济增长的内在逻辑，构建创新空间结构形成机制及其经济增长效应的理论框架，提出本书的理论模型和理论假说。

1.2.3.2 统计描述分析方法

统计描述分析方法主要应用于本书第2章的分析。运用位序—规模法则对城市群创新多中心指数进行测度，运用 Excel、ArcGIS、核密度等软件和方法绘制相关图形，具体考察城市创新、经济增长及城市群创新空间结构的时空演化规律，分析其发展变化趋势。

1.2.3.3 计量实证研究方法

计量实证研究方法主要应用于本书第4章和第5章。通过设置计量模型，运用面板固定效应模型研究城市创新空间对经济增长的有效性，研究地方创新动力、全球创新动力对城市群创新空间结构的影响及其作用机制，运用双重差分模型（DID）研究国家创新动力对城市群创新空间结构的影响。运用面板固定效应和门槛模型对城市群创新空间与经济增长质量之间的关系进行实证检验。使用 Stata 软件进行计量实证分析。

1.2.3.4 综合归纳分析方法

综合归纳分析方法是学术研究的一个典型方法。通过对理论和实证研究结果的归纳和综合，总结提炼隐含其中的经济规律，为城市群创新空间结构优化及经济高质量增长路径探讨提供支撑。

1.3 章节安排与技术路线

1.3.1 章节安排

根据本书的研究内容，遵循区域经济学、经济地理学的研究范式，本书全文共分为8章，具体如下：

第1章为绪论。本章为本书研究的起点，主要分析研究背景与研究意义，根据选题确定本书的研究目标、研究内容与研究方法。阐明本书的章节安排和具体进行研究的技术路线。

第2章为文献综述。本章主要对空间结构理论、城市群创新空间结构特征、影响因素及其经济效应、经济增长质量、多中心空间结构等相关的国内外文献进行梳理和分析，结合相关文献的理论与实证研究，归纳已有研究在研究对象、研究方法及研究内容等方面存在的不足，凝练并提出本书研究的核心目标与核心内容。

第 3 章为基于结构功能主义的理论框架构建。为全书研究提供理论支撑。本章基于单中心—多中心视角解析创新空间结构，借鉴结构功能主义理论构建本书研究的理论框架。主要包括城市群创新空间结构内涵分析、结构功能主义理论的再拓展：空间结构功能概念解析、经济增长理论、总体理论框架构建、研究假说等具体内容。

第 4 章为城市群创新单中心—创新多中心空间结构特征及经济增长的现状分析。本章首先确定研究的城市群范围，其次对城市群创新的基本现状进行描述性统计分析，同时对城市群经济增长的规模及速度等状况进行分析，最后基于单中心—多中心视角测度城市群创新空间结构，研判城市群创新多中心水平演进趋势。

第 5 章为地方、国家及全球创新动力影响城市群创新空间结构的实证检验。目的是对第 3 章的相关理论假说给予经验回应。本章主要包括地方创新动力、国家创新动力及全球创新动力对城市群创新空间结构的直接影响的实证检验，地方创新动力、国家创新动力及全球创新动力影响城市群创新空间结构的作用机制检验，以及地方创新动力、国家创新动力及全球创新动力影响城市群创新空间结构的区域异质性检验。通过实证分析来检验本书提出的相关研究假说。

第 6 章为城市群创新空间结构产生经济增长质量效应的前提：城市创新空间有效性检验。本章是后续内容进一步研究城市群创新空间结构的经济增长质量效应的逻辑前提。本章通过对城市创新空间影响经济增长质量的效应进行实证检验，将嵌入城市地理空间的国家高新区作为城市创新空间的典型代表，选取城市体系中的资源型城市作为研究样本，基于资源依赖的视角实证检验国家高新区这一创新空间的经济增长质量效应。主要研究三个方面的内容：一是实证检验国家高新区这一创新空间对降低资源依赖的效应；二是实证检验国家高新区这一创新空间影响资源依赖的作用机制；三是进一步研究国家高新区这一创新空间对中国三大地带不同城市资源依赖的影响是否存在循环累积因果效应。

第 7 章为城市群创新空间结构与经济增长质量之间关系的实证检验。本章是在更高空间尺度上对第 6 章相关内容的进一步研究，目的是对第 3 章的相关理论假说给予经验回应。本章主要基于单中心—多中心视角对城市群创新空间结构与经济增长质量之间的关系进行实证检验。主要包括引言、研究设计、实证检验与分析及稳健性检验等具体内容。

第8章为研究结论、政策含义及展望。本章主要总结并提炼本书的研究结论，在此基础上，分析本书的政策含义。主要从夯实创新与经济实力、推动三种创新动力相对均衡、优化城市群创新空间结构及采取"双结构"协同推进战略等维度进行具体阐释。通过分析本书研究的不足之处，阐述未来需要深入研究的具体方向。

1.3.2 技术路线

依据本书的研究目标和研究内容，遵循如下技术路线：第一，通过相关文献梳理与分析，结合经济发展的实践，提出本书的基本问题，进而确定研究选题；第二，将结构功能主义的基本观点拓展应用到创新地理学、区域经济学，构建本书的理论框架，为全书研究奠定理论基础，这是本书的核心之一；第三，考察中国城市群经济增长的基本现状，基于单中心—多中心视角测度中国城市群创新空间结构特征，分析其演化特征，为后续变量测度奠定基础；第四，依据本书构建的理论框架，采用计量模型对中国城市群创新空间结构的影响因素及其经济增长质量效应进行实证分析，这是本书的又一核心内容；第五，对研究内容进行总结，提炼研究结论，分析政策含义，并分析本书研究的不足和未来研究展望。技术路线如图1-2所示。

1.4 主要创新点

本书可能的创新之处主要体现在以下四个方面：

第一，基于单中心—多中心视角研究城市群创新空间结构，将城市群创新空间结构的表现形式聚焦于创新单中心还是创新多中心，研究视角新颖。论证提出创新单中心、创新多中心概念内涵，拓宽多中心分析维度，细化与具体化创新空间结构的表现形式，是对已有仅关注人口或经济多中心研究的有效补充，为城市群创新空间结构研究提供新视角。

第二，构建基于"行为—空间结构—功能"的城市群创新空间结构形成动力

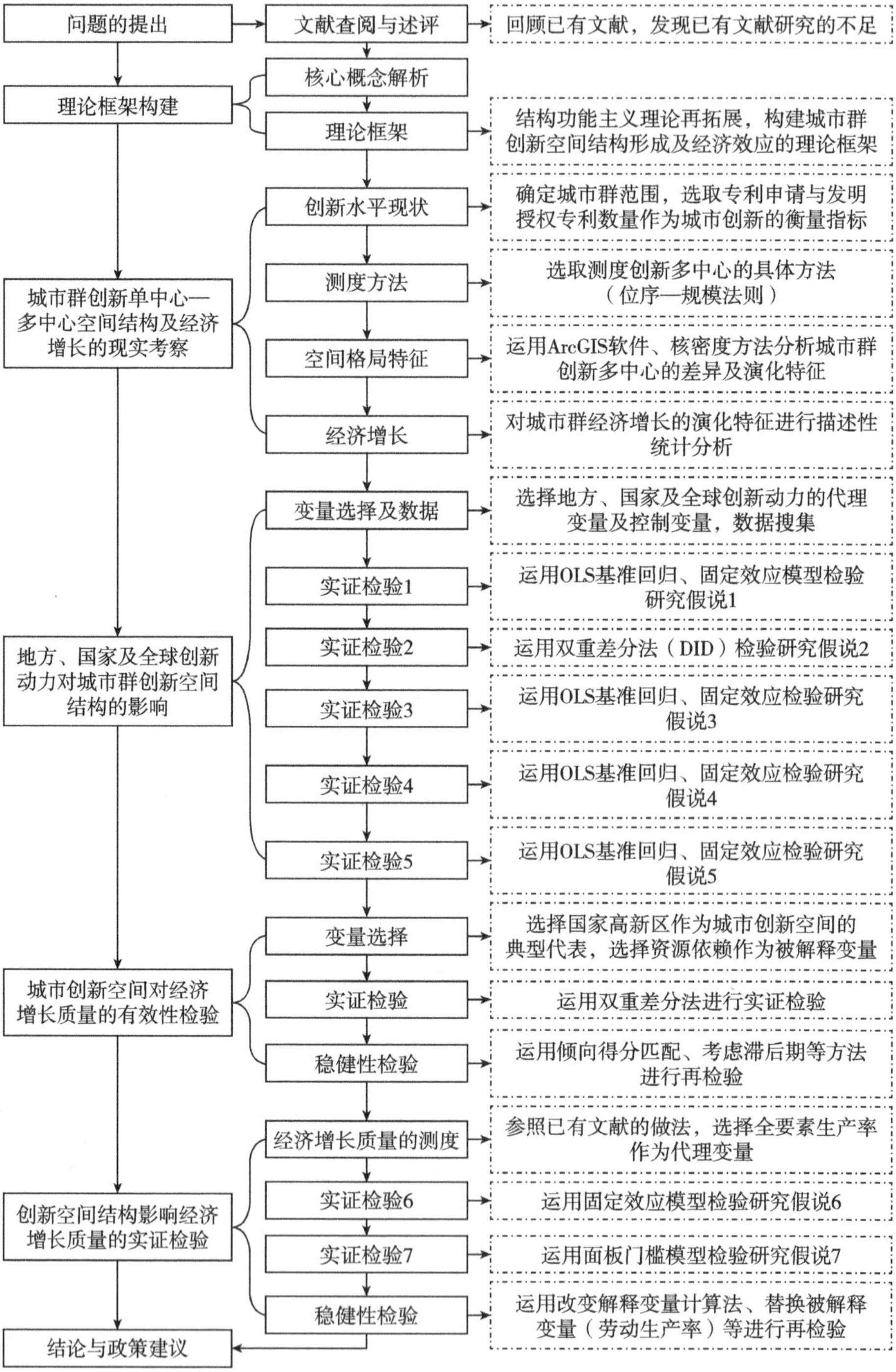
问题的提出
文献查阅与述评
回顾已有文献，发现已有文献研究的不足
理论框架构建
核心概念解析
理论框架
结构功能主义理论再拓展，构建城市群创新空间结构形成及经济效应的理论框架
城市群创新单中心—多中心空间结构及经济增长的现实考察
创新水平现状
确定城市群范围，选取专利申请与发明授权专利数量作为城市创新的衡量指标
测度方法
选取测度创新多中心的具体方法（位序—规模法则）
空间格局特征
运用ArcGIS软件、核密度方法分析城市群创新多中心的差异及演化特征
经济增长
对城市群经济增长的演化特征进行描述性统计分析
地方、国家及全球创新动力对城市群创新空间结构的影响
变量选择及数据
选择地方、国家及全球创新动力的代理变量及控制变量，数据搜集
实证检验1
运用OLS基准回归、固定效应模型检验研究假说1
实证检验2
运用双重差分法（DID）检验研究假说2
实证检验3
运用OLS基准回归、固定效应检验研究假说3
实证检验4
运用OLS基准回归、固定效应检验研究假说4
实证检验5
运用OLS基准回归、固定效应检验研究假说5
城市创新空间对经济增长质量的有效性检验
变量选择
选择国家高新区作为城市创新空间的典型代表，选择资源依赖作为被解释变量
实证检验
运用双重差分法进行实证检验
稳健性检验
运用倾向得分匹配、考虑滞后期等方法进行再检验
创新空间结构影响经济增长质量的实证检验
经济增长质量的测度
参照已有文献的做法，选择全要素生产率作为代理变量
实证检验6
运用固定效应模型检验研究假说6
实证检验7
运用面板门槛模型检验研究假说7
稳健性检验
运用改变解释变量计算法、替换被解释变量（劳动生产率）等进行再检验
结论与政策建议

图1-2　技术路线

与经济效应的理论框架。基于社会学中的结构功能主义理论，遵循其结构会产生功能的基本逻辑，吸收区域经济学、创新地理学等基本分析框架和内容，将创新视为一种推动经济演化的社会行为活动，凝练提出“行为—空间结构—功能”的一般理论框架，在本书研究目标的基础上，将此框架进一步具体化为“创新活动—创新空间结构—经济增长”的具体理论框架，并将经济效应聚焦于经济增长质量维度。基于“地方—国家—全球”的空间尺度，从创新集聚与创新分散两阶段演进过程切入，揭示城市群向创新单中心或创新多中心空间结构演化的机理，为识别城市群创新空间结构的经济增长质量效应提供综合分析框架。

第三，搭建国家制度创新动力与创新空间结构演进之间的关联，为国家制度创新动力空间嵌入战略优化提供新的经验证据。虽然已有研究涉及政府政策对创新空间结构的影响，但鲜有研究将国家高新区从这些政策因素中分离出来，单独考察国家高新区对城市群创新空间结构的影响。本书将国家高新区作为国家制度创新动力的重要表现形式之一，从国家高新区设立这一自然实验切入，运用双重差分法研究国家高新区对城市群创新空间结构的作用及其区域异质性表现，有助于从外生制度视角揭示城市群创新空间结构的演化机制，为国家高新区空间战略布局提供一个新的经验证据。

第四，阐释并验证城市创新空间具有经济效率是城市群创新空间结构产生经济效应的逻辑前提，并论证提出基于创新空间结构优化调整的提升经济增长质量的新路径。经济高质量增长是当今中国经济面临的重大现实问题。已有研究基本从创新要素投入的视角为经济增长质量开出“药方”，却忽视了创新空间结构的经济效应，且更缺乏从单中心—多中心维度对创新空间结构的经济效应的关注。本书在对中国城市群创新多中心水平测度的基础上，在对城市创新空间是否具有经济增长质量效应分析的基础上，对城市群创新空间结构与经济增长质量之间的关系进行经验探索，进而提出基于创新空间结构优化的经济高质量增长新路径，丰富与拓展经济高质量增长的战略体系内涵。

第2章 文献综述

依据本书的研究选题和研究内容，本章将对相关文献进行梳理和简评，以把握相关研究的现状和趋势。具体从以下几个方面进行文献述评：一是空间结构经典理论的再回顾；二是梳理城市群创新空间结构研究方面的文献；三是梳理多中心空间结构的相关文献；四是梳理与经济增长质量相关的文献。最后在文献梳理的基础上，对已有研究进行简要评论。

2.1 空间结构经典理论回顾：从杜能到克鲁格曼

区位理论已涉及对空间结构问题的关注。杜能（1986）在其著作《孤立国同农业和国民经济的关系》中，对农业区位理论进行了系统阐述，基于单一城市的假设，论述了城市外围农业的区位选择因素及其形成的圈层空间生产结构。韦伯（1997）则从运输成本最小化和利润最大化两个角度，对工业企业空间区位选择进行了研究，俄林（1986）继承和创新了韦伯的工业区位论，但他更重视原料产地、区位与消费者之间的互动，且分析了在生产要素不能自由流动条件下的工业区位选择问题。区位选择结果引起经济活动的空间结构的演化，但农业区位论及工业区位论的核心在于探讨影响经济活动区位选择的因素，并未对空间结构的演化进行深入研究。克里斯塔勒（1998）则详细论述了在理想状态下，市场区边界会形成六边形的中心地体系，且存在多个不同等级的中心地。廖什（1995）对中心地理论进行补充，关注市场空间结构，认为不同等级的中心在生产功能上存在差异，提出蜂窝状市场网络体系。由于农业区位论、工业区位论等理论是对局部产业部门空间活动的分析，为了弥补这一不足，自 Isard（1956）以后，如何整合区位结构理论，形成一般的空间均衡理论成为研究的新领域，其中以勃温特的研究最具代表性。Boventer（1988）阐明了产品生产、消费及劳动力在地理空间上的分布，进一步表明经济空间结构的重要性。

增长极理论、产业梯度转移理论、点—轴理论、网络开发、空间一体化、核心—边缘模型等理论将区域经济空间结构的抽象模式具体化，目的是分析区域经济的非均衡结构。Perroux（1950）最早提出了“增长极”概念，提出任何地区的经济增长都是在非均衡的空间结构中进行的，是由具有先导创新能力的增长极的扩散效应推动的。缪尔达尔（1991）、赫希曼（1991）等将增长极理论进行扩展，分别从空间类型划分、扩散效应、涓滴效应等方面对区域经济空间结构的演化作了进一步解释。Thompson（1966）借鉴生物学的思想，提出工业区产生到衰退的区域生命周期理论，论证了工业在不同空间的演化，Vernon（1982）提出的产品周期理论则解释了贸易和投资的国际空间结构。产业梯度转移理论是在整合产品生命周期与区域生命周期理论的基础上形成的，其实质是强调区域产业和技术空间等级结构规律的生成与政策实践。点—轴理论由陆大道（1985）首次提出，通过确定重点发展轴和中心城市，带动区域经济增长，是指导区域发展实践的典型空间结构，并在此基础上提出的“T”形发展战略再次丰富了点—轴理论。魏后凯（1988）的网络开发理论在更高空间尺度上拓展了点—轴理论，强调区域经济一体化发展，是多个点—轴空间结构的有机叠加。

Friedman（1966）的中心—外围模型从区域中心性等级维度阐释了区域经济空间结构的表现形式，并将这一空间结构的演变划分为四个阶段，即前工业化时期（以独立的地方中心为主要特征）、工业化初期（以单一强中心为主要特征）、工业化成熟期（唯一的全国中心及边缘次中心）与空间经济一体化阶段（多核心区形成），弗里德曼的中心—外围模型蕴含了多中心区域的动态变化规律。Vining（1982）为中心—外围模型提供了经验支持。杜能、韦伯、弗里德曼等学者并未揭示空间结构形成的内在机理（虽然弗里德曼将社会、政治权力考虑进中心—外围模型），新经济地理学的代表人物 Krugman（1991，1996）将经济体分为农业和制造业两个部门，通过对离心力和向心力的分析，揭示了单中心经济体形成的机理，并论证了建立在新城市产生的基础上的城市层级体系的存在，构建了多中心城市结构的空间自组织模型。Krugman 的单中心是指制造业仅集中在单个城市，但他同时认为这种单中心结构也会向多个次中心演变。城市及城市体系的中心—地方空间结构问题逐渐进入区域经济学、城市经济学、空间经济学的研究视野，关注的焦点是经济活动（农业、制造业、商业等）在城市空间的集中与分散的格局及动力。

2.2 创新的相关研究方面

2.2.1 创新理论发展脉络

Schumpeter（1934）将创新划分为五种形式，提出创新导致的“创造性毁灭”是经济持续增长的源泉。基于熊彼特的这一思路，Aghion 和 Howitt（1992）、Segerstorm（1998）分别建立了具有创造性破坏特征的内生增长模型（谭崇台，1999）。

20 世纪 70 年代后，对熊彼特创新理论的研究得到复兴，创新是塑造企业、区域与国家竞争优势的关键驱动力已得到普遍认同（Grant，1996；OECD，1996；Maskell 和 Malmberg，2002）。随着创新系统概念的引入，对创新研究的范式逐渐向系统视角转变。创新系统首先在国家尺度上得到重视，导致国家创新系统理论体系的形成（Freeman，1987；Lundvall，1992；Nelson，1993），强调由于国家之间在特定历史、正式与非正式制度等方面存在差异，不同国家的创新模式也存在差异（Martin 和 Sunley，2006；Fagerberg 等，2008）。区域产业集群的成功引起了对地方因素的再发现，Cooke（2004）提出的区域创新系统为揭示区域经济演化提供了新的视角，其核心观点是创新高度依赖区域化的知识资源、根植能力等。近年来，技术创新系统也受到重视，Markard 等（2015）重新梳理了技术创新系统的框架，Aschalew 等（2015）尤其重视技术创新系统与外部环境之间的结构关系，Walrave 和 Raven（2016）结合社会技术转型路径，构建了技术创新系统的生产及衰退的动态模型，贾天明（2016）构建了技术创新系统的协同演化动态模型。Liu 等（2018）则认为技术创新系统是产业可持续发展的基础。也有学者在组织层面对创新系统进行了研究，如张林和杨志才（2014）搭建了“创新要素—创新结构—创新环境—创新功能”的系统创新框架，Jonas 等（2016）在企业组织层面构建了激进式创新的整体理论模型，Binz 和 Truffer（2017）阐释了全球创新系统中多个地方次系统之间的耦合机理，强化了全球化过程中的创新研究。Chen 等（2018）基于中国的传统文化理念，提出了一个新的创新范式，即整体创新（Holistic Innovation），整合了战略创新、协同创新及开放创新三种创新范式。这些对创新的研究均是基于不同空间尺度进行的，表明对创新理论体系的研究渐趋成熟，由于创新系统理论较好地适应了政府制定创新政策的需求，在创新实践中取得了较好的效果（Havas，2010）。

2.2.2　创新的衡量方面

学术界对什么是创新并未形成统一看法，针对这一问题，Kenneth（2018）重新梳理了对创新的研究，对创新进行了再定义：创新是产出、过程、观念与战略。但过程、观念与战略难以量化，基于此，对创新的衡量主要集中在创新产出和创新效率如何测度上。在创新产出的衡量上，新产品种类或产值是一个测度指标，如张海洋和史晋川（2011）、安同良和千慧雄（2014）、毛其淋和许家云（2015）、俞仁智等（2015）的研究均采用这一指标来测度创新。也有学者运用论文发表量来衡量区域创新水平（Hullmann 和 Merey，2003；Matthiessen 等，2010；吕拉昌等，2014；刘云等，2015；刘承良等，2017），但是由于专利生产与产业发展关系更为密切，也更全面地反映了创新主体对各种可观测的与不可观测的创新要素的成功利用，可以更好地反映区域技术创新水平（Ernst 等，2011；Fang 等，2014；Cornaggia 等，2015），因此，采用专利申请量或发明授权量来测度创新更为普遍。佘明桂等（2016）、江轩宇（2016）对企业创新及李国平和王春杨（2012）、林善浪等（2013）对省域创新能力的测度均使用专利来测度。在创新效率的测度上，主要有两种方法：参数方法和非参数方法。随机前沿模型（SFA）是非参数方法的典型代表（韩晶，2010；邬龙和张永安，2013）。数据包络分析（DEA）是测度效率的典型非参数方法，该方法由 Charnes 和 Cooper（1998）提出，在传统 DEA 方法的基础上，Wang 等（1996）提出两阶段 DEA 模型。运用传统 DEA 方法和两阶段 DEA 方法对创新效率进行测度较多，其优点在于可以基于投入和产出指标测算效率（张江雪和朱磊，2012；晏蒙和孟令杰，2015；杜志威等，2016）。但传统 DEA 可能会忽视非期望产出的存在，进而会影响评价结果，Tone（2003）提出的考虑非期望产出的 SBM 模型有效克服了这一不足，近年来，SBM 模型得到了更为普遍的应用（钟祖昌，2011；何枫等，2016）。

2.2.3　创新对区域的增长效应方面

已有研究集中在微观、中观与宏观空间尺度探索创新与区域增长之间的关系，普遍认为创新的效应主要体现在提升企业、区域与国家竞争力、促进经济增长（Frambach 和 Schilewaert，2002；Tödtling 和 Trippl，2005；Reinders 等，2010）。在企业微观层面，一是创新能显著促进企业经营绩效的改善，主要表现在创新提升了企业的资产收益率、利润、出口绩效等（Silva 等，2017；Jayani 和 Yan，2018；吴超鹏和唐药，2016；李文茜和刘益，2017），创新也可通过形成新的商业模式来提升企业绩效（Ramadani 和 Cerguri，2010）；二是创新能力的提升推动企业转型升级，促进企业向价值链高端攀升。主要途径有：通过创新盈利模式和关键流程，规避价值链低端锁定的风险（蔡瑞林等，2014；孙宁华和张翔，2018）；通过服务创新促进企业产品由低附加值向高附加值演化（马海燕等，2018）；创新提升了企业生产率，促进了企业转型升级（白极星和周京奎，2017）。企业创新最终强化企业可持续增长能力（Rauter 等，2018）。在中观区域层面，诸多学者从省域尺度探讨了创新与区域增长之间的关系，得出了与企业层面研究相似的结论。一是认为区域创新推动了城市化进程，提高了人均收入水平，促进了经济增长（李恒，2012；孙建等，2013；史自力，2013）；二是认为区域创新显著提升了区域经济增长的质量。表现在区域创新提升了全要素生产率，优化了产业结构，促进了经济增长方式转变（唐未兵等，2014）。此外，区域创新还有助于改善生态环境，促进了绿色发展（严翔和成长春，2018；王亚平等，2017）。在国家宏观层面，创新也推动了国家经济增长、提升了全球分工地位。史世伟（2009）认为技术创新是塑造德国制造业竞争优势的核心力量；陈雨柯（2012）研究发现中国创新能力促进了经济增长；宋晶和陈劲（2016）认为创新是中国实现全球价值链升级的根本路径；Kwon 和 Motohashi（2017）认为制度创新是国家制造业竞争力的主要来源。可以看出，创新对企业、区域与国家的经济增长及其价值链攀升成为研究的焦点，也充分表明关于创新的研究在回应实践需求上具有重要价值。

2.3 城市群创新空间结构方面

2.3.1 城市群创新空间结构特征研究方面

城市是创新的重要空间载体（吕拉昌等，2015），创新空间结构是城市创新在地理上的表现，城市嵌入城市群创新网络的进程逐渐加快（Harrison 和 Hoyler，2015；周灿等，2017），推动研究城市群创新空间结构方兴未艾。在对城市群创新空间结构特征研究方面，大多运用统计方法或空间可视化工具来刻画城市群创新空间格局。创新投入、创新产出或创新效率的空间结构表现为创新的空间差异，这是描述创新空间结构的焦点之一。主要研究包括胡晓鹏（2006）构建了人才发展指数、科技发展指数、教育发展指数与硬环境指数，对长三角城市群创新能力的空间差异进行了研究，发现长三角城市群内城市间创新能力存在显著差异。余斌等（2007）对武汉都市圈的城市创新资源分布及创新能力的空间格局进行了研究，认为武汉城市圈创新能力空间差异较大。陈诗波等（2015）研究发现京津冀城市群内部的创新要素分布不均。李祖辉和李琳（2009）、金凤花和余光胜（2013）均运用因子分析和聚类分析法分别对长株潭城市圈、上海都市圈城市创新水平的空间差异进行了研究，前者认为长株潭城市圈创新水平存在明显的等级差异，后者认为上海都市圈城市创新的差异表现为以上海为核心的圈层结构。肖刚等（2016）运用地理集中指数探讨了长江中游城市群创新的时空差异。邹琳等（2015）、陈瑜和谢富纪（2017）均采用 ESDA 方法分别从研发经费投入与专利产出的维度对长江三角洲城市群的创新差异进行空间表达。在创新效率研究方面，李梦琦等（2016）运用 DEA 方法研究了长江中游城市群的创新效率，发现城市间创新效率存在非均衡特征。李金滟等（2016）在对长江中游城市群的创新效率进行研究时，将环境污染约束纳入其中，得出城市之间绿色创新效率差异显著的结论。这些对创新空间差异的研究主要在单一城市群尺度进行，也有研究对不同城市群之间创新的空间差异结构进行了研究。主要包括胡树华和杨洁（2010）采用线性等值加权平均法对我国 14 个城市群之间创新能力的空间差异进行了研究。黄寰（2015）运用层次分析法研究了四川省四大城市群之间的创新能力差异。肖泽磊等（2017）运用基尼系数方法对长江经济带六大城市群创新投入空间格局进行了研究，得出六大城市群创新资源配置结构存在差异，既有单核结构，也存在多核结构。杨明海等（2017）运用 Dagum 基尼系数、核密度估计、空间马尔科夫链等方法研究了我国七大城市群之间创新能力的空间差异，发现创新能力表现出极化的空间结构特征。齐晶晶和曾立（2018）则对我国十个城市群自主创新能力的空间差异作了分析。

基于合作或空间关联的视角探索城市群创新空间结构特征是学者关注的另一个焦点。余斌等（2007）指出网络节点联系弱导致了城市群创新能力空间失衡。徐雪琪和程开明（2008）从创新扩散的视角关注城市间的创新联系，并采用聚类等方法研究发现长三角城市群创新扩散存在等级特征。李阳和党兴华（2013）认为中部地区城市群的创新联系较弱。牛欣和陈向东（2013）研究发现我国六大经济圈城市间创新联系程度差异显著，表现为经济发达城市处于核心的创新网络空间结构。李琳和龚胜（2015）从企业、高校等协同创新的角度，运用扩展的DEA模型探讨了长江中游城市群的创新合作，呈现中心—外围的协同创新空间结构。Lee（2016）通过对美国城市群合作发明网络的研究，也证实了创新的核心—外围空间结构的存在，但陆天赞等（2016）却认为美国东北部城市群呈现出多节点、多层次的创新空间结构。Sonn 和 Storper（2008）、Matthiessen 等（2010）、Andersson 等（2014）运用引力模型及社会网络分析方法探讨城市间的知识联系，阐明了知识空间结构。蒋天颖和华明浩（2014）、胡艳和时浩楠（2017）也运用同样的方法对长江三角洲城市群创新联系进行了剖析，均得出创新空间联系呈现非均衡特性。

2.3.2 城市群创新空间结构影响因素研究方面

在影响城市群创新空间结构演化的因素研究中，城市地方创新动力受到关注。如城市主体自身的金融资本、人力资本、人均收入等要素会通过影响单个城市的创新水平，进而对城市群创新空间结构产生影响（冉光和等，2013；王俊松等，2017；马静等，2017）。这些影响因素体现为推动城市群创新空间结构演化的地方经济动力。地方信息化水平也会通过影响知识交流深度与广度影响城市创新，“流空间”的形成促进创新空间结构的再塑造（王垚等，2017；李振华等，2016；郑兴有和王鹏，2013）。文化会影响城市创新主体的意愿，进而推动城市群创新空间结构的演变，地方文化治理能力受到关注（张敏和张一力，2014；王克婴和张翔，2012）。政府的力量不容忽视，甚至对经济社会发展起着决定性的作用（North，1981；Knack 和 Keefer，1995；林毅夫，2008），尤其是我国存在着创新活动受到政府强势影响的现实，作为地方化创新动力集中体现的地方政府科技支持就显得至关重要（王丰龙等，2017）。但目前针对政府科技支持与创新之间的研究主要集中在企业层面，研究结论也存在分歧。如 Czarnitzki 等（2011）、Kang 和 Park（2012）、白俊红（2011）研究发现政府研发支持提升了企业创新水平，但 Wallsten（2000）、Bloom 等（2002）、朱平芳和徐伟民（2003）等研究却发现政府的科技补贴等支持并没有显著促进企业创新产出增长。对政府的科技支持与城市创新之间的关系的研究则较少，丁魁礼等（2014）只测度了珠三角5个城市政府科技投入强度，金彦龙等（2014）也只研究了辽宁沿海6个城市政府科技投入产出的效益，并未在城市层面探索政府科技支持与创新之间的关系。虽然杨少华和范红忠（2006）、赵璟等（2009）认为政府科技投入会影响城市群多中心空间结构，但也仅是对人口或经济多中心空间结构的影响。滕堂伟和方文婷（2017）只研究了政府支持对城市群创新产出的影响，并未将创新空间结构作为被解释变量来进行研究。可以看出，尚缺乏单独考察政府科技支持这一重要地方创新动力对城市群创新空间结构的影响与机制的研究。

国家制度决定了技术创新的速度与水平，也是驱动创新的重要力量（Patel和Pavitti，1994）。国家制度因素对科技创新的特殊作用备受关注。方玉梅和魏晓文（2012）认为，对于发展中国家而言，国家制度设计对于创新尤为重要。倪鹏飞等（2011）强调国家公共制度平台是促进城市创新最重要的动力，黄宁燕和王培德（2013）呼吁国家顶层制度设计才是实施创新驱动的根本动力。已有研究主要关注知识产权保护制度、行政审批制度等具体制度形式对创新的积极作用（Anton等，2006；郭春野和庄子银，2012；吴超鹏和唐菂，2016；王永进和冯笑，2018）。国家高新区是以经济政策为表现形式的制度空间，也是一种极其重要的制度设计和安排（安虎森和季赛卫，2014；高照军和武常岐，2014）。已有研究普遍认为国家高新区是提升创新能力的空间载体，测度国家高新区本身的创新能力及其影响因素是关注的焦点（刘斌和王红兵，2017；谢子远，2011；闫国庆等，2008；李斌等，2016）。国家高新区会影响与改变城市经济社会空间结构（王战和和许玲，2006），但鲜有研究将国家高新区从国家制度动力中分离出来，单独考察作为创新增长极的国家高新区对城市整体创新的作用，更忽视了其对城市群创新空间结构的影响。

全球创新动力是促进中国经济转型、重塑中国经济地理空间格局的三大动力之一（贺灿飞，2017），如何利用全球化过程中的有利条件实施创新驱动战略也将直接决定中国区域竞争能力新格局（刘志彪，2015）。学者普遍运用进出口占GDP比重、外商投资占GDP比重等指标来测度对外开放程度，间接反映全球创新动力的大小（郑展鹏，2009；靳涛和陶新宇，2016；章潇萌和杨宇菲，2016）。对外开放是显著推动城市群空间结构变化的重要外部推力（孙斌栋，2017），也是影响城市创新差异空间格局的重要动力。倪鹏飞（2011）认为城市全球联系与城市创新水平存在正向关系。侯纯光等（2016）、刘鹏和张运峰（2017）均认为FDI的知识溢出效应是导致城市创新能力空间差异的重要原因。王鹏和陆浩然（2012）、王俊松等（2017）、张贵和李涛（2018）研究发现对外开放程度提升了城市创新能力，但也是城市群创新差异格局形成的重要因素。可以看出，以对外开放为主要表现形式的全球创新动力在塑造城市群创新空间结构中的作用越来越明显。

2.3.3 城市群创新空间结构的经济效应研究方面

城市群内各城市创新差异导致创新等级体系的出现。学者首先关注这种空间结构中创新本身的扩散效应，强调地理邻近性的知识溢出效应（Fischer 等，2006；Lesage 等，2007），这一效应也得到了国内学者的重视。王何和逄爱梅（2003）强调城市群创新扩散功能对提升整体竞争力的积极作用。程开明（2010）、高丽娜等（2016）均发现长三角城市群的城市之间存在明显的创新扩散效应。何天祥（2014）运用莫兰指数研究了环长株潭城市群技术进步的空间溢出效应，认为技术扩散效应显著，主要与空间邻近有关。知识的空间溢出能带动区域增长（Grossman 和 Helpman，1991；Keilbach，2000），研究视角开始转向不同空间尺度下创新对区域的增长效应上。在城市创新对经济产出效应的研究方面，郝寿义（2012）认为城市技术创新促进了人均收入的显著增长，徐维祥等（2017）从耦合的角度剖析了长三角城市群内部城市创新与经济增长功能之间的耦合状况，认为长三角城市群创新与经济增长之间高度耦合。随着中国经济转型发展战略的不断推进，经济增长质量是反映城市群在全球竞争地位的关键维度（沈坤荣和赵倩，2018），创新对城市经济增长质量的效应逐渐受到更多关注。诸多学者使用产业结构、劳动生产率、全要素生产率（TFP）来测度城市经济增长质量，如吴福象和沈浩平（2013）、张建清等（2017）都从产业结构优化的角度研究了创新对城市群增长质量的作用。郭进等（2016）探讨了技术进步对中国城市群劳动生产率的促进效应，黄志基和贺灿飞（2013）研究发现城市创新显著促进城市全要素生产率增长。近年来，如何实现城市群低碳发展目标，成为了高质量发展研究的空间聚焦点（秦耀辰等，2010；王利伟等，2017；邱立新和徐海涛，2018）。李明生和侯芳芳（2016）运用 DEA 方法测度了长株潭城市群的低碳经济发展效率，Han 等（2018）研究了中国城市群经济专业化与多样化对城市低碳发展的影响，Kang 等（2018）认为技术创新是推动中国三大城市群（京津冀、长三角、珠三角）低碳发展的主要动力，创新对城市群低碳发展进入研究视野。城市群创新空间结构文献关键词共现如图 2－1 所示。

图2-1 城市群创新空间结构文献关键词共现

2.4 多中心空间结构的相关研究

由图2-2和图2-3可以看出①，随着全球城市的成长，多中心城市区域受到国内外学者越来越多的关注，并普遍将其作为一种新出现的城市空间等级结构。多中心城市区域、功能多中心、多中心的测度工具成为学者较多关注的领域，Burger、Hall、Meijers等学者是典型代表，对此进行了大量研究。空间尺度逐渐从单个城市转向更高尺度的都市区域（如城市群），并且对中国城市区域的研究逐渐成为焦点之一，尤其是国内学者对城市群空间尺度上单中心—多中心问题的探讨相对较多，为多中心治理研究提供了有益探索。

① 图2-2是城市多中心空间结构相关中文文献关键词共现图。具体做法是：在中国知网按照城市、单中心、多中心等关键词进行检索，共得到200篇文献记录。运用Citespace软件对文献记录数据进行关键词共现分析得到此图。图2-3是城市多中心空间结构相关英文文献的共被引分析聚类图。具体做法是：在Web of Science数据中输入“city”“polycentric”“polycentricity”等主题词进行检索。共得到402篇文献记录。运用Citespace软件对文献记录数据进行共被引分析，然后基于标题进行聚类，得到此图。

图 2－2　国内多中心空间结构研究文献关键词聚类

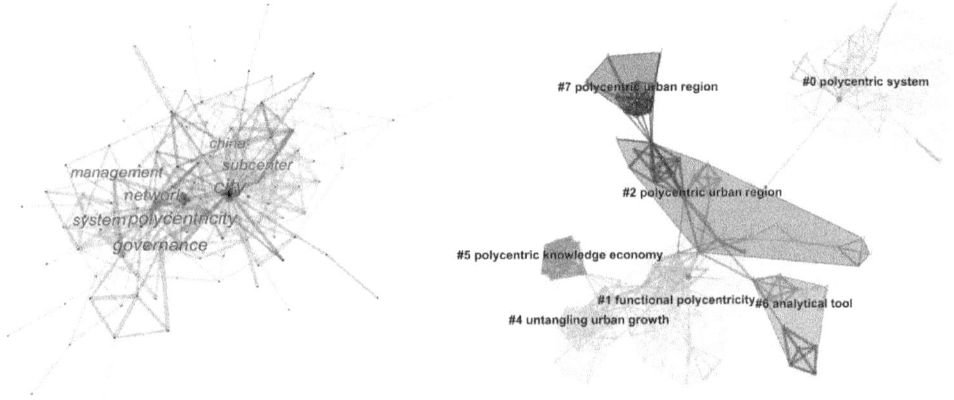

图 2－3　国外多中心城市研究文献聚类

2.4.1　多中心的维度与空间尺度方面

Burgess（1925）提出了单中心模型来解释城市增长，但随着郊区及边缘城市的成长，单中心模型却无法解释这种新出现的空间模式（Lee，2007；Phelps，2010），多中心概念的提出较好地回应了这一理论与现实不符的难题，且逐渐成为诸多发展战略的目标（Meijers，2008；Kauffmann，2016），其最基本的含义是给定区域范围内中心具有多元化特征。

多中心包括形态多中心和功能多中心两个维度，形态多中心主要用人口或就业来表示，当人口或就业在其聚集地超过某一临界值时，就会出现一个形态中心（Bertaud，2004；Burgalassi，2010）。功能多中心一般是指区域的某一功能（如经济功能）趋向于均衡分布，即某种功能分散在两个以上的区域（Kloosterman，2001；Li 和 Liu，2018）。多中心又具有空间尺度属性，已有研究基本基于单个城市微观尺度与大都市区或城市集聚区中观尺度来展开研究（Li 和 Phelps，2016；Meeteren 等，2016）。在单个城市尺度上，主要关注就业中心或人口中心在单个城市空间上的分离，如 Anas 等（1998）、Modarres（2011）研究发现美国的芝加哥等城市在空间上呈现多个就业中心，Miquel 等（2010）、Burger 等（2011）、Zambona 等（2017）通过对巴塞罗那等欧洲国家单个城市的研究也得出类似结论，Lemoy 等（2017）采用计算机模拟的方法也证实城市就业中心正从中央商务区（CBD）转向城市其他区域。中国单体城市的多中心空间结构同样受到学者关注，如孙斌栋和魏旭红（2014）、张亮等（2017）、Lin 等（2015）、Huang 等（2017）对上海、北京等城市人口与就业多中心结构的研究。对单个城市多中心的研究忽略了城市间的联系，在更大尺度上（大都市区、城市集聚区）对多中心进行的研究变得逐渐增多。Camagni（1993）对多中心城市区域进行了较早的探索，他通过对意大利北部区域的研究，得出该区域已经是多中心的聚居区，并提出这是一种新的空间等级结构，但仍缺乏相对完整的理论框架。Scott（2001）提出多核心都市区概念。最具代表性的是 1999 年《欧洲空间发展展望》提出通过构建多中心城市促进均衡发展，而 Hall 和 Pain（2006）以欧洲 8 个巨型城市区为研究尺度，探讨了每个巨型城市区的多中心结构，研究尺度走向宏观，用来表示由多个城市组成的区域存在多个发展中心，Casello（2007）、Meijers 等（2017）正是基于这种空间尺度对欧洲多个城市区域的多中心进行了研究。而城市群尺度上的多中心问题正受到学者更多的关注，例如，史雅娟等（2012）、晁恒等（2014）、Zhao 等（2017）研究了中国单个城市群的多中心空间结构，孙斌栋（2017）则研究了中国 13 个典型城市群的多中心空间形态。可以看出，将多中心空间结构纳入城市群空间尺度进行研究渐趋成熟。

在对单个城市或城市群多中心的衡量维度上，采用人口规模、经济总量来测度多中心性较为普遍，分别用来表示形态多中心与经济功能多中心（Lambooy，1998；Bailey 和 Turok，2001；Zhao 和 Chen，2011；刘修岩等，2017）。也有运用通勤时间或交通流来测度多中心性（Veneri，2010；蔡莉丽等，2013；冯长春等，2014），还有运用企业总部—分支机构构建企业关联模型来进行测度（李涛和张伊娜，2017）。这些研究仅关注的是人口或经济多中心。

值得注意的是，知识经济中的多中心问题也正逐渐兴起。Ivanova（2012）在多中心的世界地理格局中，需要重新审视研发与创新活动是否也呈现类似的空间特征。Stefan 等（2013）通过理论和实证考察得出，在全球知识经济体系中，德国已经形成六中心的巨型城市区。Muniz 和 Garcia（2010）通过对西班牙巴塞罗那知识密集型经济活动的研究发现，这些经济活动表现出空间分散布局特征，进而得出该地区属于典型的多中心知识经济体，Luethi 等（2010）通过对德国慕尼黑知识密集型经济活动的考察，也得出了类似的结论。Munter 和 Volgmann（2014）将城市界定为基于“知识经济”的城市，认为在人口呈现出多中心空间结构的德国莱茵—鲁尔城市区，知识密集型产业地方化趋势正逐步强化，且呈现出知识商业活动的多中心空间结构特征。在知识经济中，创新一直是备受关注的核心议题，国外学者对知识经济中的多中心结构在理论和实证方面的探索，也表明创新多中心空间结构研究的重要性。但纵观国内相关研究，对这一问题的研究仍不够深入与系统，且鲜有研究关注城市群尺度上创新多中心空间格局的演化问题。

2.4.2 多中心的测度方法与模型方面

测度多中心的方法较多，有些学者运用人口密度或就业密度测度城市多个次中心状态。Champion（2001）、Bontje（2001）、蒋丽和吴缚龙（2013）、刘爱华等（2015）运用人口密度模型分别测度了欧美城市及中国大城市的人口多中心格局。Giuliano 和 Small（1999）、Craig 等（2016）、于涛方和吴唯佳（2016）运用就业密度模型测度了单个城市的就业多中心分布。也有学者运用参数方法来确定城市多中心（Cladera 等，2009），采用局部加权回归等非参数估计方法计算城市多中心性也得到应用（McMillen 和 Smith，2003；Krehl，2015）。Pereira 等（2013）提出了多中心指数（UCI）来测度城市多中心，但由于该方法需要大量栅格数据，计算较为繁琐。Green（2007）、Liu 和 Wang（2016）采用城市次中心规模标准差来衡量多中心。随着对交通流、信息流等“流”数据的挖掘，基于联系的视角，学者借助重力模型、社会网络分析方法来测度多中心。Champion 和 Coombes（2012）使用城市通勤流数据，采用包含距离的标准重力模型测度了英国城市就业多中心，罗震东（2010）、蔡莉丽等（2013）基于客运交通流数据，采用社会网络分析方法测度了城市的功能多中心，赵渺希等（2015）通过计算企业总部—分支机构的网络密度来衡量区域多中心性。这些测度方法主要关注单个城市多中心的测度。

运用位序—规模法则度量多中心较为普遍，且逐渐在省域、城市群等尺度得到应用。该方法通过位序和规模变量构建回归方程，用回归方程的斜率来表示多中心（Batty，2008；Meijers，2008）。刘修岩等（2017）运用位序—规模方法测度了中国省域的人口多中心发展程度，钟海燕（2014）、李嫒（2017）分别运用此方法测度了成渝经济区城市体系与京津冀城市群的人口多中心格局，孙斌栋（2017）则运用此方法测度了中国多个城市群人口多中心发展程度。位序—规模法则在测度城市群等空间尺度上的多中心具有较强适用性。此外，也有学者采用赫芬达尔指数测度城市体系的多中心性，但大多将其作为稳健性检验的指标（Marhubi，2000；Meijers，2018）。

2.4.3 多中心空间结构的经济效应研究方面

多中心空间结构的经济绩效是已有研究关注的焦点。Meijers 等（2010）、魏守华等（2016）、华杰媛和孙斌栋（2015）、Li 和 Liu（2018）认为，多中心的空间结构显著提升了城市劳动生产率，但 Cervero（2001）、Lee 和 Gordon（2007）研究却发现多中心空间结构与经济增长之间并无显著关系。近年来，针对多中心效应的研究逐渐向其最初目的回归：缩小区域发展差异（CEC，1999；ESPON，2005）。代表性的研究包括 Angelidis（2005）认为希腊的多中心发展战略促进了中小城市发展，进而有助于城市协调发展，Meijers（2008）认为运用多中心发展模式能有效缩小区域发展差异，刘修岩等（2017）也认为多中心空间结构有助于缩小中国地区收入差距，但 Maly（2016）的实证研究却表明多中心对区域发展差异的积极效应并不显著。

这些研究结论存在分歧，且这些研究基本都是基于人口的维度来测度多中心空间结构的，因此，研究的是人口多中心空间结构对经济增长的影响。仍存在两点不足：第一，仅是多中心空间结构能够对经济增长产生影响吗？单中心空间结构是否也会对经济增长产生影响？已有研究对此研究得却不够深入。第二，在中国经济逐步转向注重经济增长质量的新阶段，鲜有研究关注创新单中心或创新多中心空间结构对经济增长质量的影响。

2.5 经济增长理论

2.5.1 古典经济增长理论

经济长期增长的动力或源泉是什么是经济增长理论需要回答的核心问题之一。在古典经济学向新增长理论的发展历程中，英国经济学家亚当·斯密（Adam Smith，1776）提出的经济增长理论被普遍认为是关于经济增长的最早理论。他提出劳动生产力的高低与生产劳动者人数对非生产劳动者人数的比例决定了一国或地区国民财富的增长，并且提出分工导致了劳动生产力的提高，而分工水平的高低主要由交换的能力或市场范围决定（谭崇台，1999）。在此基础上，他对分工理论还做了进一步研究，认为分工有力地促进了机械的发明，并使相同数量的劳动者能够完成比过去多得多的劳动量，劳动生产率大大提高。斯密的分工理论也暗含知识分工的思想，这表明斯密已初步认识到技术进步与经济增长的关联。在解释国际贸易结构中，斯密提出了绝对成本优势理论，认为不同的国家将生产自身具有绝对成本优势的产品，进口不具有绝对成本优势的产品，国际贸易因此而发生。绝对成本优势也能用来解释区域经济增长，区域依据自身在资源、劳动力等生产条件上的绝对优势进行产业选择，生产具有绝对成本优势的产品，再同其他区域进行产品交换，即推动区域间贸易的发展，实现区域经济增长。

由于实际中具有绝对成本优势的区域也可能并不存在，绝对成本优势理论却并没有对此作出解释。李嘉图的比较成本优势理论较好地解决了这一问题。比较优势理论认为，相对成本优势决定了区域分工与最终的产业类型，区域应该生产相对于其他区域具有较大成本优势的产品，或者生产劣势较小的产品。比较优势理论在指导发展中国家或者欠发达区域经济发展的实践中发挥了重要作用。但比较优势理论并没有深入探讨区域比较优势的来源，以赫克歇尔、俄林为代表的国际贸易学者提出的要素禀赋理论（也被称为 H－O 理论）从国家生产要素丰裕程度的角度阐释比较优势的来源。后来，该理论也被广泛应用到区域经济研究之中，认为区域的资本、劳动力、技术等要素禀赋是影响区域产业分工地位的重要因素，决定区域的产业结构体系是发展资本密集型产业还是劳动密集型产业，并进一步影响区域经济发展水平。

Marshall（1920）继承并发展了斯密的分工理论，他通过研究发现，分工的结果未必不利于行业竞争，相反，即便是在呈现收益递增特征的产业中，依然能够产生竞争性的结构。马歇尔通过将收益递增区分为内部经济与外部经济两种情形来说明他的观点，并且明确提出知识溢出概念来解释产业集聚，初步建立起知识与产业增长之间的内在关联。这一区分不仅纠正了收益递增必定导致垄断趋势这一理论倾向，而且简化了对收益递增情形下生产商品价格决定方式的分析，他的这一外部经济分析方法也为罗默和卢卡斯建立各自的内生增长模型提供了基础。阿林·扬在其1928年的论文《递增收益与经济进步》中提出了经济内生演进思想。他认为，市场范围能够对劳动分工产生显著影响，同时市场范围又受到劳动分工的影响和制约，此外，经济体系中存在收益递增的可能性较大，它主要源于两种力量：一是逐步得到强化的迂回生产方式；二是最初要素投入和消费者之间生产链条的不断拉伸（任力，2005）。但是他的这一观点却被正统的新古典经济学所淹没。

2.5.2 新增长理论

20世纪五六十年代，以索洛（Solow，1956）为代表的新古典增长理论经济学家对经济增长进行了深入的研究。索洛模型首先给出了四个基本假设：一是经济体中仅拥有劳动与资本两种生产要素；二是劳动要素与资本要素之间能够相互替代；三是生产函数具有规模报酬不变的特征；四是劳动与资本生产要素的边际产量与要素投入数量之间存在负相关关系，即要素投入数量越大，要素的边际产量就越小。此外，该模型还假设劳动增长率、技术进步率与储蓄率三者均为常量。基于这些假设，索洛模型认为资本要素是唯一能够任意变化的，所以，经济体最终是否能够达到均衡的人均资本存量，进而促使经济处于稳态水平是索洛模型核心关注的问题。索洛模型得出的基本结论可以归纳为：当经济处于均衡状态时，资本与总产出的增长率与劳动增长率和技术进步率之和相等，人均产出增长率与知识增长率相等，且人均资本存量增长率也与知识增长率相等。虽然索洛等人没有将技术进步视为内生变量并对其作出科学解释，但他们无疑明确地提出了这一问题，从而为创新理论的进一步发展指明了方向。

索洛之后的经济学家注意到技术进步不是独立于经济体的外生变量，逐渐将技术进步对经济增长的贡献内生化，由此逐步推动新增长理论的形成与演化。该理论利用技术进步内生化的模型较好地解释了不同国家之间的经济增长差异。内生增长理论以新古典主义的边际分析为基础，指出人力资本与知识积累的外部性与知识溢出产生递增收益，从而实现总的规模收益递增。新增长理论对索洛模型从两个方面做了改进（易纲等，2003）：一是考虑一个专门的知识生产部门，增加对该部门的投入会增加知识产出，最终导致物质生产部门产出的增加，从而把技术进步内生化。这个方向的工作主要是由罗默开创的。罗默模型把知识作为一个独立的生产要素，认为知识具有很强的正外部性，如果国家向知识生产部门的投资不足的话，国家将很难取得技术进步，这是导致国家经济长期处于较低水平的主要原因。二是极大拓展了资本概念，也就是将人力资本这个因素纳入其中，因此，在不考虑外生知识增长率差异的情形下，同样能够较好地解释经济的长期增长规律，也能够解释国家之间的经济发展差异。卢卡斯对此做出了开创性的研究。他认为，人力资本同样具有正外部性特点，分析了人力资本的演进过程，且将人力资本的形成纳入经济增长模型。卢卡斯模型将整个经济体区分为两个部门。其中，第一个部门的劳动者依据其所拥有的物质资本与部分人力资本进行消费品的生产。第二个部门的人力资本能够自发形成，劳动者具备的能力以及他花费在人力资本上的时间（比如接受教育与培训所花费的时间）是影响他获取更多知识的关键因素。不同国家经济之所以存在差异，主要是因为所积累的人力资本不同。马歇尔、索洛、罗默等学者的研究已经证实知识与技术进步对经济增长具有的贡献。

从古典经济增长到新增长理论的演化进程来看，比较优势理论、绝对优势理论、要素禀赋理论等基本都是从劳动力、资本、自然资源等要素禀赋角度来为区域经济增长开出“药方”，但这样的后果会导致资源的诅咒或价值链低端的锁定，尤其是会导致国家或区域陷入“比较优势陷阱”，并没有提高经济体的经济增长质量。新增长理论强调内生的技术进步才是促使经济长期保持增长的重要动力，是经济增长质量的集中体现，新增长理论契合经济高质量增长的理念，为其奠定了经济理论基础。

2.6 经济增长质量的相关研究

已有研究大多从经济高质量增长的维度对经济增长质量进行研究。傅家骥等（1994）最早开始探讨经济高质量增长问题，认为经济体的经济高质量增长是经济持续增长的根本保证，并认为技术创新、人力资本及企业家精神是支撑经济高质量增长的三个核心要素。随后杨久炎（1995）着重强调技术创新是经济高质量增长的动力来源。随着中国经济转型升级的深入推进，针对经济高质量增长的研究逐渐增多，主要集中在经济高质量的测度、经济高质量增长的影响因素及经济高质量增长的路径等方面。

2.6.1 经济增长质量的测度方面

经济增长质量内涵丰富，学术界对经济增长质量的测度虽然并不统一，但基本围绕经济效率、技术效率及生态效率等维度展开。在运用经济效率衡量经济高质量方面，陶爱萍和江鑫（2017）、许小青等（2018）认为在中国经济下行压力下，劳动生产率是扭转这一趋势、推动经济增长质量的重要指标。陈昌兵（2018）、陈诗一和陈登科（2018）也运用劳动生产率来度量经济增长质量。而收入差距也是反映经济发展效率的集中体现，是反映区域经济协调发展的重要指标（罗勇等，2013），基于此，Barro（2002）、钞小静和任保平（2011）、任保平和李禹墨（2018）均将收入分配的公平性纳入经济增长质量的测度体系。由于经济增长质量实质是转变经济发展方式，更多地体现为技术进步对经济增长的贡献率，采用全要素生产率（TFP）来衡量经济增长质量则更为普遍，如蔡昉（2017）、周振华（2018）、郭春丽等（2018）指出全要素生产率是衡量经济高质量发展的核心指标。刘志彪（2018）则认为绿色也是经济增长质量的题中之义，因此，诸多学者将生态效益置于衡量经济增长质量的重要指标之一，如师博和任保平（2018）、宫汝娜和张涛（2021）运用生态环境的改善或者生态资本来反映经济增长的社会成果，进而度量经济增长质量的成效。

2.6.2 经济增长质量的影响因素方面

究竟哪些因素会影响经济增长质量，学者从不同角度展开了深入研究。张立群（2004）认为，国家宏观调控方式是影响经济增长的重要因素，适应市场的宏观调控方式才能提高经济增长质量。郎丽华和周明生（2018）站在国家治理能力的高度重新阐释宏观调控，指出国家治理能力的现代化与经济增长质量紧密相关。田艳平等（2018）认为中国的财政分权等制度设计通过影响工业增长质量进而影响整个经济的增长质量。黄速建等（2018）基于微观企业的视角，认为高质量的制度供给为推动企业经济高质量增长提供强力支撑。可以看出，制度因素受到重视。高淑桂（2018）则强调人力资本的不断累积已成为拉动经济高质量增长的核心驱动因素，因为人力资本尤其是知识型人力资本深刻影响创新水平。创新能力的高低作为影响经济增长质量的最为关键的因素越发受到关注，尤其是科技创新在提升经济增长质量中的作用更为突出（丁涛和顾金亮，2018）。有的学者强调创新要素数量的重要性，例如，茹少峰等（2018）指出，R&D 要素的投入对促进经济增长质量提高至关重要，任保平和季禹墨（2018）则认为，知识创新会影响知识生产力水平，进而间接影响地区经济增长质量。有的学者强调创新要素结构的重要性，如刘兰和甘德安（2018）认为劳动力技能结构要与产业需求相匹配才能带动经济高质量的增长。从已有文献可以看出，基于制度因素、创新要素的数量及其结构的视角研究影响经济增长质量的因素较多，但鲜有研究从创新空间结构的视角对此进行深入剖析。

2.6.3 提升经济增长质量的路径方面

围绕如何提升经济增长质量，学者开出了不同的路径“药方”。主要观点有：一是深化分工驱动型路径，如向国成和李真子（2016）呼吁依靠分工深化，实现供给侧与需求侧的有机统一是提高经济增长质量的有效路径。蒲晓晔等（2018）也得出了类似的结论。二是新兴产业驱动型路径。如李平等（2017）通过研究发现，生产性服务业尤其是知识密集型服务等新兴产业为中国经济转向高质量增长提供坚实的产业支撑。三是行政边界重塑驱动型路径。如赵倩和沈坤荣（2018）将城市群作为实现区域经济增长质量提升的核心空间载体，提出以功能边界代替行政边界，以超越城市间行政边界的束缚，实现要素自由流动，提高经济增长质量。四是创新驱动型路径。侯鹏（2018）认为通过自主创新实现价值链的高端跃升是提高中国经济增长质量的根本路径。刘友金和周健（2018）也认为应将创新引领战略摆在经济增长质量进程中的核心位置。陈昌兵（2018）从更为微观具体的角度，强调坚持企业在国家创新体系中的主体地位，才能为经济迈向高质量增长路径提供持久动力。这些研究为提高经济增长质量的实践进行了有益探索，但却忽视了创新空间结构治理的视角，尚缺乏基于创新空间结构治理的视角为提升经济增长质量寻找新的"药方"的研究。

2.7 相关研究简评

综观已有研究成果，基于区位视角的空间结构理论、创新空间结构特征表现及其影响因素、创新空间结构的效应、多中心维度及其测度方法、经济增长质量等研究都取得了丰厚成果，为本书研究提供了基础理论指导与工具支持。但现有研究在研究对象、研究内容与研究方法上仍需深化：

首先，从研究对象来看，已有研究普遍将城市群作为空间聚焦点，表明城市群尺度上的创新空间结构问题的重要意义。但已有创新空间结构的研究区域选择较为单一，基本集中在东部发达地区的单一城市群，对中部地区及西部地区城市群创新空间结构的关注较为薄弱。城市群作为一种极其重要的区域发展模式，肩负着增强创新能力的重要使命，如何促进城市群尺度上的创新协调发展成为落实国家区域协调发展、实现创新驱动的重要任务。因此，在研究城市群创新空间结构上，应进一步拓宽研究的样本区域，将东部地区、中部地区、西部地区城市群纳入研究范围，在更大尺度上为统筹城市群创新协调发展提供战略指导。

其次，从研究内容来看，基于多中心视角研究空间结构是主要趋势之一，但仍然存在以下几点不足：

一是在多中心空间结构维度和空间尺度上已有研究存在明显不足。已有研究仅关注单个城市层面的人口、就业或经济维度的多中心空间结构问题，忽略了创新维度的多中心空间结构问题，且鲜有研究基于多中心视角关注城市群尺度上创新空间结构的演化。为了弥补已有研究的不足，亟须回答以下问题：中国不同城市群的创新空间结构呈现单中心还是多中心特征？其演化趋势又是什么？不同地带城市群之间的创新空间结构是否存在空间差异？不同等级城市群（国家级城市群、区域级城市群及次区域级城市群等）之间的创新多中心程度是否也存在空间差异，呈现何种特征？

二是虽然已有研究对创新空间结构的影响因素进行了研究，但在对城市群创新多中心如何生成的理论模型探索上较为薄弱。地方创新动力、国家创新动力及全球创新动力深刻影响城市创新已得到学者的普遍认同，但如何整合这三种创新动力，构建城市群创新多中心空间结构生成的理论模型，仍需深入研究。在此基础上，需要进一步回答：作为地方创新动力、国家创新动力与全球创新动力的典型表现形式的政府科技支持、国家高新区设立、对外开放等因素推动了城市群向创新单中心还是创新多中心演化？其作用机制是什么？

三是在对城市群创新的效应研究方面，经济增长效应是关注的焦点，虽然呈现出逐渐转向关注经济增长质量的趋势，但这些研究仅关注到城市群内部单个城市创新的经济增长效应，却忽视了城市群空间尺度上所形成的创新空间结构对经济增长质量的影响。此外，已有研究仅研究了人口等形态多中心的空间结构对促进区域经济增长的作用，却鲜有研究关注城市群创新单中心或创新多中心空间结构对经济增长质量的影响。尤其是在中国经济向高质量增长转型的新阶段，这一问题就显得尤为重要。那么，是创新单中心空间结构还是创新多中心空间结构促进了城市群经济增长质量的提升？这些问题亟须在理论和实证上给予回答，以期为从创新空间结构优化的角度探索提升经济增长质量的新路径提供科学指导。

最后，从研究方法来看，位序—规模法则得到普遍应用，是测度多中心空间结构较为成熟的方法，但尚未有研究运用此方法测度城市群创新多中心的空间结构。在城市群空间差异研究上，运用基尼系数、变异系数等方法研究空间差异的较多，但这些方法仅能刻画城市群间某一变量的相对差异，不能反映绝对差异及其动态演化，而核密度估计方法却具有一定优势。它是一种具有稳健性的非参数估计方法，已成为研究空间不均衡分布的重要方法（杨明海等，2017），此方法可以对变量的概率密度进行估计，用连续的密度曲线表示变量分布的位置、形态与延展性，因此，核密度方法在分析城市群创新多中心空间差异上具有一定优势。

在对影响创新空间结构的研究中，计量回归方法是普遍运用的方法。但在对国家创新动力（如国家高新区等政策变量）影响创新多中心的效应研究上缺乏有效方法。近年来，双重差分方法在政策效应评估上渐趋成熟，如何运用此方法揭示国家创新动力与创新多中心之间的关系，仍值得深入研究。

第3章 基于结构功能主义的理论框架构建

本章将通过对相关核心概念的再界定，借鉴结构功能主义的基本分析逻辑，结合创新地理学、区域经济学的基本分析范式，构建本书的理论框架，并在此基础上提出本书研究的研究假说，为后续研究奠定基础。

3.1 相关核心概念内涵解析

3.1.1 城市群的内涵

与城市群相关的思想最早可以追溯到19世纪末。城市管理学家Howard（1898）通过对当时英国城市规模不断扩张现象的考察，发现城市过度集聚导致诸多城市病出现，同时伴随农村人口逐渐减少、农村凋敝等问题出现。对此，他提出“城市—乡村磁铁”的规划设计理念，通过城市与农村的整合实现城市发展，已蕴含“群落”发展的思想。自此以后，基于城市“组团”或空间再整合的考量，诸多与城市群相关的概念被相继提出，且对同一概念的定义存在较大分歧，但随着研究的深入，国内学者逐渐倾向于运用“城市群”这一概念。

城镇密集区是与城市群相关的最早出现的概念，它由英国学者Geddes（1915）最早提出，并认为城镇密集区是指由于城市的蔓延导致城市功能超越了城市边界，使诸多城市的作用区域出现重叠的地理空间。国内学者孙一飞（1995）、刘荣增（2003）也对城镇密集区进行了定义，前者认为城镇密集区是在某一特定地理区域内，城镇之间具有紧密关联，且城镇分布集中的连续区域，后者认为城镇密集区是指大中城市之间的辐射影响范围互相重合的连续城镇空间，如图3－1（a）所示。Gottmann（1957）提出的“大都市带”（Megalopolis）概念对城市地理学产生了巨大影响，他将大都市带定义为：由若干城市区域集聚而形成的具有紧密经济联系的巨型整体，是主导空间经济模式的巨大城市区域，是由诸多相互联系的都市区组成的成片城市化区域，如图3－1（b）所示，更加注重城市之间的经济联系是这一定义的显著特征。大都市带概念一经提出，便遭到了质疑，其中以Mumfodr的批评最具代表性。Mumfodr基于社会学的视角，认为大都市带等概念的出现会导致城市畸形发展，最终不利于人类可持续发展。但尽管如此，诸多国家的城市化发展实践已在某种程度上逐步走向大都市带或类似的空间形态（史育龙和周一星，2009），已表明这一概念的实践价值。因此，沿着Gottmann提出的大都市带的概念，Mcgee（1991）提出Desa－kota概念，用来解释在联系城市与农村的交通线地带发生的农村劳动力向城市产业转移的现象，阐释城市与乡村同步演化的过程。Scott（2001）提出城市区域的概念（City Region），Hall和Pain（2006）提出巨型城市区域的概念。

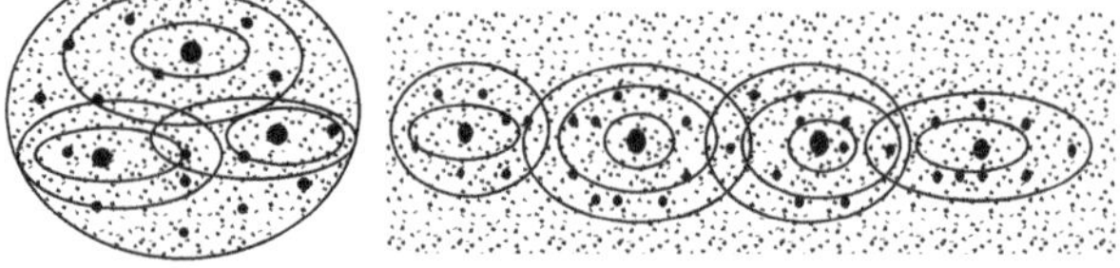

（a）　　　　（b）

图3－1　城镇密集区与大都市带示意

资料来源：刘荣增．城镇密集区及其相关概念研究的回顾与再思考［J］．人文地理，2003，18（3）：13－17.

于洪俊和宁越敏（1983）在其著作《城市地理概论》中详细介绍了Gottmann的大都市带理论，从而加速了Gottmann思想在国内的传播进程。国内学者也相继提出了不同概念来表征城市化进程。代表性的概念主要有“城市群”“都市圈”“城市经济带”“大都市区”等。通过对相关文献的梳理发现，城市群这一概念最先出现，由姚士谋等（1992）在其论著《中国的城市群》中最早明确提出，并认为城市群是经济相对发达的城市集聚的地理空间，这一定义侧重于城市群的地理空间属性。后来，姚士谋等（1998）对城市群的概念进行了第一次修正，从城市数量、规模与等级、经济增长极、城市交通联系的角度重新认识城市群。但“城市群”概念并没有引起足够重视，仅朱英明等（2002）对此针对城市群的地域结构内涵进行了回应。其后的几年间，“都市圈”“城市经济带”以及“大都市区”等概念使用较多。在都市圈的内涵界定方面，张伟（2003）认为，都市圈是由一个或多个中心城市及其邻近城市组成且彼此之间具有紧密经济关联、以实现区域经济协调发展为目标的区域。邹军（2003）、谢守红（2008）也给出了类似的定义。在城市经济带的内涵界定方面，田丽琴（2001）认为具有明确分工和网络联系的城市经济地域实体可以称为城市经济带，而杨凤和秦书生（2007）则认为城市经济带是以交通干线为依托、带动经济增长的带状区域。对大都市区内涵的认识也存在较大分歧，洪世键和黄晓芬（2007）通过对大都市区不同定义的梳理，从功能的角度认为大都市区是由大城市及其邻近城市组成的具有一体化趋势的社会经济功能单元。

随着中国对外开放程度及城市化进程的不断深化，城市群的主体地位再次得到重视，尤其是诸多学者呼吁应将都市区等相关概念统一于“城市群”，以便开展更深入的研究（李仙德和宁越敏，2012；刘玉亭等，2013）。倪鹏飞（2008）将城市群定义为人口与经济集聚区，城市之间存在各种交通信息联系且彼此又相互独立是其显著特征。方创琳（2009）将城市群的内涵置于全球分工体系中，认为城市群是中国融入全球分工网络的崭新地理单元。顾朝林（2011）认为，城市群的塑造源于经济与产业的空间配置效应，是中心城市辐射范围内所有城市的集合。城市群是国家与地方政府通过政策的引导而形成演化的，随着社会信息化水平的提升及全球知识经济步伐加快，对城市群概念的认知出现新的转向，即从科技创新等崭新维度解析城市群内涵渐趋占据主流位置（陆大道，2013）。姚士谋等（2015）敏锐捕捉到高度信息化、高度技术化的新时代特征，对城市群的内涵进行了第三次认知，着重突出了城市群概念中的信息化、网络化特征，并特别强调拥有创新中心是城市群内涵不可或缺的要素。吕拉昌等（2018）创造性地提出基于创新的城市化概念，以区别仅靠城市人口增长的传统城市化概念，适应知识经济时代的新转向，这同时为新时代城市群概念的再认识提供了新的思路。方创琳（2018）对城市群内涵的再解释正体现了这一点，他通过对中国改革开放40多年来的城市群研究脉络的梳理，认为创新型城市群是城市群未来高质量、高效率发展的题中之义。

虽然对城市群内涵的认识存在不同看法，但不同的城市群概念却始终蕴含着地理空间、联系、经济等元素。从其概念的演化脉络来看，经历了从地理维度（从相近地理位置实体城市的空间组合来认识城市群）到经济维度（在地理空间重构的基础上，强调经济联系及其效应）再到创新维度（将创新作为城市群内涵的核心，并强调创新对推动城市群形成与发育过程中的深刻影响）的演变。可以看出，创新的维度在城市群内涵中的地位愈加清晰和突出。

在科技创新迅速变革的知识经济时代，创新是推动空间重塑的关键驱动力，基于此，本书将基于创新的维度对城市群的内涵进行再定义：①它是由地理位置相近的、相互之间具有紧密关联的若干城市超越行政边界组成的大型空间复合体，是城市化在空间上演化的高级阶段。②这一空间复合体是由不同等级或规模的城市在地理空间上的集合，具有多个创新中心与创新次中心，创新是决定这一空间复合体形成与演化的关键。尤其是城市之间的知识分工与创新分工的地位会决定这一空间复合体的创新规模和等级结构，这种创新空间规模和等级结构最终会影响整体经济绩效。

3.1.2 创新的内涵

对创新定义的界定是进行本书研究的重要前提。单纯从语义上来看，16 世纪中期创新（Innovation）这一词语开始出现，它来源于拉丁语中的“Innovatus”一词，该词中的“nov”意思即为“新”（New）。在中文的词语释义中，《辞海》将“创”解释为“始造之也”，即开创。将“新”解释为“第一次出现”。开创新的事物是“创新”一词的最基本含义。

但在经济研究领域，对创新最经典的定义来自经济学家熊彼特。熊彼特认为创新实际上是生产要素与生产条件的再整合，并将这种整合融入生产以促进技术变革，并且将创新定义为五种具体形式：采用一种新的产品；运用一种新的生产方法；进入新的市场；获取生产所需的原料或半成品的一种新的供应来源；采取一种新的行业组织形式。熊彼特对创新的这五种分类均将“新”摆在了突出位置，实质是变革旧事物、创造新事物的一系列过程。后来，学者将熊彼特的创新具体分为产品创新、工艺创新、市场创新、资源配置创新以及组织创新，其中产品和工艺创新来源于技术的不断革新，蕴含了技术创新的思想。

20 世纪六七十年代，对技术创新内涵的剖析逐渐增多。主要包括美国经济学家罗斯托对经济增长阶段理论进行研究时，将创新的内涵集中于技术创新，认为技术创新在整个创新体系中处于主导地位；伊诺思将技术创新定义为包含发明、新市场开辟等一系列行为的组合；弗里曼认为技术创新是技术从发明到市场化应用的整个过程。这些定义均将技术的经济价值实现作为落脚点，但也同时表明经济价值的实现首先来源于技术的发明，发明等创新活动处于极其重要的位置。

在20世纪90年代，中国学者逐渐开始对技术创新的内涵进行关注。叶明（1992）、胡哲一（1992）均认为新技术的发明及应用是技术创新不可或缺的起点，也是技术创新最基本的表现形式。也就是说，技术创新是应用科学技术知识开发新的产品的具体经济活动（朱冬元和宋化民，1996）。随着国家创新系统理论的引入，也引起了学者在这一框架内对创新概念进行阐释。技术创新不仅发生在单个创新主体之中，更是具有系统维度的概念，包括政府、企业及研发机构等的协同，是创新主体对创新资源进行重新整合的过程集合（刘凤朝，2000），尤其强调技术创新活动中所具有的地理邻近、创新文化及创新环境等特征（王缉慈，2002）。在此框架下，对技术创新本身所具有的复杂性或非线性过程的解析使技术创新的内涵更加丰富化。例如，技术创新具有生物学隐喻特征，应从技术生态位的角度来理解技术创新，知识创新、中介服务、创新风险等都是技术创新内涵中应有的内容（温兴琦和David，2016）。但在信息化与经济发展水平不断提高的背景下，对各种技术创新模式的探讨进一步拓展了技术创新概念的外延。主要包括：①集成创新。集成创新是一种实施创新活动的组织形式，它能同时整合不同部门、不同技术、不同创新周期及不同创新实践，达到各种创新要素集成状态，进而推动技术创新的发生（刘一君和张同建，2018）。②自主创新。自主创新是创新主体（包括企业微观主体、区域中观主体、国家宏观主体）在不依赖外部技术支持的情况下，依据市场需求及自身创新实力，依靠其自身的努力，通过研发投入实现新技术的生产与商业应用，强调创新的自主性。③模仿创新。模仿创新一般是指当创新主体存在技术需求，但其自身的技术能力与其他创新主体存在较大的技术差距时，为了实现技术创新的目标，创新主体会利用其自身已有的积累，通过对先进技术的学习与效仿，或者通过对已有先进技术的购买引进，在此基础上进行消化吸收，达到二次创新的目的。这是一种创新追赶战略。④协同创新。协同一词来源于德国著名物理学家哈肯所著的《协同学导论》，而协同创新正是借鉴了协同学的思想，是指创新系统中主要创新主体之间相互进行知识协作，实现优势互补，并搭建创新网络，从而达到共同推动创新成果的生成与应用。⑤突破性创新。突破性创新强调技术上的巨大进步，它是一种高质量的创新，是对已有技术的根本颠覆，极有可能会重塑产业的空间格局（付玉秀和张洪石，2004；蒋艳辉等，2018）。⑥破坏性创新。破坏性创新不强调技术的复杂升级，而是基于市场需求，对已有技术做出微小变革以适应低端消费群体，由此拓展已有技术的市场价值（王志玮和陈劲，2012）。⑦迭代创新。迭代创新是在互联网时代新出现的一种技术创新范式。它是指将同一产品或技术的研发周期分解为若干小的周期，通过“一代技术”“二代技术”等的不断叠加，达到持续锁住市场、持续创新的目的，国内的腾讯、小米等企业的技术开发是迭代创新的典型代表。⑧创新共同体。创新共同体是指以实现共同的创新目标为目的，由多方（包括个人、企业、政府、大学及中介组织等）共同参与，通过知识共享，进而提升各参与方尤其是创新水平较低的组织或区域的创新水平的组织形态（王峥和龚轶，2018），也是实现创新协调发展的重要方式。⑨有意义的创新。陈劲和曲冠楠（2018）呼吁应将社会、人文及哲学内涵重新纳入创新概念体系之中，以推动技术创新迈向更高的阶段，他将这种创新称为“有意义的创新”。

创新的概念层出不穷，技术创新一直是贯穿其中的主线。任何创新都需要空间载体，城市是发展中国家繁荣与发展的发动机（Duraton 和 Puga，2001），更是推动创新的重要空间载体，因为城市在长期的发展过程中，积累了相对较多的知识，尤其具有地方根植性的知识，成为了推动技术创新的加速器。此外，城市也拥有相对完备的产业基础，经济增长速度相对较快，各种信息化基础设施也相对完善，特别是大中城市更是会吸引高等院校、研发机构等集聚，为创新提供人力资本及知识基础支撑。随着城市化进程的推进，超越单个城市地理边界的城市群正日益成为增强城市创新竞争力的空间组织形态。虽然创新的形式极其丰富，但技术创新在推动经济变革中起着关键性的作用。

因此，本书将创新置于城市（群）空间进行研究，并将创新界定为在城市空间尺度下创新主体进行的、以新技术的发明等为核心表现的技术创造性活动，且集中体现为专利数量及其质量的快速增长与应用。

3.1.3 空间结构的内涵

空间结构是区域经济学长期关注的核心议题之一。对空间结构的认知可以追溯到传统的区位理论，区位理论最开始着重探讨农业或工业企业的空间选址问题，以杜能的农业区位论与韦伯的工业区位论最具代表性。沿着区位选择理论的分析思路，在长期的区位动态选择过程中，就会形成企业等经济资源在不同空间的配置结构。区位结构理论对此进行了系统研究与总结，尤其是克里斯泰勒的“中心地”理论蕴含着相对系统的空间结构思想，该理论基于满足生产者与消费者的最优条件，通过市场边界的确定及变化详细阐释由多个城市组成的某区域空间结构的形成与演变，并且用“六边形”直观展示了不同城市之间存在的规模等级关系这种空间结构。实际上，其后的增长极理论、核心—边缘模型等区域经济增长理论均是从空间结构的角度来探索区域经济增长规律，其基本前提是某一空间尺度上的（如城市层面等）经济要素或经济功能存在显著差异或不均衡特征，继而利用这种不均衡最终实现整体经济绩效的协调，可以将此处的空间结构理解为经济功能在地理空间的不均衡布局所形成的等级关系。我国著名地理学者陆大道在“中心地”理论的基础上提出了“点—轴”空间结构系统，其基本内涵是根据城镇或不同的居民点，结合交通基础设施、江河等连接线，实现点、线、面逐步开发的空间格局。

空间结构是社会经济功能在空间上的分离所形成的一种形态，功能属性与空间尺度属性是此概念的两大突出特征，且此两者密不可分。具体可以分为基于不同功能的单个城市空间结构以及基于不同功能的城市群空间结构。功能的表现维度会随着城市化的进程不断丰富化，主要包括经济功能、社会功能及生态功能等。经济功能主要指城市空间为产业发展、商品及服务交易、消费等经济活动提供场所；社会功能主要指城市为人口增长提供的土地利用、居住等功能；生态功能主要是指在人地关系协调发展的前提下，需要充分注重城市生态功能的保护与修复，使经济空间与生态环境有机融合。基于经济功能的视角，空间结构是不同的经济行为在不同空间区位的集聚所导致的配置状态（刘卫东和张玉斌，1992）。在对单个城市空间结构内涵的解析中，基本围绕城市中心与郊区的空间关系来展开，制造业倾向于向郊区扩散，现代服务业越来越向都市中心集聚，这种制造业和服务业在空间上的分离往往会形成圈层空间结构，比如“中心城区—通勤区—郊区”的三圈空间结构（宁越敏，2006；贺灿飞和朱晟君，2007）。也有学者从城市的建筑类型空间布局来探讨空间结构的含义（顾朝林，1997；王洋等，2017）。但随着城市规模的扩张及交通等通勤设施的不断完善，多中心成为反映城市内部空间结构的新维度，主要是指一个城市出现两个或多个经济中心（如商业中心），中国的深圳、北京等大都市均具有此种空间结构特征（周素红等，2014），但在人口维度上诸多研究将空间结构界定为紧凑、向中心集聚的形态

（张志斌等，2012；李顺成等，2017）。经济的快速发展大大丰富了空间结构的含义，但经济的增长尤其是工业化进程的加速往往会对生态空间造成冲击，随着后现代主义的兴起，生态空间结构被纳入空间结构的表现维度范畴。

在城市群空间尺度解析空间结构概念逐渐增多。覃成林（1992）将城镇群体空间结构定义为“构成该群体的城镇类型、等级—规模及其空间组合方式”。刘曙光等（1996）基于产业功能的视角，从产业的集中度、关联度及开放度等维度来表达空间结构。城市群空间结构是地方产业从单个企业向产业集群演进过程中在空间上的映射，产业是塑造城市群空间结构的内在动力，可将此种空间结构定义为“基于产业驱动的空间结构”。但是随着经济发展模式渐趋由制造业驱动向信息经济驱动转变，提供知识服务越来越成为城市发展的重要功能，而创新是新知识生产最为重要的手段，以创新为导向的城市化模式将是真正适应知识经济要求的未来城市化道路（吕拉昌等，2018）。

因此，对于城市群来说，创新功能更为重要，对创新功能的强化也将导致空间结构的再塑造。基于此，本书从“基于创新的空间结构”的角度来界定空间结构。并将空间结构定义为：在城市群空间尺度下，不同城市的创新功能存在差异，这种空间差异所形成的具有等级特征的状态，基于创新的维度再造了地理关系。

3.1.4 单中心—多中心视角下创新空间结构的新解析

创新空间结构是创新功能关系与空间位置关系双重关系叠加的空间形态表现。单中心—多中心的空间结构形态正是这种双重关系叠加的重要表现之一，在理论和实践中正逐步得到广泛重视，尤其是在欧洲已得到卓有成效的地理应用。本书基于单中心—多中心维度对创新空间结构这一核心概念进行界定。创新空间结构具有鲜明的空间尺度属性（省域、城市群等），本书侧重于城市群空间尺度。在本书中，创新单中心空间结构特指在城市群尺度上创新的研发投入、知识型人力资本等要素向单个大城市集聚，高技术企业也向单个大城市集聚，导致创新要素及创新型产业的虹吸效应凸显。最终在城市群空间上呈现出仅存在一个创新首位城市的格局，其创新能力远大于其他城市，从而在空间上形成具有创新功能等级层次的空间格局，这种现象往往发生在经济增长的初期阶段。

多中心空间结构最初是针对单个城市尺度内部而言的，它是指城市人口或经济功能在空间上的分散化，出现多个居住、就业等次中心。在城市群区域内，随着信息化和交通联系等的强化，创新功能由核心城市逐渐向其他等级较低的城市扩散，促进其他城市创新水平的增强，进而相对缩小了城市之间的创新差距，也推动了创新多中心空间结构的演变。创新多中心空间结构并不是指城市群中每个城市都是创新的中心，它可以理解为在城市群内创新首位城市的缺失，有两个及以上的创新次中心城市承载创新功能而形成的创新网络体系，是在整体上表现出的空间状态，这种空间状态实现了创新功能的相对均衡与协调，提升了整个城市群的创新竞争力。这种类型的创新空间结构往往形成于经济发展水平的高级阶段，城市之间的创新关联更为紧密，创新要素以及高技术企业的布局则相对分散。

3.1.5 经济增长质量内涵界定

在针对经济增长质量的内涵界定方面，傅家骥等（1994）、杨久炎（1995）最早基于技术创新的维度阐释经济增长质量的内涵，并将技术创新作为经济增长质量的核心之一。随着中国经济结构转型，经济高质量发展被写入党的十九大报告。随后，对于经济增长质量内涵的研究渐趋增多，集中体现为两个方面：一方面是经济效益维度，例如，陶爱萍和江鑫（2017）、陈昌兵（2018）等运用劳动生产率来反映经济效益的高低，并将其作为阐释经济高质量增长的内涵；另一方面是技术效率维度，例如，王竹君和任保平（2018）基于技术进步效率对中国不同省份的经济增长质量进行了解析，邓子纲和贺培育（2019）则强调创新驱动尤其是技术创新水平的提升是新时代中国经济增长质量的核心内涵。可以看出，经济发展方式转变、技术创新等是经济增长质量的题中之义。

本书认为，经济增长质量是经济迈向高质量增长的重要表征，它与经济低质量存在明显区别。经济低质量增长主要体现在两个方面：一方面是地方或国家依靠自然资源开发、简单劳动力和资本投入的粗放型发展模式；另一方面是地方或国家通过嵌入简单加工、组装等技术水平低、附加值小的价值链低端位置的发展模式。虽然在短期内，这两种低质量的发展模式对经济发展具有积极作用，但从长期来看，却对经济增长造成极大危害：生态环境遭到破坏，导致企业的报酬不断降低，陷入“悲惨增长”境地（卓越，2008）。阻碍本土产业在设计、品牌和营销方面的功能升级，抑制现代产业体系发展，易导致新的“依附经济”趋势（刘志彪和张杰，2009），造成本土产业内生性与知识累积路径的渐趋弱化，并促使经济体被再次锁定在“低质量增长”的路径中。而经济高质量增长最为突出的特征是强调技术进步对经济增长的贡献份额的稳步提升。因为基于技术进步的经济增长是区域摆脱“悲惨增长”、突破“低端锁定”、再塑区域持久竞争力的根本途径。而经济体技术进步对经济增长的贡献核心体现为全要素生产率水平的提升（田秋生，2018；王永昌和尹江燕，2019）。

衡量经济增长质量的指标较多，为了较为全面地对经济增长质量进行测度，以进一步丰富经济增长质量的内涵。基于上述分析，将经济增长质量界定为资源依赖程度的降低与全要素生产率的增长。区域对资源依赖的程度越低，其经济增长质量就越高；反之，经济增长质量就越低。区域全要素生产率水平越高，经济增长的投入产出效率就越高、技术进步对经济增长的贡献就越大、生态环境代价就越低，它能够综合反映经济增长质量水平。

3.2 结构功能主义理论的再拓展

3.2.1 结构功能主义的基本内容

结构功能主义理论作为社会学研究中的经典理论，已显现出了极大的应用价值。结构功能主义的思想在社会系统中探讨结构与功能之间的关系，其最核心的观点是社会系统功能的发挥受到不同维度结构的影响与制约。该思想的起源与19世纪逐渐发展的生物学有关，受到当时对人体结构等知识不断进步的影响，尤其是达尔文的生物进化论观点的提出，都极大地促进了生物学的发展。早期社会学家受到生物学思想的影响，借鉴生物有机体的隐喻，建构和发展了功能主义思想。Comte（1975）、Spencer（1925）是这一理论的早期代表，其基本观点主要有：①认为社会是一个和环境相互作用且产生一定功能的有机系统。②社会系统与生物有机体存在相似的特性，即社会系统也具有结构，这种结构通过群体、阶层、社区或城市的相互关系来体现。对“结构”的这种认识实际上体现出整体中的组成部分具有等级次序属性。③社会系统得以持续存在的前提是必须满足自身的需求，即实现自身功能，这与生物有机体也存在相似之处。社会在演进过程中会出现结构分化，每一种分化的结构均具有特有的功能，社会系统整体功能的实现受到其组成部分的影响。斯宾塞使用“功能需求”的概念来阐释社会结构的存在，搭建起社会结构与功能塑造之间的桥梁，再次强调了社会结构对功能的决定作用。

尼尔·帕森斯和塔尔科特·斯梅尔瑟（1989）在功能主义观点的基础上，对结构功能主义进行了阐释，认为社会是由不同层级的次系统（这种不同层级的次系统是结构的象征）构成的总系统，且功能是其核心特征。由社会主体的社会行为所形成的相互关系是塑造社会结构的前提。而社会行为又是在某种客观情景中发生的，即社会行为受到客观情景的影响与制约。帕森斯还构建了著名的“AGIL”图式模型：“A”（Adaptation）是指社会系统要采取某种行为以适应外部环境，具体体现为顺应和改造行为的发生。“G”（Goal attainment）表示社会系统的目的在于实现自身的目标，即促进功能作用的正常发挥。“I”（Integration）表示社会系统对各种内部关系的协调整合，以保持系统的稳定性。协调整合的结果导致结构的形塑。“L”（Latency）表示社会系统维系自身特有范式的深层力量，一般表现为制度化的价值规范。通过对“AGIL”图式基本内涵的重新梳理，认为可以将此图式中的“AGI”凝练为“基于行为的结构功能主义”。行为的表现维度丰富，如经济行为、创新行为等。社会系统中不同子系统的行为差异是引起结构形成和演变的重要条件。

美国社会学家罗伯特·默顿（2006）从功能区分的维度对结构功能主义理论做了进一步发展，提出了功能选择概念。将功能划分为“显功能和潜功能”以及“正功能和负功能”。显功能是指那些有意造成并可以观测到的后果。潜功能是指那些并不是有意造成与尚未被观测到的结果。有助于社会系统或者整体整合、内聚的功能属于正功能，即积极功能，这是社会系统得以持续演进所追求的目标。对社会系统或整体具有拆解或销蚀作用的功能属于负功能，即消极功能，这是社会系统力求规避的功能。

总的来看，结构功能主义揭示了社会系统中的社会行为、社会结构与社会功能之间的关系。行为主体的位置关系体现了行为主体在社会系统中的结构性关系，行为差异会改变社会结构类型。社会结构是为功能而存在的，功能只能经由某种结构才能产生效应，即社会结构最终影响功能是否能有效发挥。在结构功能主义理论中，“功能”概念实质上处于核心的位置，功能不是抽象的、恒定的，其度量与性质均是具体的、演化的与有条件的。依据功能的变化可以获取改变结构的反馈信息，进而实现社会系统的良性成长。

3.2.2 基于行为—空间结构—功能的地理系统

结构功能主义是一种把部分和整体、部分与部分相联系的方法，是所有科学具备的一种特征，也是所有科学的一种研究方法（艾伦·斯温杰伍德，1988），它将研究对象置于社会系统中进行考察，是基于社会系统的结构功能主义，同时强调社会主体的行为是在客观情景中进行的。地球表面的陆地、水体、生物等自然地理空间要素具有客观存在性，因此，可以将其理解为典型的“客观情景”，而任何人类行为活动都是在特定自然地理空间中进行的。地理系统的“自然”属性突出表现为空间属性，空间的差异与自然地理要素差异紧密相关。随着人文地理学、经济地理学等学科的发展，大大拓宽了地理学研究的学科边界，使地理学同时具有自然地理与社会系统属性（陆大道和樊杰，2009）。在这个意义上，地理学与社会学中的结构功能主义理论存在共性，为两者纳入统一分析框架提供了可能。

传统的地理学仅关注自然地理因素本身对地理环境的影响，但随着人类社会经济的不断进步，人地关系已经成为地理学研究的核心所在。人地关系学说强调人类的社会行为对自然地理环境产生的影响，同时也考察自然地理环境对人类行为活动方式的制约，基于人类行为重新审视区域可持续发展，强调人类行为必须以资源环境承载力为约束条件，进而实现人地关系相协调的发展目标。而在地理维度上，行为具有空间尺度属性，既有个人行为，也有区域行为（如城市层面）。行为因素是贯穿人地关系学说的一条鲜明主线。吴传钧将系统论纳入地理学的研究框架，结合系统论中强调的结构和功能等核心概念，极大地推动了人地关系地域系统理论的形成与发展。人地关系、地域系统将不同空间范围内由“人”和“地”组成的复合体作为开放的巨系统，巨系统内部均具有一定的结构模式，并且根据某种机制产生系统功能。结构与功能贯穿于人地关系地域系统理论分析的始终。空间是人地关系地域系统理论研究的基础，也是地理学关注的核心，探索社会经济要素的空间格局特征及其演化规律是空间分析的主要任务，须在某种空间尺度下（如城市群、省域等）围绕空间结构特征探寻人地关系地域系统的具体特征。行为地理学关注人类不同行为在空间上的差异分布，认为空间结构特征的生成与演化源于人类不同的行为，行为促使空间的生产，进而导致不同空间结构类型的产生，可以称之为基于行为的空间结构。人地关系地域系统的功能是研究的落脚点，不同的空间结构决定了不同的功能状态。

总之，地理系统是聚合自然与社会双重维度的系统，行为、结构及功能是其典型内核，空间特性是其区别于其他学科的显著特点，彰显空间结构的重要性。但从理论上挖掘地理系统中的行为、结构与功能三者之间的内在关联仍不够深入。基于此，本书认为结构功能主义为搭建此三者之间的桥梁提供了理论支撑，将结构功能主义理论与人地关系地域系统理论进行整合，结合地理学长期关注的空间维度，凝练提出基于“行为—空间结构—功能”的地理系统分析框架，如图3-2所示。

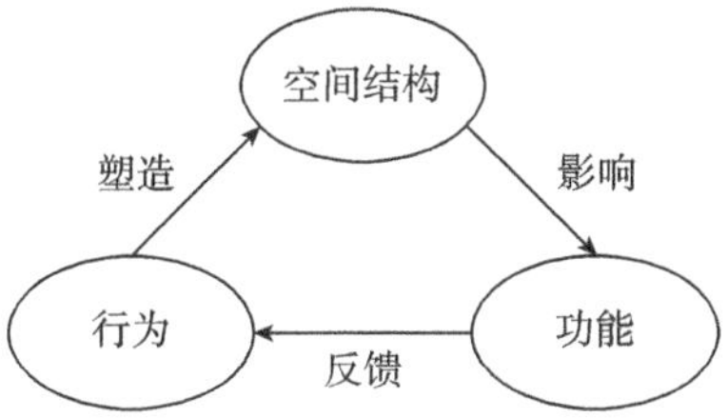

图3-2 行为、空间结构与功能关系示意

3.2.3 行为—空间结构—功能框架在创新经济地理学中的地理应用

人文经济地理是地理学的重要分支，是基于地理系统对社会、经济现象的空间格局及其演化机制进行研究的学科，而创新经济地理学从属于人文经济地理学，可以作为人文经济地理学的一门独立分支（吕拉昌等，2016），同样适用“行为—空间结构—功能”的分析框架。创新是知识经济时代区域主体保持竞争优势的一种前瞻行为，它发生在具体的地理范围之内，与地理学之间存在紧密关联，更是创新经济地理学研究的核心变量。创新行为最终映射为创新能力，揭示区域创新能力的空间格局特征是创新经济地理学最初的研究核心。随着研究的深入，探索创新空间结构的形成机制也成为创新经济地理学的重要任务，主要围绕地理邻近、知识溢出、本地蜂鸣、产业集聚及创新网络等来展开机制研究。对创新空间结构的特征描述及其形成机制是创新经济地理学长期关注的焦点，充分表明创新经济地理学研究中具有较强的“地理倾向”，但“经济倾向”并没有得到足够关注。经济功能核心体现为经济增长，构建不同创新空间结构对经济功能的影响及其作用机制将是丰富创新经济地理学的主要方向。

本书基于“行为—空间结构—功能”的基本框架，结合创新地理学对创新行为及其空间特征的刻画，提出“创新活动—创新空间结构—经济增长”的具体地理应用框架。在特定的地理空间尺度下，区域主体创新行为存在异质性，既存在创新水平强的区域，也存在创新水平相对较弱的区域，创新行为的差异最终塑造不同的创新空间结构。例如，可能在某一更高空间尺度上呈现出创新单中心或者创新多中心空间结构特征。不同的创新结构会对经济增长功能产生影响，经济增长功能的强弱是一种信息反馈，又能够传导至创新行为主体，为创新空间治理及经济增长战略设计提供逻辑来源，是“行为—空间结构—功能”基本框架的具体地理实践应用，如图 3 -3 所示。

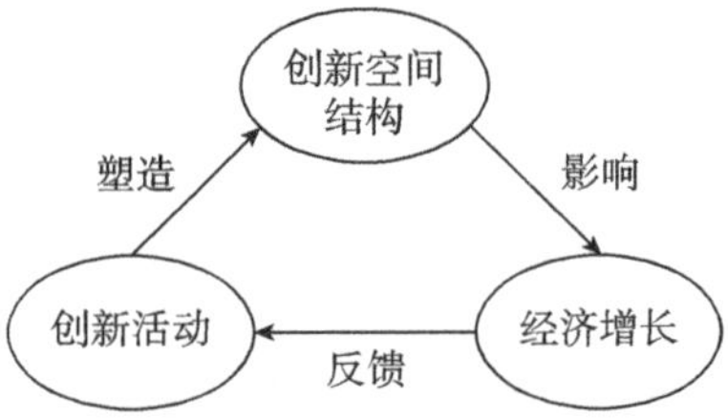

图 3 -3　创新活动—创新空间结构—经济增长的逻辑关系

概括而言，结构功能主义理论是社会学中的经典理论之一，本节将其与经济地理学、区域经济学、创新经济地理学进行整合，纳入统一的分析框架，凝练提出“行为—空间结构—功能”的基本分析框架，并结合本书研究的主要目标，将此框架具体化为“创新活动—创新空间结构—经济增长”的具体分析思路，为本书开展进一步研究奠定理论基础。

3.3　城市群创新空间结构演化及其经济效应的理论框架构建

如何有效提高经济增长质量是当代中国亟须解决的焦点问题之一，关系到中国经济转型的伟大征程能否顺利推进。基于创新驱动的转型路径已得到学者的普遍认同，围绕创新要素投入、创新模式选择等核心问题已进行了大量理论探索。但如何构建创新空间结构与经济增长之间关系的理论框架，揭示创新空间结构与经济增长质量之间的关系，仍是亟待解决的理论问题。本部分依照前文构建的"行为—空间结构—功能"基本理论框架，将行为聚焦于创新活动，将城市群作为研究的空间范围，基于单中心—多中心视角测度创新空间结构，构建本书的理论框架，揭示驱动城市群创新空间结构演化的动力及其作用机制，探索城市群创新空间结构与经济增长质量之间的内在关联及其作用机制。

3.3.1 总体理论框架

创新是区域主体的一项重要行为。通过创新市场化、创新产业化为区域经济增长提供知识源泉，是塑造区域竞争优势的关键。尤其是技术创新更是区域占据高端价值链、持续获取经济效益的重要手段，也是新兴业态赖以生成的基础。创新的结果往往体现为区域在时间上的知识累积，不断扩大区域"知识池"的深度和广度。在空间上则体现为创新成果的地理分布，形成创新的空间结构特征。社会学的结构功能主义理论认为结构最终会对社会功能产生影响，将社会学中的结构功能主义理论与创新经济地理学进行再整合，纳入"空间""经济功能"等核心概念，从中剥离出"创新空间结构""经济效应"等具体内核，建立创新空间结构与经济效应之间的关联模型，认为不同的创新空间结构会产生不同的经济效应。

经济效应主要通过经济功能来体现，而经济增长质量是经济功能最核心体现。因此，创新空间结构会显著影响经济增长质量。基于单中心—多中心视角构建创新空间结构的测度模型，将创新空间结构区分为创新单中心空间结构与创新多中心空间结构，为测度城市群尺度上的创新空间结构特征提供具体方法支撑。

在搭建本书的总体理论框架后（见图3-4），接着将进一步阐释创新空间结构的影响因素及其作用机制，并论证创新空间结构与经济增长质量之间的内在关系。

3.3.2 城市群创新空间结构影响因素及其作用机制的研究假说

3.3.2.1 地方、国家与全球动力驱动城市群创新空间结构演进

复杂适应系统（Complex Adaptive Systems，CAS）的核心观点是系统由许多

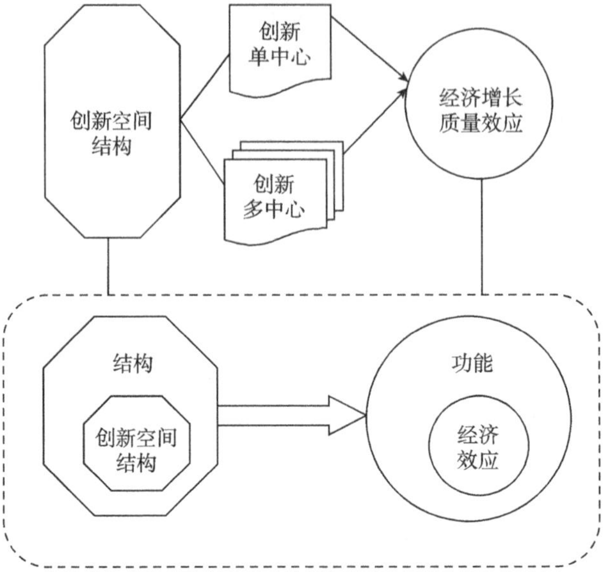

图 3-4　总体理论框架

相互作用的主体构成，主体具有自我能动性，也具有对外部环境的适应性，自我能动性与适应性引起复杂性，内部动力与外部动力共同推动系统演化（Holland，1995）。地理系统也是复杂适应系统（翟瑞雪和戴尔阜，2017），而城市群是以地域综合体为表现形式、承担特殊功能的地理系统（丁志伟和王发曾，2012）。创新作为城市群极其重要的功能之一，是在城市群创新系统中进行的，受到内部动力与外部动力的共同作用（李恒等，2015）。传统经济地理学认为须在不同空间尺度来理解经济地理空间结构塑造及其演进过程。空间尺度具有垂直层次的属性，地方是小尺度，主要以城市区域为典型代表，因为城市具有特殊的演进路径，决定了其具有不可替代性。在一般意义上，全球—国家—地方尺度由大到小依次排列（贺灿飞，2017），是研究地理空间结构需要考量的基本范畴。因此，推动城市群创新空间结构演化的动力也具有空间尺度属性。基于此，本书认为，促进城市群创新空间结构演化的内部动力主要体现为地方创新动力，外部动力体现为国家创新动力与全球创新动力，城市群创新空间结构的生成受到上述三种动力的驱动。由于驱动城市群创新的地方创新动力、国家创新动力与全球创新动力在空间上具有非均衡性，使城市创新能力也存在差异，在城市群尺度形成创新空间结构体系。由于区域创新具有复杂性特征，表现为动力多元且复杂，因此，通过整合地方创新动力、国家创新动力与全球创新动力揭示城市群创新空间结构的形成。

地方创新动力是城市自身累积的有助于推动创新的各种力量，主要包括政府科技支持、公共文化治理水平、人力资本、资金实力、信息化水平等。政府科技支持是财政支出结构中的重要部分，为城市创新主体提供资金来源与动力支持，尤其是对于发展中国家来说，政府的作用极其重要。创新是在一定的文化环境中进行的，文化治理水平高，是新知识产生的“催化剂”。信息化水平主要通过信息基础设施规模与质量来反映，是知识跨空间流动的重要载体，不断塑造“流空间”，促进知识交流与溢出。国家创新动力通过创新政策的空间配置影响城市创新，进而改变更高空间尺度的创新空间结构。国家高新区是国家实施创新驱动的一种极其重要的制度设置，增强创新能力是其最终目的。在全球化时代，全球创新动力是影响区域创新能力的重要外部因素之一，对外开放程度是全球创新动力强弱的直接体现。其主要途径包括分享外商投资的知识溢出效应、人员交流、学习模仿机会增加等。

城市群创新空间结构呈现两阶段演化特征，地方创新动力、国家创新动力及全球创新动力在每一阶段中均扮演着极其重要的角色。第一阶段为创新集聚阶段。由于此时不同城市的经济发展水平、要素禀赋、区位条件等存在差异，极少数城市重视创新投入，国家在创新资源、制度设置等方面能力有限，只能将有限的创新资源布局在少数大城市。外商投资等全球创新动力也主要集中在基础设施相对完善、区位条件相对优越的地区。地方政府的自我重视、国家的制度支持及全球化创新动力反过来强化了少数大城市的创新优势，创新的“虹吸效应”较为显著，进一步增强了其吸引外部创新资源集聚的能力，加剧创新活动集聚。一方面，创新集聚有利于分享知识溢出，产生正的知识外部性。另一方面，正的知识外部性又强化了创新集聚。在城市群尺度上形成单中心的创新空间结构。

第二阶段为创新分散阶段。经济集聚程度的不断增强，加之成本上升、交通拥堵等的出现，也会带来集聚不经济，促使产业向其他城市转移，这为知识、信息、技术等创新要素的扩散与嵌入提供了通道（Madani，2012；Gilles，2013），加速了本地创新进程。同时由于知识具有较强的地域根植性，推动企业在迁入地建立新的研发机构，以适应当地市场，并获取当地特有知识，研发活动的分散化为创新提供了平台支撑，增强了当地创新水平。此外，信息技术和交通条件的改善使城市变成“过程”，弱化了“地方”属性，城市在流空间网络中的节点，城市联系有助于城市间的知识溢出与科技合作。同时，随着地方、国家经济实力的增强，地方创新动力对创新的支持力度逐步强化，出于区域创新协调发展目标的实现，国家政策的空间选择更加趋于分散化，更多的城市成为国家创新政策的载体，也为全球创新动力嵌入更多城市空间创造了条件。

地方、国家及全球三种创新动力的叠加为城市群等更高空间尺度上的创新空间结构演化提供强大支撑。但关键是如何将这三种创新动力转化创新产出，进而实现创新的经济价值。知识密集型服务业是城市中创新最为活跃的产业部门，通过整合政府、国家及全球创新资源，能够较快地将地方、国家及全球创新动力转化为自我创新动力，有效提升城市创新水平。知识密集型服务业在三种创新动力促进创新过程中起中介作用，也是推动创新分散化的重要力量，创新的分散化促使城市群的创新空间结构呈现多中心特征，如图 3－5 所示。

3.3.2.2　研究假说

根据上述分析，本书基于单中心—多中心视角，核心关注地方创新动力、国家创新动力及全球创新动力对城市群创新空间结构的影响，并在此基础上研究地方创新动力、国家创新动力及全球创新动力影响城市群创新空间结构的作用机制，进而提出研究假说。

在中国经济增长过程中，政府行为是核心驱动动力之一，经济发展不仅需要有效的市场，也需要有为的政府（林毅夫，2017）。在区域创新、经济增长方式转变、产业集群、环境规制、国际经济合作等领域政府行为扮演了极其重要的角色（周海涛和张振刚，2016；贺灿飞等，2016）。随着中国经济的转型，分权化的趋势越来越明显，凸显了地方政府动力的重要性（贺灿飞等，2008），尤其是地方政府行为会深刻影响区域创新水平的提升（顾元媛和沈坤荣，2012；王锋正等，2018）。

地方政府的科技支持是地方创新动力驱动创新的重要方面。地方政府科技支持的主要手段包括补贴、研发资助、财政支出等（马嘉楠和周振华，2018），显著推动了城市科技创新能力的提升（马双等，2017）。在城市群尺度上，地方政府通过对资源的空间再配置、竞争与合作等行为不断促使城市群向多中心空间结构趋势演化（李广斌等，2013；郑春勇，2011）。城市群空间结构表现维度丰富，包括人口、经济及创新等。地方政府的科技支持显著促进城市群人口或经济多中心空间结构的发展（杨少华和范红忠，2006；赵璟等，2009），而城市群也是创新功能的重要空间载体，单个城市的地方政府的科技支持会不断促使城市创新能力向协调、均衡方向演进，进而推动城市群创新多中心空间结构的演化。

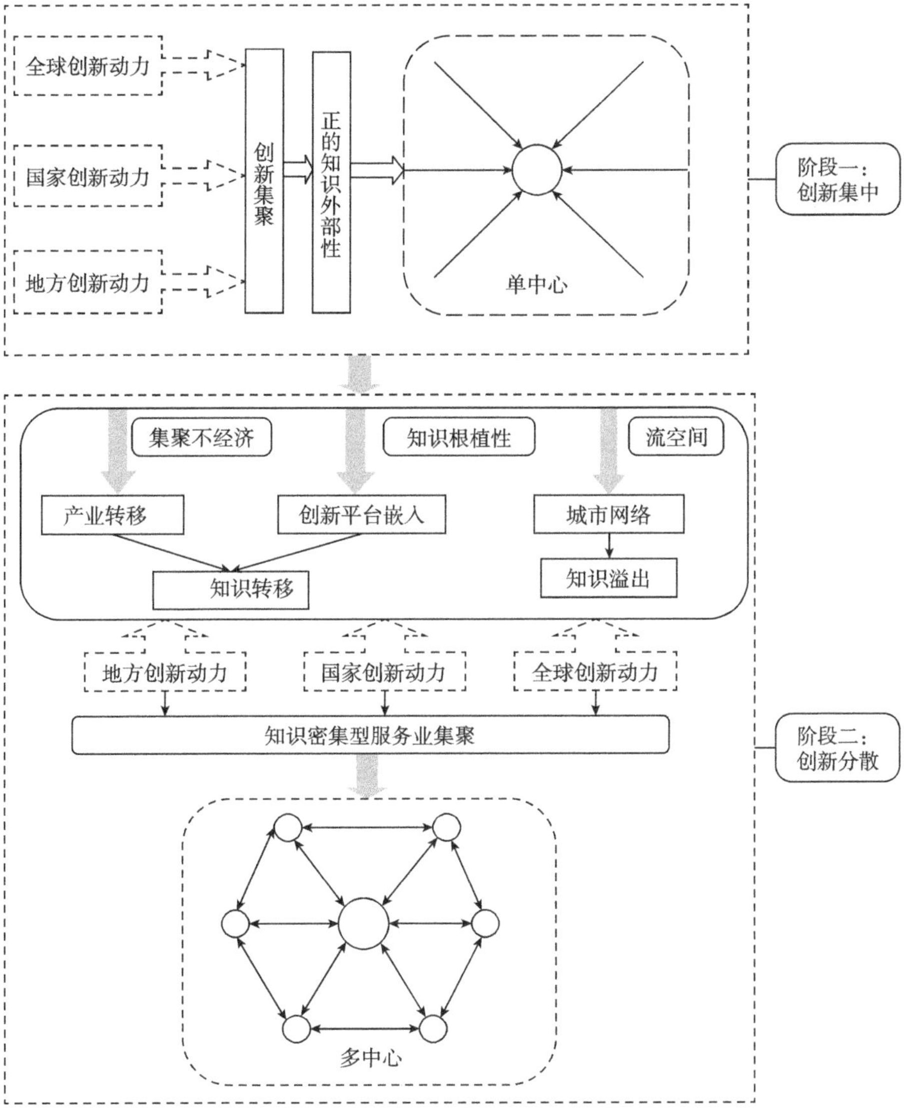

图3-5　单中心—多中心视角下创新空间结构的演化

基于上述分析，提出本书的第一个研究假说：

假说1：地方创新动力显著促进城市群创新多中心程度的提高。

区域创新系统理论认为区域创新水平受到多维空间尺度上创新动力的影响，尤其强调国家尺度上的制度设置能够显著影响区域创新水平，国家层面的制度设置是推动创新演化的重要动力，即国家创新动力核心体现为创新制度设置。创新制度设置又集中体现为国家创新政策的空间选择，国家创新政策在一定程度上决定了技术创新的速度与水平。自改革开放以来，稳步推进创新实践，尤其是国家层面的宏观政策起到了关键作用。在落实创新实践的征程中，我国于 20 世纪 80 年代开始设立国家级高新技术产业开发区（以下简称国家高新区），是国家推进创新驱动的有益探索，也是国家创新政策的典型代表和国家自主创新示范区等其他创新政策制定和实施的重要来源。国家高新区是国家采取的嵌入地方空间的创新政策，是国家创新动力嵌入城市空间的重要表现形式，也是一种极其重要的制度设计和安排（安虎森和季赛卫，2014；高照军和武常岐，2014）。基于此，本书认为，国家高新区是国家创新动力的集中体现，是提升国家创新水平的重要动力。

国家高新区作为城市空间中的一个“点”，与其所在城市空间存在关联吗？这是本书第二个假说需要回答的第一个理论问题。法国经济学家佩鲁（F. Perroux）认为经济空间存在着若干中心、力场或极，将其称为“推动型单位”，推动型单位作为一个经济部门，以其强劲的增长及其与其他经济部门的紧密联系对整个经济发展产生影响。增长极理论的提出进一步深化了佩鲁的部门极化理论，将空间联系纳入其中，并且更加强调增长极所具有的具体地理空间属性，将增长极的创新功能置于中心位置，关注增长极与一定地理范围内相联系的经济变量之间的关系，认为增长极具有鲜明的空间扩散效应，其发展功能直接与整个城市空间的聚集体系模式紧密相连，可以作为城市发展战略的支撑点。不论是佩鲁的部门极化理论，还是后来的增长极理论，都将增长极作为发展的一个“点”，继而带动整个区域的发展，是一种典型的“点—面”发展过程。国家高新区是城市经济增长的“特殊点”，也是城市发展的“增长极”（吴林海，2000；曹敏娜和王兴平，2003），创新是高新区自身的本质属性，且通过辐射效应带动城市转型，驱动城市创新能力提升（方亮和徐维祥，2015），国家高新区与其所在整个城市空间存在关联，进而影响整个城市的创新发展路径。

制度是社会经济变迁的基础，它会影响城市群创新空间结构演化吗？这是本书第二个研究假说需要回答的第二个理论问题。制度转向正日益成为创新地理学的一股新思潮（邓羽和司月芳，2016），以各种政策法规为主要表现形式的制度安排是中国城市空间结构演变的主要诱因，尤其是政府主导下的制度变迁通过影响城市数量与城市空间等级体系进而改变城市空间结构，是推动城市空间结构演进的根本动力（周敏等，2014）。国家制度动力通过对资源的空间再配置也会极大地改变城市群空间结构（李广斌等，2013）。因此，制度动力与城市群空间结构之间存在内在关联。作为国家制度动力重要表现形式的国家高新区是嵌入在地方的新型产业集聚区，又具有鲜明的地方化特征。国家高新区对城市空间结构的影响愈加深化。创新空间结构是空间结构的一种具体典型表现，在城市群层面上体现为城市间创新功能分工格局，影响城市群整体经济绩效与创新绩效（肖泽磊等，2017）。基于此，可以得出国家高新区会影响城市群创新空间结构演进。

那么，国家高新区究竟如何影响城市群创新空间结构演化？国家高新区是国家创新动力嵌入地方、持续推动创新分散的重要制度设计。中国国家高新区设立以来，国家高新区数量在城市空间不断增长，尤其是从2008年开始，国家高新区数量呈现快速增长态势，国家创新动力嵌入地方的强度逐渐强化，创新分散化趋势逐步增强。国家高新区通过促进城市创新能力提升实现城市间创新协调发展，重塑城市间创新网络，改变城市等级—位序空间结构，促进创新次中心的形成，推动城市创新体系向创新分散化趋势演进（刘耀彬等，2015）。国家高新区至少通过以下四个途径提升了城市创新水平：一是高新区是嵌入具体地理空间与社会文化的复合体，地理邻近与认知邻近效应使得集群内企业在长期互动中更容易建立社会关系网络，这为高新区内各行为主体提供了更广泛的交流机会，促进隐性知识流动，有利于促进集群企业学习，成倍提升各主体的知识和信息存量，加快创新资源的融合速度，使得不同主体资源在网络关系的相互作用下进行合作，产生协同效应，提升区域整体创新能力。二是国家高新区的设立也会推动城市逐步完善交通基础设施及信息化水平，促进“流空间”的不断强化，重塑城市群空间结构（修春亮等，2015），加速知识等创新要素在城市间的流通。同时，也引致地方政府加大科技投入，进而显著提高区域创新水平。三是国家高新区作为创新的政策实验田，改善了知识产权环境，有利于吸引人才、研发资金等创新要素的集聚，为创新能力的提升提供要素来源。四是国家高新区通过与外围的市场、政府、大学、科研院所的互动，进一步加强与整个城市中的经济主体、创新主体之间的联系。实现外部制度环境与高新区内部制度环境的良好耦合，提升创新绩效。

国家高新区是驱动单个城市创新水平提升、突破城市群尺度上创新单中心空间结构的强有力政策动力。基于上述分析，提出本书的第二个研究假说：

假说2：国家创新动力显著推动城市群向创新多中心空间结构演化。

对外开放是利用与顺应全球创新动力的集中体现，对推动我国产业结构转型、收入增长、战略制定等带来积极效应，彰显对外开放在国家经济体系中的重要地位（章潇萌和杨宇菲，2016）。现代城市是开放的、动态的系统，是全球化的产物，开放性是其典型特征，更是其发展的前提条件（朱铁臻，2009）。对外开放是重塑中国经济地理空间格局的三大创新动力之一（贺灿飞，2017），对外开放与区域空间结构之间存在紧密关联。对外开放为跨国公司在全球进行区位选择创造了条件，加速了全球资本的空间流动，促使不同空间尺度上的经济空间的分散化布局成为主要趋势之一，对外开放显著影响了空间结构的演进（庞晶和叶裕民，2012）。而以跨国公司的全球研发网络及全球知识合作网络为主要形式的科技创新的全球化也在重塑国家之间的创新空间结构，全球尺度上的“大分散—多中心”的创新空间格局渐趋强化（刘承良等，2018）。在对外开放与城市创新之间的关系上，对外开放通过 FDI 的知识溢出效应、国际贸易的学习效应等显著促进了城市创新水平提高（王欣和姚洪兴，2017）。同时，对外开放程度的提升也能有效缩小城市群内部城市之间创新能力差异、促进创新协调发展，推动城市群创新空间结构演化（张贵和李涛，2018），尤其是驱动城市群向多中心空间结构发展（孙斌栋，2017）。

基于上述分析，提出本书的第三个研究假说：

假说 3：全球创新动力显著促进城市群创新多中心程度的提高。

本书认为，创新多中心空间结构是指在某个城市群内单个城市之间创新水平差距相对较小，由创新水平最强的核心城市及多个承担创新分工任务的次中心城市所形成的一种空间状态。城市之间创新水平的差距大小是影响城市群走向创新单中心或创新多中心的空间结构的重要判别标准。当城市间创新水平差距相对较小时，城市群倾向于向创新多中心空间结构演化，反之，则向创新单中心空间结构演化。创新水平差距又主要体现为知识密集型服务业之间的差距，因为知识密集型服务业是创新的重要源泉，是区域创新网络中创新最为活跃的部门（郑兵云，2018）。知识密集型服务业不同于制造业，高度知识性是其显著特征，由于知识的流动性，导致其在地域上更易扩散，也能够通过知识溢出促进其他产业部门的技术创新（吕民乐和金妍，2016）。提高产业增长的科技含量、为高新技术产业集群的生成提供要素与制度“土壤”是地方创新动力（政府科技支持）与国家创新动力（国家高新区的设立）的战略作用点之一。分享与消化再吸收 FDI 的知识溢出效应，提升本土产业创新能力是利用全球创新动力的地理归宿。由这三种创新动力引致的高度依赖知识的产业部门往往对创新具有高度需求，而知识密集型服务业具有天然的“黏合剂”功效，能够将企业、研发机构、大学、政府、金融机构等联结起来，加速创新进程（吴开松等，2007）。因此，地方创新动力、国家创新动力与全球创新动力间接成为推动知识密集型服务业集聚的“吸引子”，为其成长提供了产业与制度支撑。三种创新动力在城市之间的逐步强化会促进城市知识密集型服务业发展规模与质量的跃升，进而缩小城市之间知识密集型服务业的差距。

基于上述分析，提出本书的第四个研究假说：

假说4：以政府科技支持为核心表现的地方创新动力、以国家高新区的设立为主要表现形式的国家创新动力以及以对外开放为表征的全球创新动力通过缩小城市之间知识密集型服务业的差距推动城市群向创新多中心空间结构演化。

中国地域广阔，地方创新动力与全球创新动力在不同地区间存在显著的空间异质性，即使是同一国家政策设置也会表现出不同的空间效应。与中西部城市群相比，东部城市群市场化水平更高，交通、通信等基础设施更为完善，创新环境更为优越，相对雄厚的经济实力为地方政府加大科技支持力度提供了资金保障，地方创新动力更为显著，也为全球创新动力分散嵌入东部城市群空间创造了条件。地方创新动力与全球创新动力的双重作用使城市变成“过程”，城市成为流空间网络中的节点，有助于强化城市间的联系，为城市间的知识溢出与科技合作创造更为优越的外部环境，提升城市创新能力，推动创新均衡发展，促使东部地区城市群逐步呈现知识多中心空间特征（Li和Liu，2017）。

在表征国家创新动力的国家高新区方面，在研究的13个城市群样本中，截止到2016年底，东部城市群共有94个城市，其中65个城市拥有国家高新区，国家高新区数量占比达69.14%。而中西部城市群共有103个城市，但仅有33个城市拥有国家高新区，国家高新区数量占比仅为32.03%[①]，不到东部城市群的一半，表明嵌入东部城市群的国家高新区这一创新分散动力明显强于中西部城市群。同时，东部城市群数量密集的国家高新区为增强彼此之间的关联度创造了条件，更有利于知识交流和扩散，对于塑造东部城市群创新多中心的空间格局的效应更强。除此之外，虽然国家高新区在中西部城市群的数量有所增长，但中西部城市群的社会经济协调发展程度均低于东部城市群，尤其存在着创新资源加速向省会等大城市集聚，且对邻近区域创新能力的扩散效应较弱等严峻问题，加剧了

① 将国家科技部网站公布的截至2016年获批的国家高新技术产业开发区名单与本书的城市群样本进行匹配，通过计算得到。

创新的极化水平（武晓静等，2017），进一步阻碍了中西部城市群创新多中心空间结构特征的形成。

基于上述分析，提出本书的第五个研究假说：

假说5：与中西部城市群相比，地方创新动力、国家创新动力及全球创新动力更有利于推动东部城市群向创新多中心空间结构演进。

3.3.3 城市创新空间与城市群创新空间结构的内在关联

城市群是由不同规模的单个城市组成的。城市创新空间是被生产出来的，创新空间的生产首先改变了城市内部的创新空间数量及质量，从而会影响城市内部的创新空间结构。城市内部创新空间结构的再优化对于城市进一步提升知识生产与交易等创新活动的活跃度、促进城市创新产出及价值实现具有重要作用。但城市群中不同城市的经济发展水平、人力资本及创新环境等具有异质性，从而不同城市创新空间生产的数量与质量也会存在显著差异，最终导致不同城市之间创新水平也具有差异，在城市群空间尺度上则具体表现为存在创新水平高与创新水平低的城市，进而形成创新水平空间等级体系。即城市群创新空间结构是基于单个城市创新空间的创新效应而形成与演化的，如图3-6所示。

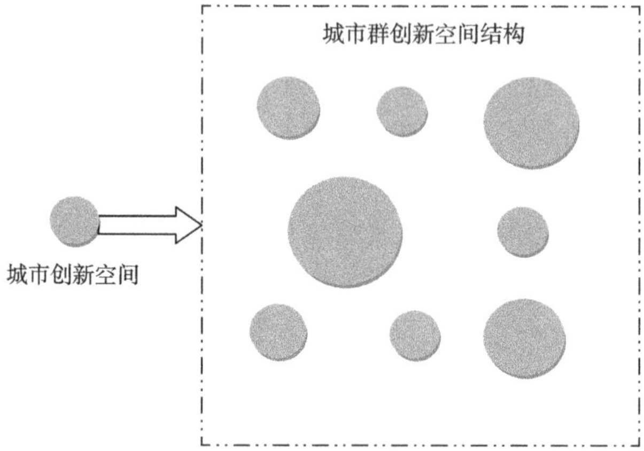

图3-6　城市创新空间与城市群创新空间结构关系示意

改善经济绩效是研究城市创新空间与城市群创新空间结构的出发点与归宿，经济增长质量是经济绩效的核心体现。只有当单个城市创新空间能显著提升经济增长质量时，才有助于进一步在城市群空间尺度上探索城市群创新空间结构的经济增长质量效应。即单个城市创新空间能显著正向影响经济增长质量，为进一步研究城市群创新空间结构产生的经济效应奠定逻辑前提。

本书将基于城市地理的维度来界定创新空间的内涵。城市拥有相对丰富的创新资源和创新制度设置，是激发创新的重要空间。可以将整个城市作为创新空间，但出于典型性、可测度性等因素的考量，本书将城市创新空间聚焦于嵌入城市地理空间的创新园区，主要包括国家高新技术产业开发区、国家级经济技术开发区等典型创新园区。推动自身创新水平不断提高，进而辐射带动整个城市创新水平的提升是设立这些典型创新园区的核心目标。基于上述分析，本书将城市创新空间界定为“嵌入城市地理空间的、能够显著影响经济增长质量的典型创新园区”。

3.3.4 城市群创新空间结构影响经济增长质量的研究假说

本部分将具体分析创新空间结构与经济增长质量之间的关系。驱动经济增长是创新空间结构的功能表现，核心体现为对经济增长质量的影响。已有研究从人口或经济集聚的维度得出空间结构与经济发展水平之间存在倒“U”形关系，即起初单中心空间结构有利于经济增长，但从长期来看，则是多中心空间结构才有利于经济增长（李佳洺等，2014）。基于此，本书认为在创新维度上，创新空间结构与经济增长质量之间也存在倒“U”形关系，即起初是创新单中心空间结构有利于提高经济增长质量，但随着时间的推移，这种创新空间结构将会对经济增长质量产生抑制作用，此时创新多中心空间结构会提高经济增长质量，进而扭转创新单中心空间结构所产生的不利影响，如图3－7所示。产业结构是制约创新空间结构对经济增长质量产生作用的重要条件，创新空间结构需要适应产业结构水平才能对经济增长质量产生积极效应。接下来本书将对此进行详细论述，并提出相关研究假说。

基于本书研究的地理单元，本书的创新单中心空间结构是指在城市群空间尺度上，创新功能集聚在某一单体城市，因此，基于创新集聚的角度阐释创新单中心空间结构与经济增长质量之间的关系。创新集聚一直是创新地理学长期关注的核心议题，创新资源投入、制度环境、知识外部性等成为塑造创新集聚空间特征的重要因素，且这一显著的空间特征已得到普遍认同（王缉慈，2004；孙瑜康等，2017），尤其在城市群空间上显现创新集聚在单个城市的格局（李婧，

2013）。创新集聚引致城市群创新单中心的形成，创新集聚主要通过以下两种途径提升城市经济发展质量：一是创新集聚有助于发挥创新专业化优势，提高对创新资源的使用效率，促进知识生产和积累，提升技术创新效率，为整个城市群产业技术进步提供知识来源，进而提高全要素生产率水平（唐未兵等，2014），提高经济增长质量；二是创新集聚具有明显的空间知识外部性，其他城市可以通过学习与消化吸收，将这一知识外部性地方化，分享创新中心城市的知识收益，共同提升创新中心城市与其他非中心城市经济的发展水平（李煜伟和倪鹏飞，2013），提升城市群整体发展质量。此外，单中心空间结构的确会促进经济增长（李佳洺等，2014），而创新空间结构也是一种具体的空间结构形式。基于上述分析，本书认为城市群创新单中心空间结构有利于提高经济增长质量。

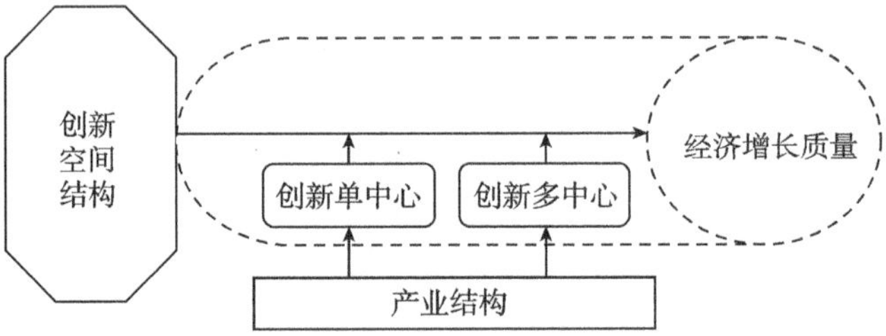

图 3-7　创新空间结构与经济增长质量关系示意

地方创新动力、国家创新动力及全球创新动力创新分散的力量共同塑造创新多中心空间结构。因此，本书将从创新在地理空间的分散的角度阐释创新多中心空间结构与经济增长质量之间的关系。创新分散比单纯的创新更有利于促进经济发展，提升区域生产率，进而拉动经济增长质量的提升（Davelaar 和 Nijkampt，2010；王飞航等，2018）。其主要途径有：一是创新由高等级城市向低等级城市逐级渗透，为创新次中心的形成创造条件，提升了原有低等级城市的技术创新能力，从而提高了技术进步对经济的贡献率；二是创新分散引致的创新多中心空间结构适应了开放式创新与产业模块化创新的新趋势（张战仁和杜德斌，2017），更能强化知识地方化对地方经济增长质量的推动作用；三是创新集聚在单个区域，共同知识会逐渐增多，从而会降低知识创新效率（安虎森，2009），不利于经济增长质量的提高，创新分散化可在一定程度上缓解创新单中心的这一负面效应，通过异质性知识的生产为经济增长质量的跃升提供新动力。

基于上述分析，提出本书的第六个研究假说：

假说6：城市群创新空间结构对经济增长质量的影响会经历由创新单中心驱动向创新多中心驱动转变，即城市群创新空间结构与经济增长质量之间存在倒“U”形关系。

城市群空间结构的演化受到产业结构水平变化的制约，即城市群的空间结构只有适应产业结构水平才能提升整体经济效率（沈玉芳，2008）。不论是创新单中心空间结构还是创新多中心空间结构也只有融入实体经济，适应城市产业结构水平，才能提高地区全要素生产率，提高经济增长质量水平。以制造业为主的第二产业比重大多是产业结构水平较低的典型特征（干春晖等，2011），但正是由于产业结构向第二产业的跃迁，在一定程度上提高了城市经济增长质量，这主要因为：第一，第二产业本身具有较高的劳动生产率（于斌斌，2015）；第二，由于地方制造业在参与全国乃至全球分工网络中，被限制在简单加工、组装等技术水平低、附加值小的价值链低端位置（鞠建东和余心玎，2014），束缚了地方创新能力的提升，导致其成为接收外部知识和技术而非生产知识和技术的空间。为了化解这一发展困境，需要有一个创新中心城市，承担创新分工功能，充分发挥知识创新的专业化优势，不断根据城市群内制造业升级的市场需求，进行知识生产与扩散，以助推其他城市制造业技术进步与效率提升，为向价值链高端攀升提供高级要素支撑，增强高质量增长动力。这种创新单中心空间结构应运而生，与整体产业结构水平相匹配。

从长期来看，第三产业在国民经济中的比重将不断提升，产业结构水平会不断提高。一方面，配第—克拉克定理已经证实这一趋势的存在；另一方面，中国经济正处于结构转型的新常态阶段，大力推动第三产业发展成为城市产业发展的重要目标，客观上为产业结构水平提高提出了现实要求。产业结构水平的提升对技术创新具有重要促进作用（袁中华和詹浩勇，2016）。第三产业中的知识密集型服务业等生产性服务业对增强区域学习能力、模仿创新能力等提供产业载体，为区域自我创新能力的生成与成长奠定基础。由于这些服务业根植在地方，在激活地方知识基因方面也更具优势（王发明，2010），进一步有利于自我创新能力的提升。因此，产业结构水平的提升也是一股驱动创新分散的强大动力，推动城市群向创新多中心空间结构演化。如果城市产业结构水平演进到高级阶段，但创新资源依然集中在单个城市的话，则会反过来制约整个城市群经济增长质量的提升。

基于上述分析，提出本书的第七个研究假说：

假说7：城市群创新空间结构与经济增长质量之间存在门槛效应。即当产业结构水平较低时，创新单中心空间结构有利于提高经济增长质量，当产业结构水平较高时，创新多中心空间结构有利于提高经济增长质量。

3.4　本章小结

本章对本书的城市群、创新、创新空间结构等核心概念进行了界定，并基于社会学中的结构功能主义理论，遵循区域经济学、创新经济地理学的基本研究范式，构建“行为—空间结构—功能”的基本分析框架，并凝练提出“创新活动—创新空间结构—经济增长”的总体逻辑框架。从单中心—多中心维度测度创新空间结构，并基于“地方—国家—全球”空间尺度从理论上阐释了城市群创新空间结构的影响因素及其作用机制，进一步论证城市群创新空间结构与经济增长质量之间存在的非线性关联，提出本书研究的七个研究假说。本章理论研究为后续实证分析奠定了基础。

第4章　城市群创新单中心—创新多中心空间结构特征及经济增长的现状分析

本章首先对研究的城市群范围进行界定，并在此基础上，分析城市群创新水平现状。进而对城市群创新空间结构特征进行测度，以考察城市群创新单中心或创新多中心空间结构现状，探索城市群创新空间结构演进规律。最后研究城市群经济增长现状，为后续章节研究奠定基础。

4.1　城市群创新水平的现状分析

在对中国城市群创新空间结构进行测度之前，本书首先从创新的总体规模、增长速度等角度考察城市群的创新现状，以获得对城市群创新水平的整体认知。

4.1.1　城市群范围的界定

学者对城市群的数量与空间范围的界定并不统一。参照宁越敏（2016）、孙斌栋（2017）等的研究，结合省级以上政府已开展过的最新城市群发展规划背景，考虑到数据的可获取性，选取中国13个城市群作为研究样本，具体包括长江三角洲城市群（简称长三角城市群）、珠江三角洲城市群（简称珠三角城市群）、京津冀城市群、中原城市群、成渝城市群、辽中南城市群、山东半岛城市群、海峡西岸城市群、关中城市群、呼包鄂城市群、长江中游城市群、北部湾城市群、哈长城市群。

剔除6个数据缺失的城市，共得到有效样本为13个城市群组成的191个城市样本（见表4－1）。考虑到地级市城市区划的调整，为了保证研究区域的连续性，选取2001～2016年为研究时间范围。数据来源于《中国城市统计年鉴》及国家知识产权局网站。测度创新多中心空间结构的城市专利数据来源于国家知识产权局网站的专利数据库系统，通过手工收集整理。具体做法是在申请人地址选项中输入相关地级市全称，得到该市每年的专利申请数量、发明专利申请数量等。

表4－1　13个城市群范围界定

城市群	城市
长三角城市群	上海、南京、无锡、常州、苏州、南通、盐城、扬州、镇江、泰州、杭州、宁波、嘉兴、湖州、绍兴、金华、舟山、台州、合肥、芜湖、马鞍山、铜陵、安庆、滁州、宣城
珠三角城市群	广州、深圳、珠海、佛山、东莞、惠州、中山、江门、肇庆
京津冀城市群	北京、天津、保定、唐山、石家庄、廊坊、秦皇岛、张家口、承德、沧州、邢台、邯郸、衡水
中原城市群	郑州、开封、洛阳、南阳、安阳、商丘、新乡、平顶山、许昌、焦作、周口市、信阳、驻马店、鹤壁、濮阳、漯河、三门峡、长治、晋城、运城、宿州、淮北、阜阳、广安、蚌埠
成渝城市群	成都、重庆、自贡、泸州、德阳、绵阳、遂宁、内江、乐山、南充、眉山、宜宾、达州
辽中南城市群	沈阳、大连、鞍山、抚顺、本溪、丹东、营口、辽阳、盘锦
山东半岛城市群	济南、青岛、烟台、威海、潍坊、东营、滨州、淄博、泰安、莱芜、德州、聊城、济宁、枣庄、菏泽、临沂、日照
海峡西岸城市群	福州、厦门、泉州、莆田、漳州、三明、南平、宁德、龙岩、温州、丽水、衢州、上饶、鹰潭、抚州、赣州、汕头、潮州、揭阳、梅州
关中城市群	西安、咸阳、宝鸡、铜川、渭南、商洛
呼包鄂城市群	呼和浩特、包头、乌海、鄂尔多斯、榆林
长江中游城市群	武汉、黄石、黄冈、鄂州、孝感、咸宁、襄樊、宜昌、荆州、荆门、长沙、岳阳、益阳、常德、株洲、湘潭、娄底、郴州、衡阳、黄山、六安、南昌、九江、景德镇、新余、宜春、萍乡、吉安、鹰潭
北部湾城市群	湛江、茂名、阳江、南宁、北海、防城港、钦州、玉林、崇左、海口
哈长城市群	哈尔滨、大庆、齐齐哈尔、绥化、牡丹江、长春、吉林、四平、辽源、松原

4.1.2 创新的测度

创新的表现维度十分丰富，本书主要关注技术创新。一般使用“专利”数量来测度地区的创新水平。虽然使用专利来衡量创新受到诸多质疑，但专利能够在一定程度上测度区域的知识累积，是区域研发投入活动及创新意愿的综合结果，可以较好地反映区域知识创新水平（Ernst 等，2011；付明卫等，2015）。专利主要包括三种形式：发明类专利、实用新型类专利及外观设计类专利。其中，发明是指一种技术或产品原创性的活动，是最能体现创新水平的一种创新活动，更是创造新需求、推动经济进步的重要驱动力。由于发明申请的数量能够综合反映区域创新的具体过程及活跃程度，因此，接下来对城市群创新水平的现状考察时，采用“发明专利申请量”来捕捉城市创新水平的高低。

4.1.3 总体规模及增长速度

自2010年以来，随着中国科学教育水平的不断提高，加之国家持续加强创新政策的制定及实施，全社会对创新的重视程度也得以不断提高。2001～2016年，13个城市群的发明专利申请总量表现出逐年增加的态势（见图4－1）。由2001年的不足2万件，增长到2016年的近92万件，增长了将近45倍，创新规模得到快速扩大，表明创新产出水平持续增强。从13个城市群创新规模在全国的地位来看，2001～2016年，其发明专利申请总量占全国的比重基本呈现直线上升的演化态势。具体来看，13个城市群发明专利申请总量占全国的比重由2001年的不足30%增长到2016年的近80%，城市群在国家创新体系中的地位愈加突出，已经成为推动创新水平提升的重要空间载体，对于提升国家整体创新实力的贡献度越来越大。城市经济的快速增长为R&D等研发资金的投入提供重要保障，高等教育规模与水平的提升为知识型人力资本的形成创造了良好的环境，以国家各种创新政策（如国家高新区的设立、知识产权保护等）为表现形式的国家创新动力在地方空间的嵌入强化了地方的创新意愿，加之中国对外开放水平的不断提升，进出口贸易及外商投资等途径逐渐成为地区获取及分享知识溢出效应的有效外部途径，更有利于中国创新的方向与国际接轨，进一步加速了中国创新的速度。

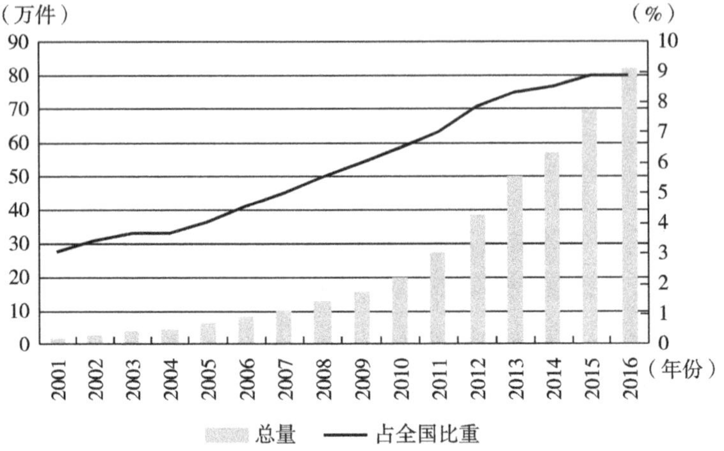

图4-1　2001~2016年13个城市群专利申请总量及其占全国比重

虽然13个城市群总体创新水平显著提升，但从不同地带城市群来看，创新水平仍存在较大差距。2001~2016年，东部城市群的发明专利的申请量规模最大，对全国整体创新水平的贡献最大，中部城市群次之，西部城市群的规模最小，基本形成了“三梯度”的创新空间分异格局。

13个城市群整体创新规模同样来自每个城市群创新水平的提高。具体来看，2001~2016年，每一城市群的发明专利申请量均呈现不同幅度的增长（见图4-2和图4-3），长三角城市群、京津冀城市群与珠三角城市群一直占据前三甲的领先地位，其发明专利申请量占了全部城市群的“半壁江山”，表明这三个城市群的创新能力远远强于其他城市群，是落实创新驱动的主力军，与这三个城市群拥有极强的经济实力和极为丰富的科学教育资源等要素有关。尤其是从2005年开始，长三角城市群的发明专利申请量已超越珠三角城市群与京津冀城市群，成为创新的“领头羊”，是最具创新活力的地区，且这一创新优势地位并未受到冲击。虽然京津冀城市群的发明专利申请量占比大多数年份仅次于长三角城市群（2001~2004年，京津冀城市群处于领先地位），但京津冀城市群发明专利申请量占全部城市群的比重却呈现下滑的态势，在所有13个城市群中的创新地位出现下降趋势。相反，珠三角城市群的发明专利申请量在经历了一段时间的下降后，逐步显现出超越京津冀城市群的迹象。在其他10个城市群中，山东半岛城市群发明专利申请量紧随长三角城市群、京津冀城市群与珠三角城市群之后，表明其创新水平也相对较高。长江中游城市群与成渝城市群也表现出较强的创新水

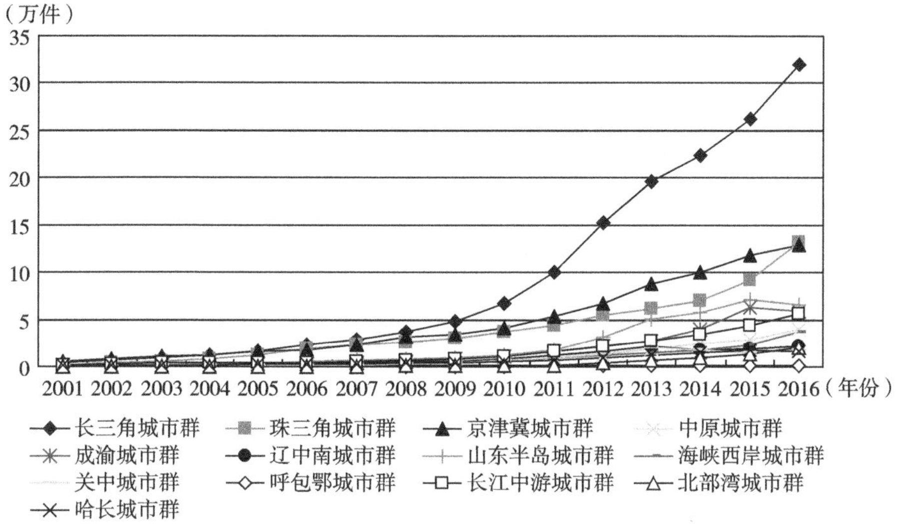

图4-2 2001~2016年城市群发明专利申请数量

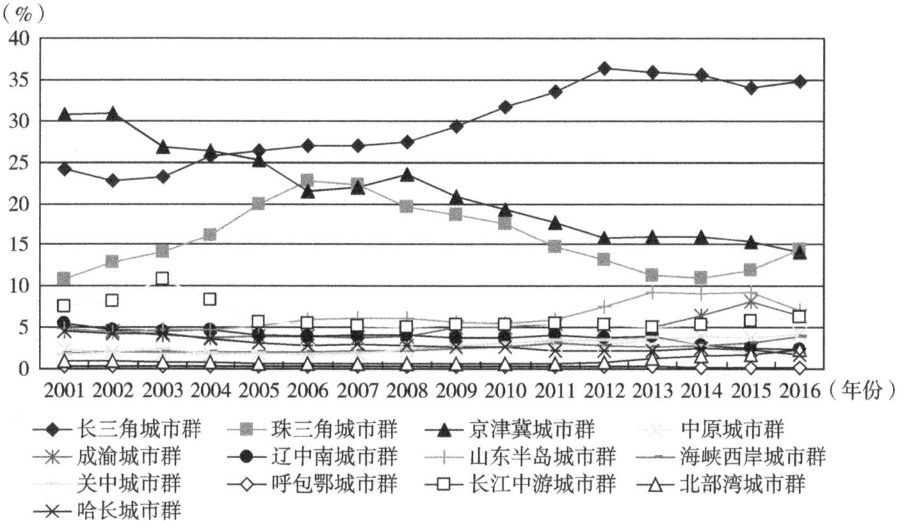

图4-3 2001~2016年城市群发明专利申请量占比

平，这与武汉、重庆及成都等大城市的创新水平相对较高有关，进而提升了整体的创新绩效。受到经济发展水平、人才、资金、创新环境等条件的制约，其余城市群虽然发明专利申请量有所增长，但其占全部城市群的比重并无太大变化，一直保持在约3%的水平，表明其创新地位并没有实现大幅跃升，创新水平和活力有限。

从城市群整体发明专利申请量的增长速度来看（见表4－2），2002～2016年，13个城市群中，除了长江中游城市群、呼包鄂城市群、辽中南城市群、关中城市群、成渝城市群、山东半岛城市群及哈长城市群在个别年份出现负增长外，所有城市群在其余年份的发明专利申请量均表现出较快的增长速度。但同时每个城市群的增长速度均具有较大幅度的波动特征，且每个城市群呈现出较为相似的增速波动演进路径。其中经历了两次较大的波峰，增速最高，一次是在2005年，另一次是在2012年。也经历了四次较低的波谷，增速放缓，分别是在2004年、2007年、2009年与2014年。这种相对剧烈的增速波动表明了创新活动的连续性与稳定性相对较弱，这主要是由于在投入创新要素后，并不会立即导致创新产出，创新产出具有滞后性的特点。对专利的知识产权保护也在一定程度上制约了创新的增长。与单个城市群相比，全部城市群总体发明专利申请量的增长速度的波动幅度相对较为平缓，且在2012年出现了最大幅度增长，增速为40%。总体来看，2001～2016年，全部城市群总体发明专利申请量的年均增速基本处于约30%的水平，这说明城市群总体创新能力保持了较快增长。

表4－2　2002～2016年城市群发明专利申请量增速　　单位：%

城市群／年份	长三角	珠三角	京津冀	中原	成渝	辽中南	山东半岛	海峡西岸	关中	呼包鄂	长江中游	北部湾	哈长
2002	38.76	76.60	47.85	25.74	45.51	26.16	34.04	60.81	73.73	57.35	60.01	40.86	39.06
2003	47.62	59.88	26.45	31.70	32.56	42.25	53.68	49.46	69.03	1.87	94.28	20.23	40.52
2004	32.83	36.37	17.33	18.02	8.17	21.51	21.31	14.39	0.11	13.76	－8.37	24.76	3.07
2005	39.95	68.46	31.00	38.23	41.28	20.01	51.51	34.49	37.24	29.84	－5.72	2.54	21.38
2006	35.88	51.60	12.27	46.54	32.50	26.07	52.12	33.90	21.02	45.96	25.64	34.00	16.36
2007	21.54	19.58	24.86	12.08	17.12	27.95	22.77	38.65	27.41	47.66	14.84	12.96	28.25
2008	30.48	12.09	37.32	53.75	33.06	27.20	28.24	24.90	56.36	41.50	26.03	45.90	22.77
2009	31.19	16.54	8.65	30.25	60.62	12.34	14.65	37.48	55.73	2.24	31.45	23.48	15.02
2010	39.97	22.18	20.05	43.78	27.87	31.19	26.30	41.44	41.72	20.72	28.64	33.30	28.16
2011	47.18	17.19	27.99	61.24	52.51	48.60	50.82	65.03	47.92	43.56	42.43	30.38	14.91

续表

城市群 / 年份	长三角	珠三角	京津冀	中原	成渝	辽中南	山东半岛	海峡西岸	关中	呼包鄂	长江中游	北部湾	哈长
2012	53.10	25.93	26.39	37.49	38.20	34.91	76.04	24.67	42.95	15.06	36.58	82.51	41.98
2013	28.55	12.25	31.87	53.70	22.46	32.52	61.25	23.76	43.03	42.06	22.57	92.48	30.37
2014	14.12	11.80	14.35	28.58	45.43	-15.36	12.78	21.17	-12.86	-6.19	23.50	49.14	30.00
2015	16.66	31.68	17.12	17.77	55.62	8.72	25.22	33.01	-18.35	22.04	30.94	38.73	13.45
2016	21.99	43.83	9.18	35.86	-5.08	10.01	-8.79	53.89	22.89	15.42	28.40	51.32	-9.22

4.1.4 相对规模及增速

地区发明专利总量反映了地区整体的创新水平，但并没有考虑人口数量因素，可能会高估一个地区或国家的创新能力。“每万人发明专利拥有量”充分考虑了人口规模因素，更能反映地区创新的活跃程度及其创新意愿的高低，更是衡量地区自主创新能力的国际通用指标。总体而言，2001~2016年，全部13个城市群的每万人发明专利拥有量持续增长，由2001年的不足1件增长到2016年的9件，增长了8倍（见图4-4）。城市群创新的活力稳步提升，为推动地区经济发展方式转变、提高经济增长质量提供了知识与技术支撑。

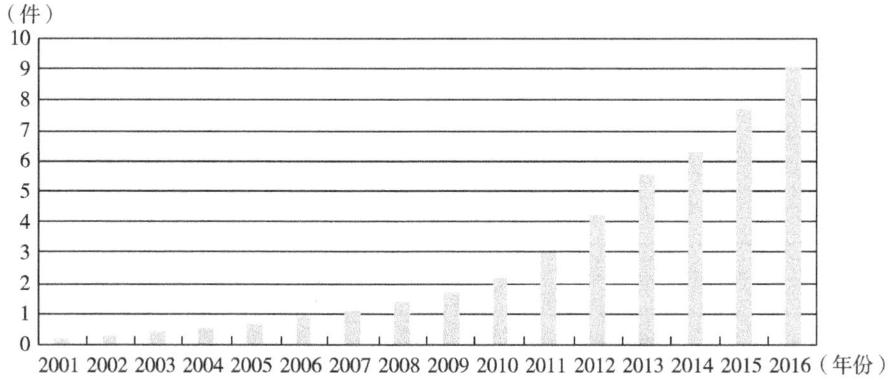

图4-4 2001~2016年13个城市群总体每万人发明专利拥有量

注：通过将所有13个城市群的发明专利总量求和，然后除以13个城市群全部人口数量得到的相关数据绘制而成。

分城市群来看，同时采用两种方法计算了每个城市群每万人发明专利拥有量的均值，一是先将每个城市群中的每个城市的每万人发明专利拥有量进行加总，然后除以该城市群所拥有的城市数量，并将其称为基于城市数量的均值（见图4－5）；二是先将每个城市群中所有城市发明专利拥有量求和，然后除以该城市群全部城市的总人口，并将其称为基于全部人口的均值（见图4－6）。由图4－5和图4－6可以看出，不论采用何种计算方式，2001～2016年，13个城市

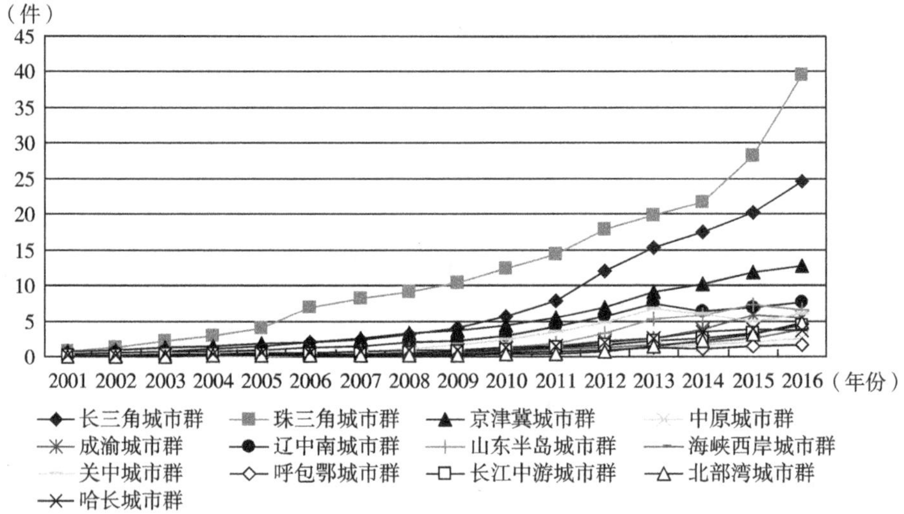

图4－5　2001～2016年城市群基于城市数量的每万人发明专利拥有量均值

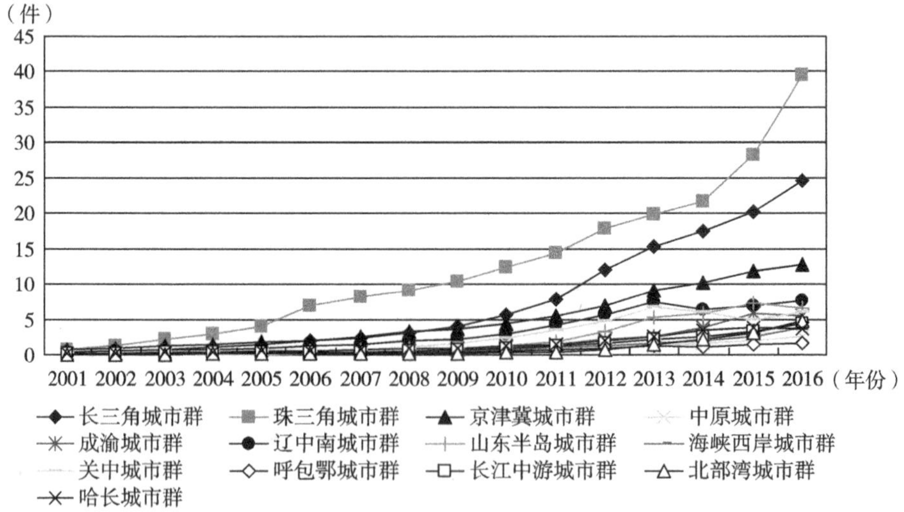

图4－6　2001～2016年城市群基于总人口的每万人发明专利拥有量均值

群的每万人发明专利拥有量均呈现相似的增长演进态势，珠三角城市群、长三角城市群与京津冀城市群始终处于前三名的地位（这与上节运用发明专利申请总量来测度创新不同，前文中排前三名的依次是长三角城市群、京津冀城市群与珠三角城市群），是创新水平最高、活力最强的地区，尤其是珠三角城市群的每万人发明专利拥有量由2001年的0.7件上升到2016年的39件，增长了55倍，显现了强劲增长的局面，长三角城市群紧随其后，每万人发明专利拥有量也取得了较快的增长，由2001年的0.4件增长到2016年的25件，增长了将近62倍。与珠三角城市群、长三角城市群相比，京津冀城市群的每万人发明专利拥有量相对较低，2001年为0.65件，2016年为13件，仅占珠三角城市群的1/3、长三角城市群的1/2，且与此两者之间的差距呈现逐步拉大的发展态势。其余城市群中，山东半岛城市群、辽中南城市群等城市群的每万人发明专利拥有量也获得较快增长，但总体而言，这些城市群整体创新水平仍较低，与珠三角城市群、长三角城市群之间的差距也呈现出扩大的趋势，如何提升这些城市群的创新水平，关系到中国创新驱动战略的有效落实，是进一步推动创新战略的重要空间指向。

从城市群整体每万人发明专利申请量的增速来看（见表4-3），与发明专利申请总量增速特征相似。在研究的2002~2016年，全部13个城市群中，长江中游城市群、呼包鄂城市群、辽中南城市群、关中城市群、成渝城市群、山东半岛城市群及哈长城市群同样在个别年份出现负增长，其他年份的其他城市群每万人发明专利申请量均表现正增长。但同时每个城市群的增长速度也同样都呈现较为相似的增速波动演进路径，且波动幅度较大。其中经历了两次较大的波峰，增速最高，一次是在2005年，另一次是在2012年。也经历了四次较低的波谷，增速放缓，分别是在2004年、2007年、2009年与2014年。与单个城市群相比，全部城市群总体每万人发明专利申请量增长速度的波动幅度同样相对较为平缓，且2012年增长幅度最大，增速达40.87%。总体来看，2001~2016年，全部城市群总体每万人发明专利申请量年均增速约为30%，表明城市群总体创新能力保持较快增长。

中国地域广阔，为了进一步考察处于不同地带的城市群创新水平差异状况，依据中国三大经济地带的划分标准，将13个城市群区分为东部城市群、中部城市群与西部城市群。东部城市群包括长三角城市群、珠三角城市群、京津冀城市群、辽中南城市群、山东半岛城市群及海峡西岸城市群6个城市群；中部城市群包括中原城市群、长江中游城市群及哈长城市群3个城市群；西部城市群包括成

表4-3 2002~2016年城市群每万人专利拥有量增长速度 单位:%

年份＼城市群	长三角	珠三角	京津冀	中原	成渝	辽中南	山东半岛
2002	38.12	74.60	46.87	25.01	44.86	25.89	33.31
2003	46.89	57.76	25.60	30.65	31.90	42.06	53.02
2004	32.35	33.67	16.54	16.35	7.48	21.15	20.59
2005	39.05	40.52	30.01	36.77	40.40	19.52	50.70
2006	34.85	75.09	11.03	44.09	31.40	25.40	50.98
2007	20.79	17.46	23.27	10.19	15.99	27.18	21.94
2008	29.77	10.23	34.35	51.63	32.15	26.68	27.67
2009	30.61	14.55	8.24	28.60	59.64	12.08	13.89
2010	39.38	19.86	18.81	40.09	27.12	31.09	25.15
2011	41.13	15.74	26.95	59.14	51.52	48.47	49.96
2012	52.66	24.63	25.24	36.73	37.71	35.14	76.25
2013	28.10	10.54	31.36	56.25	22.00	32.65	60.71
2014	13.63	10.01	12.07	26.46	44.77	-15.50	11.22
2015	16.28	29.35	16.19	18.00	56.24	9.04	24.27
2016	21.11	40.25	8.23	34.11	-5.53	9.82	-9.71

年份＼城市群	海峡西岸	关中	呼包鄂	长江中游	北部湾	哈长	全部城市群
2002	60.23	72.66	56.19	59.07	39.52	38.30	46.59
2003	47.84	66.66	-1.47	93.36	6.98	40.47	43.60
2004	13.39	-0.77	16.22	-8.75	22.72	2.17	18.92
2005	33.74	36.03	30.01	-6.13	1.92	20.84	35.24
2006	32.53	19.91	43.51	24.22	30.02	15.41	31.23
2007	37.13	25.96	44.48	13.85	11.65	27.20	20.76
2008	23.61	55.62	39.15	24.94	43.67	22.03	26.86
2009	36.25	54.24	2.67	30.59	21.85	14.55	21.58
2010	39.38	40.87	18.51	27.23	30.31	28.03	28.41
2011	64.08	46.39	41.82	41.71	28.72	14.95	36.76
2012	23.57	42.37	15.83	36.00	83.08	43.70	40.87
2013	22.68	41.74	41.97	22.76	89.80	30.99	30.49
2014	19.17	-12.52	-5.65	22.69	47.22	30.59	13.93
2015	32.52	-18.35	23.77	30.63	37.49	14.52	21.71
2016	52.41	22.14	14.99	28.95	49.31	-8.79	18.11

渝城市群、关中城市群、呼包鄂城市群及北部湾城市群4个城市群。图4－7展示了2001～2016年东部城市群、中部城市群与西部城市群每万人发明专利拥有量的发展变化趋势。可以看出，三大城市群每万人发明专利拥有量均保持了不同程度的增长，且存在较大的发展差距。东部城市群的每万人发明专利拥有量最多，表明创新实力最强，其规模远高于中部和西部地区城市群，由2001年的0.34件上升到2016年的14.5件，增长了近42倍。西部地区城市群次之，由2001年的0.08件上升到2016年的5.2件，增长了64倍，西部城市群人口规模相对较小，这在一定程度上抬高了每万人发明专利拥有量。中部城市群的每万人发明专利拥有量最低。中部城市群与西部城市群之间的差距相对较小，且差距较为稳定，表明中部城市群、西部城市群之间的创新水平差距不大，但东部城市群每万人发明专利拥有量与中部城市群、西部城市群之间的差距却呈现逐渐扩大的趋势。中部城市群、西部城市群成为中国整体创新空间布局的薄弱环节。

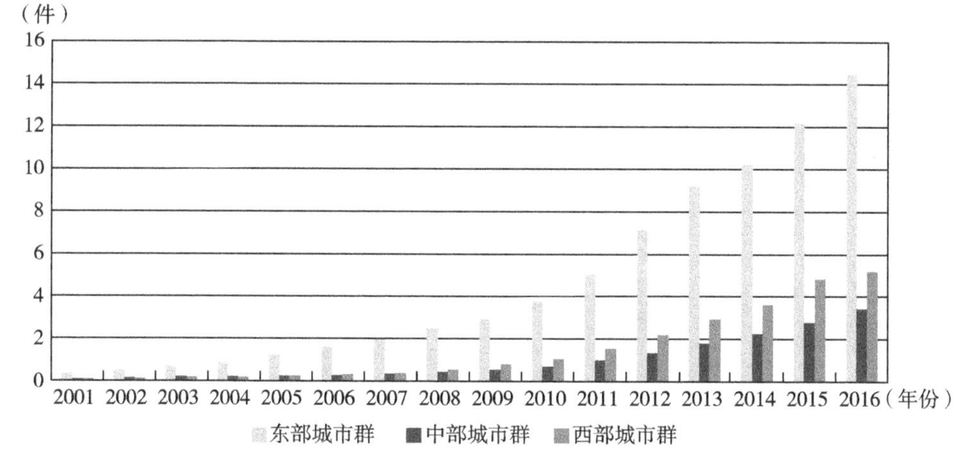

图4－7　2001～2016年东部城市群、中部城市群、西部城市群每万人发明专利拥有量

从增速来看（见图4－8），2002～2016年，东部城市群、中部城市群与西部城市群的每万人发明专利拥有量增速基本为正（中部城市群在2004年出现负增长），表明三大城市群的创新水平持续增强。三大城市群的每年增速基本呈现相似的波动特征，分别在2005年、2008年、2012年及2015年出现四次增速高峰，增长速度显著加快。除此之外，从2008年开始，中西部城市群逐渐发力，每万人发明专利拥有量的增速逐步超越了东部城市群，尤其是西部城市群的增速最快，表现出较强的增长势头，这一方面与西部地区经济的快速增长及自身创新投入的强化有关，另一方面也与西部地区本身创新专利的积累基数较小有关。

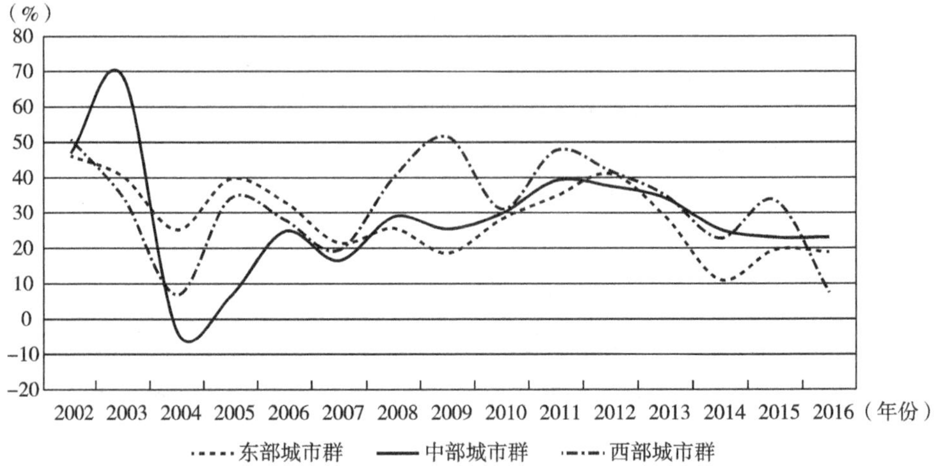

图4-8　2002~2016年东部城市群、中部城市群、西部城市群每万人发明专利拥有量增速

4.2　城市群创新空间结构测度：单中心—多中心视角

本小节将运用2001~2016年城市发明专利数据，基于单中心—多中心视角对城市群创新空间结构进行测度，并考察其演进趋势及其差异性特征。

4.2.1　测度方法

4.2.1.1　创新多中心测度

借鉴Meijers和Burger（2010）、刘修岩等（2017）已有文献的普遍做法，运用城市的位序—规模法则来测度创新多中心指数。与已有研究不同的是，已有文献在使用位序—规模法则时，通常将规模限定为人口或经济总量，本书则从创新规模的角度来测度创新多中心。虽然使用专利来衡量创新受到诸多质疑，但专利能够在一定程度上测度区域的知识累积，可以较好地反映区域知识创新水平（Ernst 等，2011），因此，用“每万人专利申请量”作为衡量城市创新的指标。具体公式如下：

$$N_i = \frac{N_1}{R_i^q} \tag{4-1}$$

其中，N_i 表示第 i 位城市的创新规模；N_1 表示创新规模最大的城市的创新规模；R_i 表示第 i 位城市的位序；q 表示待估计参数。

对式（4－1）进行对数变换，得到：

$$\ln N_i = \ln N_1 - q\ln R_i \tag{4-2}$$

其中，i 表示构成城市群的地理单元；R_i 表示 i 地理单元的创新规模在城市群内的排序位次；N_i 表示城市群范围内第 i 位地理单元的创新规模；N_1 表示城市群范围内创新规模最大的地理单元。对城市群内每个城市创新规模进行由大到小排序后，依照式（4－2）进行回归，得到回归系数 q，称 q 为创新多中心指数。当 q 大于 1 时，表明城市群内的创新较集中，呈单中心分布；当 q 小于 1 时，表明城市群内的创新较为分散，呈典型的多中心空间结构。

4.2.1.2　核密度方法

基尼系数、变异系数等方法仅能刻画城市群间创新多中心程度的相对差异，不能反映城市群创新多中心程度的绝对差异及其动态演化，而核密度估计方法却具有一定优势。它是一种具有稳健性的非参数估计方法，已成为研究空间不均衡分布的重要方法（杨明海等，2017），此方法可以对变量的概率密度进行估计，用连续的密度曲线表示变量分布的位置、形态与延展性，基于此，本书采用核密度方法分析城市群创新多中心程度的差异。具体计算公式为：

$$f(x) = \frac{1}{Nh}\sum_{i=1}^{N} K\left(\frac{X_i - x}{h}\right) \tag{4-3}$$

$$K(x) = \frac{1}{\sqrt{2\pi}}\exp\left(-\frac{x^2}{2}\right) \tag{4-4}$$

其中，f（x）表示变量 X 的密度函数，本书指创新多中心指数；N 表示观测值个数；K（·）表示核函数；x 表示均值；h 表示带宽。选择高斯核函数研究城市群创新多中心的空间分布动态演化规律。根据核密度曲线峰值、开口大小及顶点数量可以分析城市群之间创新多中心程度的差异及其演化。

4.2.2 测度结果分析

4.2.2.1 绝大多数城市群仍呈现创新单中心特征，但存在向创新多中心演进趋势

基于单中心—多中心视角来考察城市群创新空间结构。为此，依据式（4-2），对13个城市群的创新多中心指数进行测度，测度结果如表4-4所示。在研究的2001~2016年，13个城市群中的绝大多数城市群的创新多中心指数处于大于1的水平上，表明绝大多数城市群仍处于创新单中心的空间结构阶段。只有长三角城市群的创新多中心指数逐渐降低到小于1的水平，呈现创新多中心的空间结构。长三角城市群交通网络发达、信息化水平高，城市间联系紧密，有助于提升城市的创新能力，除上海外，苏州、杭州、南京等城市创新水平也显著增强，推动城市群向创新多中心空间结构演化。

表4-4 2001~2016年13个城市群创新多中心指数测度结果

年份＼城市群	长三角	珠三角	京津冀	中原	成渝	辽中南	山东半岛	海峡西岸	关中	呼包鄂	长江中游	北部湾	哈长
2001	1.85	2.55	2.21	1.16	1.82	1.08	1.71	1.53	0.16	0.10	1.61	0.26	1.39
2002	1.80	2.55	2.34	1.24	1.43	1.41	1.61	1.70	2.64	0.12	1.79	2.61	1.68
2003	1.81	2.27	2.17	0.08	0.18	1.37	1.36	1.52	2.79	0.12	1.85	0.17	1.72
2004	1.84	2.17	2.41	1.18	1.69	1.62	1.51	1.55	2.56	2.35	1.79	0.22	1.75
2005	1.76	2.61	2.34	1.23	1.86	1.51	1.55	1.79	2.77	1.96	1.64	2.01	1.70
2006	1.67	2.75	2.34	1.26	2.14	1.21	1.50	1.74	2.65	0.23	1.43	2.19	1.68
2007	1.61	2.71	2.44	1.25	1.82	1.26	1.31	1.62	0.63	2.54	1.44	0.30	1.81
2008	1.70	2.31	2.40	1.35	1.93	1.27	1.25	1.64	2.91	2.46	1.42	0.37	1.93
2009	1.61	2.24	2.24	1.32	2.10	1.23	1.20	1.62	3.08	2.34	1.46	1.93	1.86
2010	1.40	2.16	2.27	1.19	1.81	1.37	1.15	1.52	2.76	1.66	1.31	1.84	1.76
2011	1.24	1.87	2.14	1.20	1.73	1.53	1.08	1.42	2.37	1.70	1.18	1.73	1.91
2012	1.15	1.91	2.08	1.15	1.63	1.55	1.20	1.39	2.40	1.48	1.20	1.54	1.73
2013	1.04	1.80	2.12	1.27	1.58	1.57	1.31	1.38	2.28	1.90	1.19	1.52	1.84
2014	0.90	1.64	2.03	1.32	1.52	1.44	1.32	1.39	2.35	1.72	1.19	1.47	2.03
2015	0.79	1.62	1.90	1.36	1.54	1.44	1.26	1.43	2.17	1.54	1.18	1.57	2.00
2016	0.75	1.56	1.82	1.39	1.50	1.37	1.18	1.48	2.03	1.54	1.13	1.56	1.75

由表4-4可以看出，长三角城市群表现较为突出，2001～2016年，长三角城市群的创新多中心指数曲线波动幅度较小，基本呈现出逐年下降的趋势，且从2014年开始，呈现出创新多中心空间格局特征，且这一特征在随后年份逐渐得到强化，长三角城市群内存在多个创新水平较强的城市，创新竞争加剧，这对于提升城市群整体创新水平具有较强的推动作用。但就整体而言，2001～2009年，全部城市群的创新多中心指数在相对较大波动幅度中演进。从2010年开始，虽然除长三角城市群外的其他城市群的创新多中心指数依然大于1，说明这些仍处于创新单中心的空间结构格局，但创新多中心指数却呈现出较为平稳的演进特征，且表现出略微下降的趋势，表明所研究的城市群具有向创新多中心空间结构演进的征兆。

东部城市群、中部城市群与西部城市群的创新多中心指数演进特征存在较大差异。东部城市群的6个城市群创新多中心指数展现出相对平稳的演进特征，且下降的趋势更为明显。尤其是从2011年开始，创新多中心指数基本都呈现出下降趋势，且这一指数同时表现出趋同的局面，充分表明东部城市群向创新多中心空间格局演进的动力更强，趋势更为显著。东部城市群经济相对发达，R&D等研发支出较高，大学、科研院所等创新主体实力较为雄厚，城市之间的产业关联、交通联系、知识联系等更为紧密，这为单个城市创新竞争力的增强创造了较为优越的条件，在城市群空间尺度上进一步推动东部城市群朝着创新多中心空间格局迈进。

与东部城市群相比，中部城市群创新多中心指数的变化幅度较小，基本上一直处于大于1的水平上，向创新多中心空间格局演进的动力较弱。除此之外，中原城市群和哈长城市群的创新多中心指数还呈现出上升的趋势，创新单中心的局面有进一步强化的趋势。长江中游城市群的创新多中心指数有所下降，逐渐趋向于1的水平，表明长江中游城市群向创新多中心空间结构演化的趋势逐渐加强。西部城市群的创新多中心指数的变动幅度相对较大，尤其在2001～2009年的波动幅度最大。但在此后的年份中，西部城市群的创新多中心指数呈现出较为平稳的演进状态，且表现出一定幅度的下降趋势，但仍处于大于1.5的水平上，创新单中心空间格局并没有得到改变。一方面，西部城市群整体经济发展水平较低，创新要素投入、创新环境等与东部城市群存在较大差距；另一方面，西部城市群内部的城市之间的创新不均衡现象较为突出，具有创新资源向省会等大城市集聚的特征，这进一步加剧了西部城市群创新单中心空间格局的形成。

从创新多中心指数演进的速度来看（见图4－9），总体而言，所研究的13个城市群的创新多中心指数的增速具有较大波动性，几乎呈现出“上升—下降”的周期性态势。长三角城市群创新多中心指数增速绝大多数年份均为负，即创新多中心指数下降的速度较快，表明城市群向创新多中心空间结构演进的进程逐步加快。

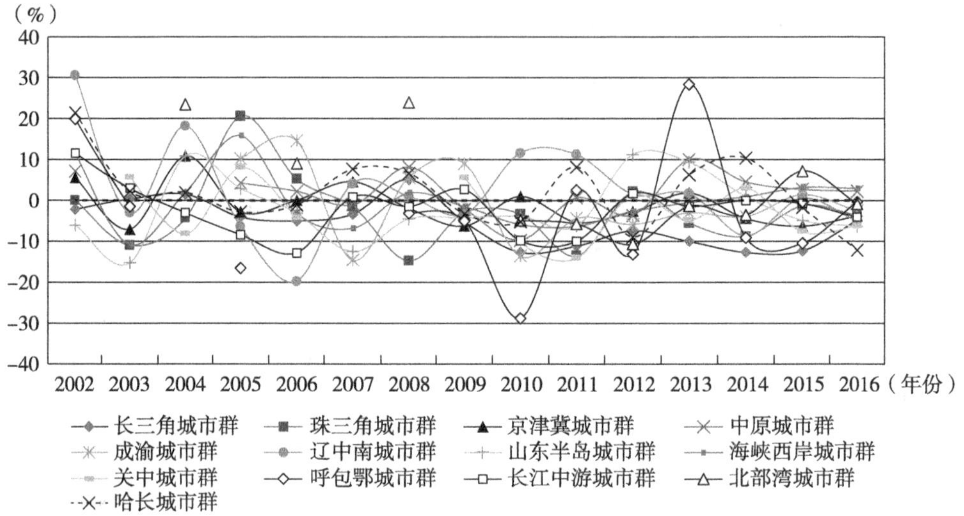

图4－9　2002～2016年13个城市群创新多中心指数增速

4.2.2.2　国家级城市群创新多中心水平显著高于其他等级城市群

为了考察不同等级城市群间创新多中心的空间演化的差异，依据黄金川和陈守强（2015）对城市群等级体系的划分，将13个城市群区分为国家级城市群（长三角城市群、珠三角城市群与京津冀城市群）、区域级城市群（长江中游城市群、山东半岛城市群、辽中南城市群、中原城市群与成渝城市群）与次区域级城市群（海峡西岸城市群、关中城市群、北部湾城市群、呼包鄂城市群、哈长城市群）。核密度分布曲线如图4－10所示。

第一，从核密度分布曲线的中心位置来看，在研究时期内，13个城市群总体创新多中心的核密度分布曲线的中心呈现出“右移—左移”的变化趋势，表明其创新多中心程度经历先下降后上升的态势。总体上创新多中心分布曲线的中心位置呈现出微弱的变化态势，表明城市群呈现出向创新多中心趋势演化的迹象。具体表现为，2011～2016年，分布曲线的中心位置几乎没有改变，仅2016年的分布曲线中心位置向左略有偏移。而国家级城市群创新多中心的分布曲线的中心与区域级城市群的变化趋势相一致，均表现为“左移—右移—再左移”的动态演进过程，表明国家级城市群与区域级城市群的创新多中心程度先变小，然后又逐渐增大。其中国家级城市群分布曲线逐渐向小于1的方向移动，且左移的幅度更大，而区域级城市群的分布曲线基本处于大于1的位置，表明国家级城市群向创新多中心演化的趋势明显强于区域级城市群，且区域级城市群虽然呈现向创新多中心演化的态势，但目前仍处于创新单中心阶段。次区域级城市群创新多中心分布曲线的中心基本呈现出“右移—左移—再右移”的变化过程，表明其创新多中心程度具有逐渐减弱的趋势，单中心趋势加强。且大多数年份的分布曲线处于大于1.5的位置，表明其创新多中心程度弱于区域级城市群。

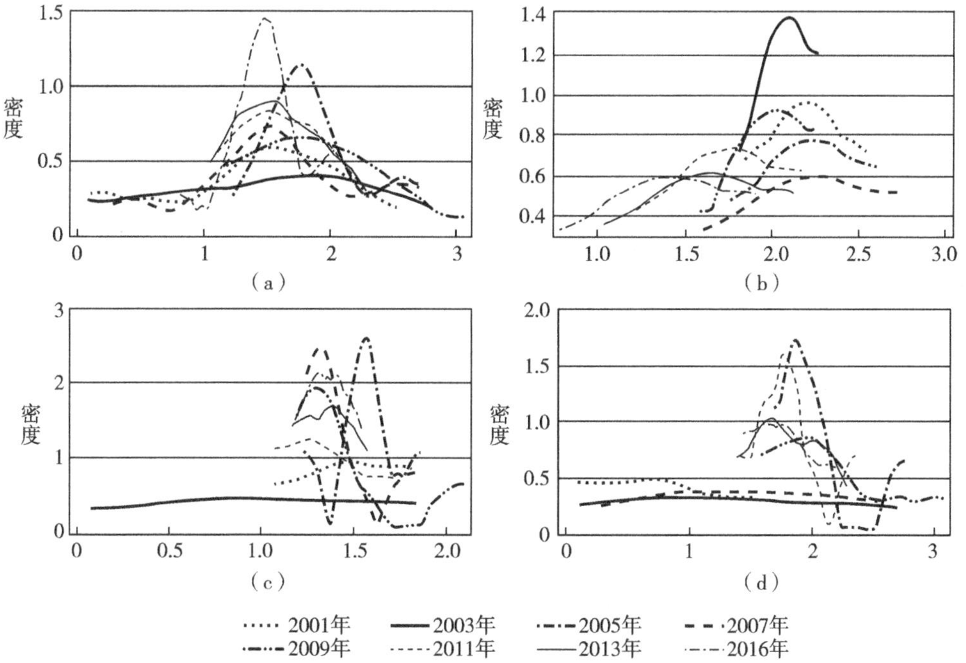

图4－10　不同等级城市群创新多中心的核密度

注：图（a）表示全部城市群、图（b）表示国家级城市群、图（c）表示区域级城市群、图（d）表示次区域级城市群。

第二，从核密度分布曲线波峰数量与峰值变动来看，在研究时期内，13 个城市群整体上呈现创新多中心分布的单极化与两极化并存现象，且具有向两极分化演变的明显趋势。具体来看，2001 ~ 2003 年，呈现单极化特征，2004 ~ 2007 年呈现两极分化特征，2008 ~ 2013 年呈现微弱两极分化特征，随后在 2016 年出现较为明显的两极分化特征，且峰值变高，出现了一个主峰和一个右侧峰，主峰峰值高于侧峰，表明 13 个城市群之间总体创新多中心呈现显著的两极空间分异现象。而国家级城市群的创新多中心演化则一直表现为单极化特征，但单峰峰值总体呈下降趋势，表明极化格局有了较大改观，但波峰开口宽度较大，表明在研究时期内，其创新多中心程度的差异存在变大的倾向。与国家级城市群单极化特征不同的是，在研究时期内，区域级城市群创新多中心经历了“单极—两极分化—微弱多极化”的演化局面，城市群间创新多中心程度具有等级分布特征。2001 年、2003 年呈单极化状态，2005 ~ 2011 年呈微弱两极化态势，2013 年两极分化特征变得显著，2016 年则出现三个波峰，包括两个较高的峰值和一个微弱的峰值，但峰值升高，且开口宽度呈现“变大—缩小”的特征，表明区域级城市群创新多中心逐渐向多极化演进，差距有所缩小。次区域级城市群创新多中心经历了“单极化—两极化—微弱两极化”的演进特征。在研究的时期内，2007 年之前，次区域级城市群创新多中心的分布曲线只有一个峰值，呈单极化特征，但之后到 2013 年，分布曲线却逐步出现两个较为明显的峰值，两极化特征显现。到了 2016 年，由高度相差较大的两峰变为高度几乎相同的两峰，表明两极化现象有所减弱。但从其曲线分布的总体位置来看，该等级的城市群创新多中心程度依然普遍较低，甚至存在创新单中心的现象，这也在一定程度上导致该等级城市群间的创新多中心两极化减弱的现象。

4.2.2.3　东部城市群创新多中心水平高于中部城市群、西部城市群

按照中国三大经济地带的划分，将 13 个城市群区分为东部城市群、中部城市群、西部城市群，考察处于不同地带的城市群创新多中心程度的空间差异（见图 4 – 11）。

第一，从核密度分布曲线的中心位置来看，在研究时期内，东部城市群核密度分布曲线的中心总体呈现出左移的变化趋势，表明其创新多中心程度总体呈上升的态势，创新多中心格局越来越明显。具体来看，2009 年之前，核密度分布曲线的中心位置变化幅度微弱，但之后开始出现明显的向左移动趋势。相比而言，中部城市群核密度分布曲线的中心总体却呈现出微弱右移的变化趋势，大概

处于1.5的位置，表明其创新多中心程度总体表现为微弱下降趋势。而西部城市群核密度分布曲线的中心却呈现出“右移—左移—再右移—再左移”的交替演化趋势，表明西部城市群创新多中心程度经历了“下降—上升—再下降—再上升”的发展过程，但其中心线基本处于2.0的位置，表明创新多中心的程度依然小于中部城市群。

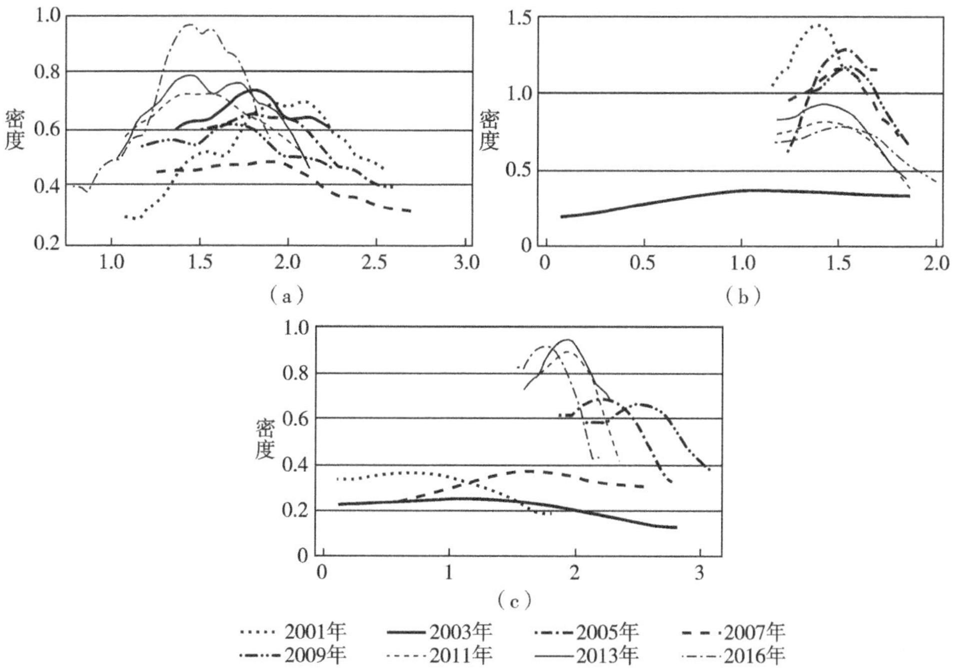

图4-11　东部、中部、西部三大地带城市群创新多中心核密度

注：图（a）表示东部地区城市群、图（b）表示中部地区城市群、图（c）表示西部地区城市群。

第二，从核密度分布曲线波峰数量来看，在研究时期内，东部城市群创新多中心分布总体开口较大，且呈现“多极化—单极化—两极化”的演化态势，城市群间创新多中心性趋异现象明显，这表明，东部发达地区既有创新多中心特征的城市群，也存在创新单中心特征的城市群。具体来看，2001年东部城市群创新多中心分布曲线出现3个波峰，呈现多极化特征，随后逐渐向单极化方向演进，但到了2013年逐渐出现两个较为明显的波峰，且波峰高度相差较小，但波峰峰值总体呈上升趋势，表明极化格局有所加剧，空间绝对差异经历了先扩大后缩小的演变过程。与东部城市群不同的是，中部城市群与西部城市群的创新多中心分布曲线仅存在一个峰值，持续表现为单极化特征，表明这些地带城市群的创新多中心分布不均，存在一个城市群的创新多中心程度与其他城市群的差距最大。除此之外，中部城市群与西部城市群创新多中心分布的峰值变化存在差异。仅中部城市群单峰峰值呈下降趋势，且开口略微增大，表明其城市群之间的创新多中心差异略微扩大。与其不同的是，西部城市群分布曲线的峰值表现出上升态势，且开口变小，这表明西部城市群创新多中心结构差异有所缩小。

4.3 经济增长的现状分析

4.3.1 GDP 总量的演进

将 13 个城市群中的每个城市的 GDP 总量加总得到 13 个城市群 2001 ~ 2016 年的 GDP 总规模（见图 4 - 12）。可以看出，13 个城市群 GDP 总量逐年扩大，实现了经济的快速增长。GDP 由 2001 年的不足 10 万亿元增长到 2016 年的 60 多万亿元，增长了 5 倍多。从 13 个城市群在全国的经济地位来看，其 GDP 总量占全国全部城市的比重虽然在 2003 ~ 2007 年出现短期起伏，但仍一直保持在 80% 以上的水平。尤其是从 2009 年开始，13 个城市群 GDP 总体规模已占到全国的 90%，且这一格局相对稳定。这也充分表明 13 个城市群经济总体水平较高，是国家经济增长的重要空间。

分城市群来看，13 个城市群的经济总体规模存在不同程度的差异。在研究的 2001 ~ 2016 年，在全部 13 个城市群中，长三角城市群 GDP 总量不断增长，经济总体规模最大，一直处于领先地位。由 2001 年的 2 万亿元增长到 2016 年的 14.87 万亿元，增长了 6 倍多。占全部 13 个城市群经济总体规模的比重最高，并一直保持在约 22% 的水平，且与其他城市群之间的差距呈现逐年扩大的趋势，长三角城市群的总体经济实力进一步得到加强，在国家经济体系中的“领头羊”地位不断得到巩固。长三角城市群处于东部沿海地区，交通、通信等基础设施更为完善，城市之间知识、信息、人才等联系更为紧密。市场化水平较高，民营经济活力较强，一直是改革开放的前沿地带，且国家各种优惠政策、国家战略在长

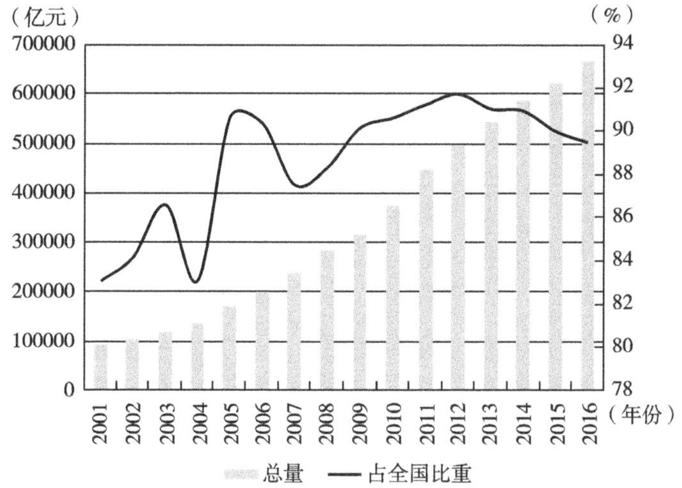

图4-12　2001~2016年13个城市群GDP总量及其占全国全部城市的比重

资料来源：《中国城市统计年鉴》(2002~2017)。

三角城市群嵌入的数量和质量较高，这些都为长三角城市群的经济增长提供了强大动力来源。京津冀城市群作为国家政治、经济及文化中心，也是区域协同发展的典范，在国家发展战略中占有极其重要的地位。其经济总体规模仅次于长三角城市群，同样表现出持续增长的态势，由2001年的1万多亿元增长到2016年的7.67万亿元，增长了近7倍，经济规模不断扩大。占全部13个城市群经济总体规模的比重基本保持在11%的水平，高于除长三角城市群之外的其他11个城市群。2001~2016年，珠三角城市群、长江中游城市群与山东半岛城市群3个城市群的经济总体规模相当，占全部13个城市群经济总体规模的比重均保持在约10%，并没有出现较大幅度的变动。且经历了“你追我赶”的演进局面，长江中游城市群经济地位有所提高，逐步赶超珠三角城市群与山东半岛城市群，显现出较为强劲的经济增长潜力。其余城市群的经济总体规模虽然也显现出稳步增长的特征，但总体规模仍较小，占全部13个城市群经济总体规模的比重基本处于8%以下的水平。值得注意的是，辽中南城市群逐渐成为中国城市群经济增长的短板。其GDP总量首次在2014年出现小幅下滑，且这一下滑幅度更是在2016年有了增大的趋势（见图4-13和图4-14）。辽中南城市群处于中国东北地区，国有企业改革面临的体制机制束缚、产业结构的失衡、落后的市场经济管理观念、近年来较为明显的人口外迁等因素均显著影响了经济增长的进程。如何通过改革重振辽中南城市群经济增长是国家城市群经济发展战略的重要空间指向。

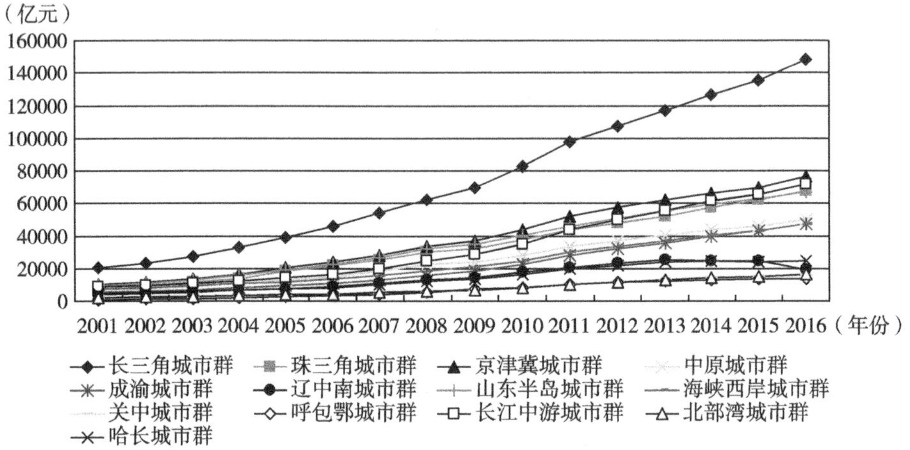

图 4－13　2001～2016 年 13 个城市群的 GDP 总量

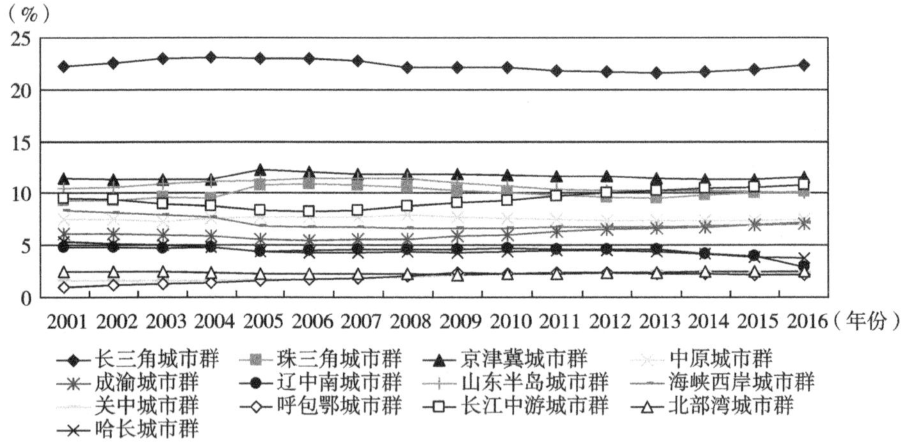

图 4－14　2001～2016 年 13 个城市群 GDP 总量占全部城市群比重

4.3.2　人均 GDP 演进

人均 GDP 更能揭示地区经济发展水平高低，是综合反映居民分享经济发展成果的重要指标。将全部13个城市群的GDP加总，然后除以全部城市群的总人口，得到13个城市群整体人均收入的时间序列值。从总体来看（见图4－15），2001～2016年，13个城市群人均收入逐年增加，由2001年的1万元增长到2016年的将近7万元，增长了约6倍（见图4－15）。城市群整体经济发展成果显著。

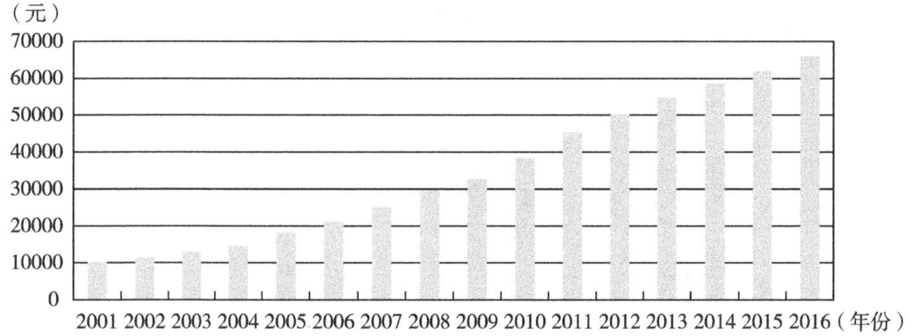

图4－15　2001～2016年城市群人均GDP

分城市群来看，除了辽中南城市群外，其余12个城市群的人均GDP均呈现出逐年递增的演进态势，单个城市群的经济取得了较快增长。其中，在研究的时期内，珠三角城市群的人均GDP最高，一直遥遥领先于其他12个城市群，且与其他城市群之间的差距呈现扩大的演进趋势。2001～2008年，长三角城市群的人均GDP排名第二，从2009年开始，呼包鄂城市群人均GDP超过了长三角城市群，这并不表明呼包鄂城市的经济发展水平已经超过了长三角城市群，这种现象的出现与呼包鄂城市群人口数量较少有关，进而提高了人均收入水平。与此同时，长三角城市群的人均收入水平经历了快速增长，显现出再次超越呼包鄂城市群的演进状态。辽中南城市群人均GDP虽然在2001～2015年均高于京津冀城市群与山东半岛城市群，但该城市群的人均GDP演进特征却有其独特性，即其人均GDP从2014年开始下降，尤其是2016年下降的幅度增大（见图4－16）。其他城市群的人均GDP规模相对较小，其相互之间的差距也相对较小，基本处于同一发展层次上，具有趋同的演进态势。

分东部城市群、中部城市群、西部城市群来看（见图4－17），在研究的2001～2016年，三大城市群的人均GDP均呈现出持续增长的演进态势。但其人均GDP存在不同程度的差距。东部城市群经济较为发达，整体人均GDP持续增长，由2001年的1.4万元增长到2016年的8.8万元，增长了约5.3倍，远高于中部城市群与西部城市群。中部城市群的人均GDP由2001年的0.69万元增长到2016年的4.5万元，增长了约5.5倍。而西部城市群的人均GDP则由2001年的0.61万元增长到2016年的4.8万元，增长了约6.8倍。中部城市群与西部城市群之间的人均GDP差距相对较小，且2001~2008年，中部城市群的人均GDP高于西部城市群，从2009年开始，这一态势得到转变，西部城市群的人均GDP逐渐超越中部城市群，显现出较为快速的经济增长势头。

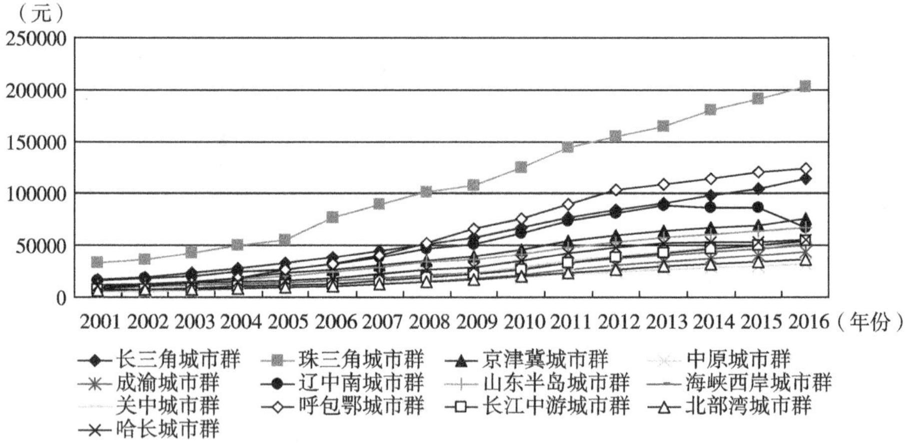

图4-16　2001~2016年13个城市群的人均GDP

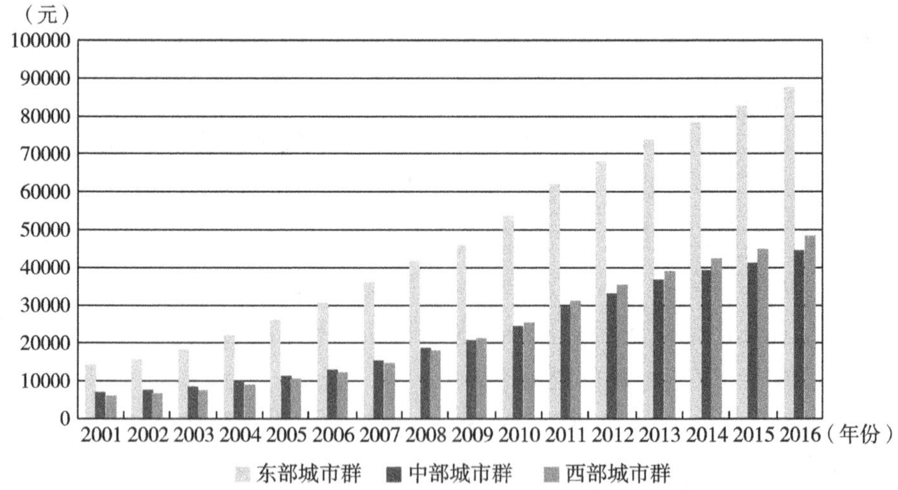

图4-17　2001~2016年东部城市群、中部城市群与西部城市群的人均GDP

就人均GDP增速演进特征而言（见表4-5），在研究的2002~2016年，总体上全部城市群人均GDP每年均保持正的增长速度，且年均增速达10%，表明城市群整体综合经济实力不断增强。但增速的波动性较大，2002~2005年，城市群整体人均GDP的增长速度逐渐增大，并且达到第一次高峰。2005~2012年，城市群整体人均GDP的增长速度基本呈现为“W”形走势特征，经历一次峰值、两次低谷，且增速有所下降。与之相比，2012年城市群整体人均GDP的增长速度又出现放缓的态势。分城市群来看，除了辽中南城市群外，其余12个城市群的每年人均GDP增速均为正。13个城市群的人均GDP增速曲线分布位置较为集中，表明每个城市群的人均GDP增速相对差距较小，且每个城市群的增速波动具有较为相似的演进趋势。分时间段来看，2002~2011年，13个城市群的人均GDP增速具有较大的波动性特征，但从2012年开始，除了辽中南城市群外，其余12个城市群的人均GDP增速均基本保持了较为平稳的演进趋势，并没有出现较大幅度的起伏，与之前的年份相比，增速有所下降，中国经济进入新常态及产业结构转型带来的“阵痛”效应已经显现，从长远来看，这将有利于助推中国经济高质量增长目标的实现。

从东部城市群、中部城市群及西部城市群人均GDP增速来看，其增速同样表现出较为明显的波动性。中部城市群与西部城市群的人均GDP增速走势较为相似，增速几乎在相同年份上升或下降，但西部城市群的增速波动幅度大于中部城市群。而东部城市群的人均GDP增速走势却与中部和西部城市群存在差异，2002~2008年，东部城市群的人均GDP增速态势相对较为平稳，从2009年开始，其增速才与中部和西部城市群的增速特征趋同。从三条曲线的位置还可以看出，2002~2006年，东部城市群的人均GDP增速最高，从2007年开始，中部城市群和西部城市群的人均GDP增速逐渐超越东部城市群，且西部城市群的人均GDP增速最快，其次是中部城市群，最后是东部城市群（见表4-5和图4-18）。

表4-5 2002~2016年城市群人均GDP增速

年份＼城市群	长三角	珠三角	京津冀	中原	成渝	辽中南	山东半岛
2002	12.00	10.50	10.02	9.93	11.04	11.18	12.37
2003	17.87	18.47	15.21	12.23	12.63	14.62	18.50
2004	20.54	15.86	19.09	24.55	18.34	20.31	22.30

续表

城市群 年份	长三角	珠三角	京津冀	中原	成渝	辽中南	山东半岛
2005	17.17	12.11	27.99	18.74	9.91	9.26	19.60
2006	15.98	36.86	13.80	15.39	14.62	17.64	17.53
2007	17.74	16.34	15.75	17.15	19.80	21.51	18.23
2008	15.13	14.24	16.34	20.65	19.29	20.97	18.81
2009	11.14	6.23	10.97	6.05	17.56	9.81	6.95
2010	18.15	14.96	16.76	14.89	20.60	20.85	15.01
2011	12.98	15.59	17.73	16.92	23.88	18.78	14.17
2012	9.83	7.24	9.38	8.77	14.71	11.18	10.41
2013	8.39	6.74	7.61	11.06	10.23	8.76	8.74
2014	8.14	9.53	4.87	6.47	10.04	-2.33	6.16
2015	6.52	6.10	4.31	5.28	8.51	0.42	4.73
2016	8.90	6.24	8.42	7.49	9.60	-22.52	4.94

城市群 年份	海峡西岸	关中	呼包鄂	长江中游	北部湾	哈长	全部城市群
2002	8.48	10.35	30.46	9.11	8.12	6.52	10.64
2003	12.43	14.27	25.75	10.58	3.16	13.13	14.90
2004	14.68	18.01	33.63	17.64	14.27	14.67	18.92
2005	5.77	24.05	40.66	12.20	12.85	7.10	35.24
2006	13.98	16.09	22.04	14.43	13.80	12.33	31.23
2007	17.72	23.26	26.19	19.51	16.91	18.46	20.76
2008	15.73	27.58	28.94	23.43	18.19	21.73	26.86
2009	10.98	22.10	26.44	15.43	8.07	8.69	21.58
2010	17.37	23.07	14.82	20.55	19.36	21.42	28.41
2011	19.34	22.34	19.17	23.90	19.90	21.99	36.76
2012	10.27	14.21	14.42	14.18	12.09	11.49	40.87
2013	9.36	11.53	6.00	11.72	10.38	9.72	30.49
2014	7.93	8.99	4.79	9.39	10.64	1.67	13.93
2015	7.02	2.24	5.12	7.18	5.52	0.15	21.71
2016	8.62	6.59	3.24	9.57	7.24	3.23	18.11

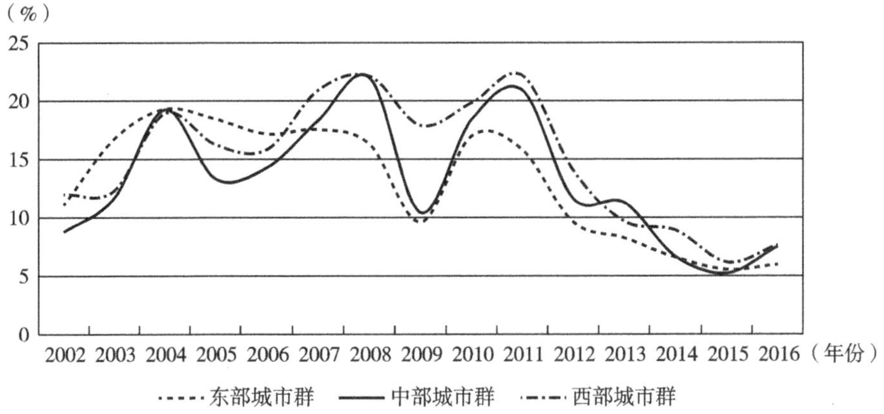

图4-18 2002~2016年东部城市群、中部城市群、西部城市群人均GDP增速

4.4 本章小结

本章选取中国13个典型城市群为研究样本。运用专利数据对城市创新的总体规模和相对规模水平现状进行初步考察。运用人均GDP、GDP总量等数据对城市群经济增长规模及速度进行现实考察。然后基于单中心—多中心视角采用位序—规模法则测度中国城市群创新多中心指数，揭示城市群创新空间结构特征。采用ArcGIS空间可视化、核密度等工具和方法研究不同地带城市群、不同等级城市群之间创新空间结构程度的差异化特征及其演化趋势。结果发现绝大多数城市群呈现创新单中心的空间结构特征，只有个别城市群表现为创新多中心空间结构特征，但整体而言，城市群的创新空间结构呈现单中心减弱、创新多中心趋势逐渐显现的演进规律，且不同等级、不同地带城市群的创新多中心程度存在差异。城市群创新空间结构的测度及经济增长的现状研究为后续计量实证研究奠定基础。

第5章　地方、国家及全球创新动力影响城市群创新空间结构的实证检验

前文从理论上阐释了影响城市群创新空间结构演化的因素及其作用机制，并基于单中心—多中心视角来测度城市群创新空间结构，创新单中心空间结构与创新多中心空间结构是创新空间结构的具体体现，认为地方创新动力、国家创新动力与全球创新动力推动城市群创新多中心水平的提高，并提出5个相应研究假说。本章将运用计量模型对研究假说进行实证检验，为地方创新动力、国家创新动力和全球创新动力与城市群创新空间结构之间的关系提供经验证据。

5.1　三种创新动力对城市群创新空间结构直接影响的实证检验

本节在对核心解释变量和被解释变量进行定义的基础上，通过设置面板固定效应模型和双重差分模型分别探索地方创新动力、国家创新动力和全球创新动力与城市群创新空间结构之间的关系，即实证考察地方创新动力、国家创新动力与全球创新动力究竟是促进了还是抑制了城市群创新多中心水平的提升。进而分析上述三种创新动力对城市群创新空间结构的直接影响，以检验本书第3章提出的假说1、假说2和假说3。

5.1.1　样本与数据

依照第4章对城市群范围的界定，选取长江三角洲城市群、珠江三角洲城市

群、京津冀城市群、中原城市群、成渝城市群、辽中南城市群、山东半岛城市群、海峡西岸城市群、关中城市群、呼包鄂城市群、长江中游城市群、北部湾城市群及哈长城市群共13个城市群作为研究样本。13个城市群由197个城市组成，但由于有6个城市的数据缺失，故将其剔除，得到有效样本为由13个城市群组成的191个城市样本。在研究的时间范围选择上，一方面，1996~2000年，中国地级市的数量由218个增加到259个，地级市行政区划的调整幅度较大，导致地级市数量变化较大，从2001年开始，中国地级市数量基本保持了相对稳定的状态，行政区划调整幅度较小，因此，基于行政区划调整的考量，为了保证研究样本的连续性，再考虑到数据的可获得性，选择2001~2016年为本部分的研究时间范围。

数据主要来源于2002~2017年的《中国城市统计年鉴》。此外，在用对外开放程度衡量全球创新动力时，需要进行货币单位转换，人民币汇率数据来源于2002~2017年的《中国统计年鉴》。衡量国家创新动力的国家高新区名单数据来源于国家科技部网站公布的国家高新区名单。

5.1.2　变量定义

基于本部分需要检验的研究假说进行变量定义。本部分研究的重点是地方创新动力、国家创新动力和全球创新动力是否有助于推动城市群向创新多中心空间结构演进，除此之外，考虑到其他因素也会影响城市群创新多中心的程度，本书还引入了其他控制变量。

5.1.2.1　被解释变量

本章的核心被解释变量为城市群创新多中心空间结构（multicent）。因此，需要计算城市群创新多中心指数，以此反映城市群创新单中心或创新多中心空间结构。参照已有文献的普遍做法，运用位序—规模法则来进行测度。由于第4章已经对此具体计算方法和过程进行了详细说明，且已经计算出13个城市群的创新多中心指数，在此不再赘述。

5.1.2.2　解释变量

本章的核心解释变量有三个，分别是地方创新动力、国家创新动力和全球创新动力。地方创新动力的表现维度较多，如政府的支持、企业参与度及非政府组织的作用等。政府在推动区域发展中扮演重要角色，是推动发展中国家发展的最重要的途径（林毅夫，2008），政府质量对经济发展甚至起着决定性的作用

（North，1981；Knack 和 Keefer，1995），而政府对科技发展的支持力度则是反映政府质量的关键指标之一，因为科技与创新紧密相关，对科技的重视程度越高，越有利于推动地方创新水平的提升，进而在更大空间尺度上影响创新空间结构的演化，地方政府的科技支持是极其重要的地方创新动力表现形式。政府科技支持力度主要通过科技资金投入来间接反映，从而为科技创新提供资金要素支撑。借鉴郭兵和罗守贵（2012）的研究，用“政府科技支出占财政支出比重”测度政府的科技支持(localtec)。

将国家创新动力界定为国家宏观层面为了推动创新而进行的制度设计。虽然有些研究涉及国家制度对创新空间结构的影响（刘承良，2018），但鲜有研究将国家高新区从这些制度因素中分离出来，单独考察国家高新区对城市群创新空间结构的影响。国家高新区作为一种增强国家创新水平的重要制度安排，肩负技术与产品创新的战略使命，是创新集中区的典型代表，是国家创新系统中的中坚力量。基于此，本部分将国家创新动力聚焦于国家高新区的设立，并将国家高新区虚拟变量（highpolicy）作为本部分的第二个核心解释变量。国家高新区也可以作为一种政策设计，从而为本部分研究提供了一种“准自然实验”。首先需要明确在此“准自然实验”中的实验组与控制组。通过以下途径获得13 个城市群中的城市是否拥有国家高新技术产业开发区，进而确定实验组和控制组：将 13 个城市群的城市名单与国家科技部网站公布的截至 2016 年获批的国家高新技术产业开发区名单进行匹配，结果显示共有 120 个城市在不同年份获批建设国家高新技术开发区，构成研究的实验组，其余 71 个城市构成研究的控制组（见表 5 - 1）。

传统的双重差分法要求政策的实施年份相同，据此根据是否受政策影响构造虚拟变量 treated，将受到政策影响的样本当作实验组，且赋值为 1，其余一组为控制组，赋值为 0。在此基础上，再依照政策实施年份构造虚拟变量 period，政策实施当年及其以后的 period 的值为 1，政策实施以前的 period 的值为 0，将交互项 treated × period 作为核心解释变量来评估政策的实施效果。在本书中，城市获批国家高新区的时间并非同一年，因此，在设置国家高新区政策虚拟变量时，与传统的双重差分法存在略微差异：参照袁航和朱承亮（2018）的做法，将 13 个城市群中拥有国家高新区的城市赋值为 1，其余城市赋值为 0。结合实验组城市获批国家高新区年份的不同，将获批当年及其以后年份设置为 1，获批之前设置为 0。然后生成本部分的第二个核心解释变量 highpolicy。

表5-1 国家高新区实验组与对照组城市

实验组城市	对照组城市
上海、南京、无锡、常州、苏州、南通、盐城、扬州、镇江、泰州、杭州、宁波、嘉兴、湖州、绍兴、合肥、芜湖、马鞍山、铜陵、深圳、珠海、佛山、东莞、惠州、中山、江门、肇庆、北京、天津、石家庄、唐山、保定、承德、廊坊、长治、蚌埠、郑州、洛阳、平顶山、新乡、焦作、南阳、成都、自贡、泸州、德阳、绵阳、内江、乐山、沈阳、大连、鞍山、本溪、营口、辽阳、济南、青岛、烟台、威海、潍坊、东营、淄博、泰安、莱芜、德州、济宁、枣庄、临沂、福州、厦门、泉州、莆田、漳州、三明、龙岩、温州、衢州、鹰潭、抚州、赣州、汕头、西安、咸阳、宝鸡、渭南、榆林、呼和浩特、包头、鄂尔多斯、武汉、黄冈、孝感、咸宁、襄樊、宜昌、荆门、长沙、益阳、常德、株洲、湘潭、郴州、衡阳、黄山、六安、南昌、九江、景德镇、新余、宜春、萍乡、吉安、南宁、北海、海口、哈尔滨、大庆、齐齐哈尔、长春、吉林	金华、舟山、台州、安庆、滁州、宣城、邢台、邯郸、秦皇岛、张家口、沧州、开封、安阳、商丘、许昌、周口、信阳、驻马店、鹤壁、濮阳、漯河、三门峡、晋城、运城、宿州、淮北、阜阳、遂宁、南充、眉山、宜宾、达州、资阳、抚顺、丹东、盘锦、聊城、滨州、日照、菏泽、南平、宁德、丽水、上饶、梅州、潮州、揭阳、铜川、乌海、乌兰察布、萍乡、九江、黄石、鄂州、荆州、岳阳、娄底、黄山、六安、湛江、茂名、阳江、防城港、钦州、玉林、崇左、四平、辽源、松原、绥化、牡丹江

全球创新动力是塑造地理空间格局的重要因素。全球创新动力大小可以间接通过对外开放程度来反映，而对外开放一般表现为进出口贸易、外商直接投资（FDI）等经济活动，也是全球创新动力在地理空间蔓延的直接表现，尤其是地方通过吸引外商直接投资，一方面可以为地方经济增长提供强大资本支撑，另一方面由于外商直接投资往往伴随着先进技术和人才的流动，地方能够分享FDI的知识溢出效应，加速地方创新主体的学习进程，为地方创新提供全球通道，进一步优化地方创新的外部环境，FDI成为再塑创新空间结构的重要全球创新动力。基于此，本章将全球创新动力聚焦于以FDI为主要表现形式的对外开放程度，借鉴靳涛和陶新宇（2017）的研究，用“地区实际利用外资占GDP比重”测度对外开放程度，作为全球创新动力的代理变量。由于FDI数据是以美元为统计单位，在具体计算过程中，利用人民币兑美元汇率年平均价，将FDI换算成人民币单位。

5.1.2.3 控制变量

为了控制其他可能影响创新多中心空间结构的因素，参照已有文献，本章选取了人力资本水平、金融发展水平、市场化水平、经济发展水平、文化资本及信息化程度作为控制变量。变量选取的依据和测度方法具体如下：

（1）人力资本水平（humanc）。人力资本为区域提供高级创新要素，能够促进区域创新水平提升，主要通过自身的知识外溢及对引进技术的消化吸收等途径来实现。参照柯善咨和赵曜（2014）的研究，用“高等学校在校学生数占城市人口比重”捕捉城市人力资本水平。

（2）金融发展水平（fiannce）。区域金融发展能够为创新主体技术研发等创新活动提供较为充分的资金保障，进一步强化区域创新所需的资金要素渠道。金融发展能显著提升区域创新水平，借鉴李苗苗等（2015）的研究，用“金融机构存款余额占 GDP 比重”来衡量城市金融发展水平。

（3）市场化水平（market）。对于处于经济体制转型时期的中国来说，创新绩效的提升主要来自市场化进程的提升（戴魁早和刘友金，2013），借鉴樊纲等（2003）对市场化的测度指标，考虑到数据的可获得性，选取“城镇私营单位从业人员占比”来捕捉城市市场化水平。

（4）经济发展水平（lnpgdp）。经济发展水平越高，越倾向于多中心分布（Friedmann，1966），而经济发展水平也会对创新产生显著影响（谭俊涛等，2016）。参照已有文献的普遍做法，选取“人均 GDP”的对数作为衡量地区经济发展水平的指标。

（5）文化资本（lnculture）。文化环境是影响创新的重要环境，不仅会推动企业创新，也会直接影响区域创新意愿与水平。借鉴陈瑞芳等（2016）的研究，选取“每百人公共图书拥有量”的对数来衡量公共文化治理水平。

（6）信息化程度（lnnet）。信息化水平的提高，有助于提高知识获取的速度与质量，为创新主体间的交流搭建“流空间”平台，促进知识共享，显著提升区域创新能力。参照张振刚等（2013）的研究，用“每千人互联网用户数”的对数来测度城市信息化水平。主要变量名称及定义如表 5－2 所示。

表 5－2　主要变量名称及定义

变量类别	变量名称	计算方法
被解释变量	创新多中心程度（multicent）	采用位序—规模法则进行计算
核心解释变量	国家高新区（highpolicy）	虚拟变量（0，1）
	政府科技支持（localtec）	政府科技支出占财政支出比重
	对外开放（open）	地区实际利用外资占 GDP 比重

续表

变量类别	变量名称	计算方法
控制变量	人力资本水平（humanc）	高等学校在校学生数占城市人口比重
	金融发展（fiannce）	金融机构存款余额占 GDP 比重
	市场化水平（market）	城镇私营单位从业人员占比
	经济发展水平（lnpgdp）	人均 GDP 取对数
	文化资本（lnculture）	每百人公共图书拥有量取对数
	信息化程度（lnnet）	每千人互联网用户数取对数

注：为了更清晰地通过此表区分被解释变量、核心解释变量及控制变量分别包括的具体变量类型，本表没有采用三线格形式。

5.1.3 计量模型

为了识别地方创新动力及全球创新动力对城市群创新多中心程度的影响，设置如下面板计量模型：

$$multicent_{it} = \alpha + \beta_1 localtec_{it} + \sum_j \beta_j Control_{it} + \gamma_t + \eta_i + \varepsilon_{it} \qquad (5-1)$$

$$multicent_{it} = \alpha + \beta_1 open_{it} + \sum_j \beta_j Control_{it} + \gamma_t + \eta_i + \varepsilon_{it} \qquad (5-2)$$

模型（5-1）、模型（5-2）中的下标 i 表示城市，t 表示时间，$multicent_{it}$ 是本章的被解释变量，表示第 i 个城市在第 t 年的创新多中心指数，用第 3 章中根据位序—规模法则计算出的 q 来衡量。模型（5-1）中的 localtec 为核心解释变量地方创新动力的代理变量政府科技支持，模型（5-2）中的 open 为核心解释变量全球创新动力的代理变量对外开放程度。Control 表示其他随时间变动的、影响城市群创新多中心程度的控制变量。γ_t 表示时间固定效应，η_i 表示各城市的个体固定效应，ε_{it}为误差项。系数 β_1 是该模型关注的核心参数，表示各核心解释变量对创新多中心空间结构的影响效应。

在识别国家创新动力对城市群创新多中心程度的影响时，可以采用单差法来进行检验，即通过比较城市在设立国家高新区前与设立国家高新区后这两个时期内城市群创新多中心程度的差异，以此来检验该项国家创新动力对城市群创新空间结构转型的作用。但这种单差法得到的结论可能是不准确的。对于不同城市群内的不同城市来说，在设立国家高新区之前就存在差异，单差法并没有考虑到此种差异，可能导致高估国家高新区建设对城市群创新多中心程度的促进作用。近年来，运用双重差分法对设立国家高新区的政策效应进行评估渐趋增多（刘瑞明和赵仁杰，2015；谭静和张建华，2018），显示出双重差分法在评估国家高新区政策效应中较强的适用性。因此，采用双重差分方法检验作为国家创新动力重要表现的国家高新区对城市群创新多中心程度的作用，则更为科学。从样本来看，在 13 个城市群中，共有 112 个城市先后获批设立国家级高新技术产业开发区，从而提供了一个良好的准自然实验。获批设立的 112 个城市便构成了处理组，其余没有国家高新区的城市则构成研究的对照组。由于获批国家高新区的时间不同，依据获批国家高新区的时间，设置 highpolicy 变量。参照 Beck 等（2010）、王庶和岳希明（2017）的做法，构造如下双向固定效应计量模型来检验国家高新区这一政策变量对城市群创新多中心程度的影响：

$$multicent_{it} = \alpha + \beta_1 highpolicy_{it} + \sum_j \beta_j Control_{it} + \gamma_t + \eta_i + \varepsilon_{it} \qquad (5-3)$$

其中，下标 i 表示城市，t 表示时间，$multicent_{it}$是本部分的被解释变量，表示城市群在第 t 年的创新多中心程度，用第 4 章计算出的创新多中心指数 q 来衡量。highpolicy 为核心解释变量。$Control_{it}$表示其他随时间变动的、影响城市群创新多中心程度的控制变量，主要包括人力资本水平、金融发展水平及市场化水平等。γ_t 表示时间固定效应，η_i 表示各城市的个体固定效应，ε_{it}为误差项。系数 β_1 是需要关注的核心参数，表示国家高新区对城市群创新多中心程度的效应，如果国家高新区这一外生制度安排的确推动了城市群创新多中心程度的提升的话，那么 β_1 的系数应该显著为负。

本章变量的描述性统计如表 5－3 所示。从表 5－3 可以看出，本章的核心被解释变量城市群创新多中心指数的标准差为 0.484，均值为 1.549，标准差小于均值，表明数据不存在正偏态分布。核心解释变量地方创新动力的标准差为 0.090，均值为 0.020，国家创新动力的标准差为 0.474，均值为 0.341，此两者的标准差均大于均值，表明可能存在异常值，进而会影响估计结果。为此，对其做 1% 的缩尾处理，以降低数据异常值对估计结果造成的估计偏差。全球创新动力的标准差为 0.026，均值为 0.025，标准差与均值相差不大。

5.1.4 实证结果分析

5.1.4.1 地方创新动力与城市群创新空间结构之间关系的检验

用“各市科技支出占财政支出比例”这一变量作为反映地方创新动力的代

表5-3 变量的描述性统计

变量名称	观测值	均值	标准差	最小值	最大值
multicent	3056	1.549	0.484	0.075	3.074
localtec	3056	0.020	0.090	0.000	1.480
highpolicy	3056	0.341	0.474	0.000	1.000
open	3056	0.025	0.026	0.000	0.476
fiannce	3056	0.638	0.285	0.000	7.751
humanc	3056	0.016	0.038	0.000	0.201
market	3056	0.902	0.605	0.013	6.859
lnpgdp	3056	10.084	0.867	7.727	13.055
lnculture	3056	3.452	0.924	0.000	7.459
lnnet	3056	3.308	1.319	-3.744	8.551

理变量，进而估计地方创新动力对城市群创新中心空间结构的直接影响。具体做法是同时运用最小二乘法（OLS）和固定效应模型（FE）对假说1进行实证检验，以估计地方创新动力究竟是推动了城市群向创新多中心空间结构演化还是向创新单中心空间结构演化。回归结果报告如表5-4所示，其中，第（1）列是加入控制变量且控制地区效应后的普通最小二乘法OLS的估计结果，第（3）列则是加入控制变量且同时控制时间效应和地区效应的FE的估计结果。第（1）列和第（3）列的估计结果表明在加入控制变量的情况下，不论是采用OLS估计方法还是采用FE估计方法，核心解释变量localtec的系数仍然同时在1%的水平上显著为正。第（2）列表示仅加入核心解释变量localtec、没有加入控制变量且控制了时间和地区效应后的FE估计结果。可以看出，不论是采用OLS估计方法还是采用FE估计方法，抑或是否加入控制变量，核心解释变量localtec的系数大小虽然有所不同，但系数的符号均为正，且都在1%的水平上显著。从控制变量的回归系数及显著性来看，人力资本、金融水平及文化资本等绝大多数变量的系数为负，且通过了显著性检验，表明这些变量也显著促进城市群向创新多中心空间结构演进。

由以上分析可知，不论是否加入控制变量，OLS和FE的估计结果均表明本部分的核心解释变量localtec的系数显著为正，表明地方政府的科技支持显著抑制了中国城市群创新多中心程度的提升，加剧了城市群内部各城市间的创新不均衡，使创新向单一中心城市集聚，即地方政府科技支持促进城市群向创新单中心空间结构演进，但这一结论与本书假说1相左，假说1没有得到验证。

表5-4　地方创新动力对城市群创新空间结构的影响：OLS和FE的回归结果

解释变量	被解释变量：multicent		
	（1）OLS	（2）FE	（3）FE
localtec	0.185*** (6.19)	0.311*** (3.99)	0.321*** (11.09)
humanc	-0.346* (-1.90)	—	-0.238 (-1.57)
fianace	-0.091** (-2.45)	—	-0.066** (-2.07)
lnpgdp	-0.087*** (-3.28)	—	0.287*** (3.64)
lnculture	-0.138*** (-6.12)	—	-0.064** (-2.18)
lnnet	0.052*** (2.80)	—	0.100*** (4.67)
market	-0.002 (-0.11)	—	0.013 (0.65)
时间效应	No	Yes	Yes
地区效应	Yes	Yes	Yes
cons	3.021*** (13.00)	1.488*** (58.45)	-1.076 (-1.41)
N	3056	3056	3056
R^2	0.445	0.151	0.192

注：所有回归均采用了以地区为聚类变量的聚类稳健标准误；括号中为t值；*、**和***分别表示显著性水平为10%、5%和1%。

出于增强城市创新能力的目的，虽然政府越来越重视科技资金投入，但为什么在城市群尺度上仍出现创新集聚趋势？对此本书将从以下三个方面进行进一步解释：

一是地方创新动力在地理空间的集聚效应所致。测度地理要素的空间集聚的方法主要有区位熵、空间基尼系数、赫芬达尔指数、首位度等。一方面，区位熵、空间基尼系数及赫芬达尔指数等方法主要应用在企业或产业层面；另一方面，首位度方法最初是用来计算城市层面人口的地理集中度的，但该方法也可以用来计算经济首位度、创新首位度等（何利，2017），进而揭示不同空间尺度下地理要素的空间结构状态，具体表现为能够在某种程度上反映单中心或多中心的空间结构（刘修岩等，2017）。基于此，运用首位度方法来测度城市群层面上政府科技支出的空间绝对集聚程度和相对集聚程度，以此来考察地方创新动力的空间集聚，首位度值越大，集聚程度越高，反之，集聚程度则越小。绝对集聚程度用每个城市群内各市“政府科技支出”的最大值除以第二大值，相对集聚程度用每个城市群内各市“政府科技支出占财政支出比重”的最大值除以第二大值，表示政府科技支持力度的空间集聚水平。在首位度临界值的选择上，参照肖泽磊等（2017）的做法，将0.349作为临界值，认为大于此值的话，则呈现单核或单中心的空间结构。

具体计算结果如图5－1所示，其中图5－1（a）是运用政府科技支出数据计算的每个城市群2001～2016年的首位度，表示地方创新动力的绝对集聚程度。可以看出，在研究的时期内，在2008年之前，城市群科技支出的首位度相对较高，随后的年份有所下降，但每个城市群的政府科技支出的首位度均一直大于1，且每年会有5～7个城市群的政府科技支出首位度大于2，表明在每个城市群内政府科技投入存在向单个城市集聚的倾向，其余城市的科技投入规模相对较小，具有较为明显的等级特征。图5－1（b）是运用政府科技支出占财政支出的比重计算的首位度结果，表示地方创新动力的相对集聚程度。从图5－1（b）可以看出，在研究的时期内每个城市群的政府科技支出占比的首位度也一直大于1，且均值达1.66，从2014年开始，这一首位度出现渐趋增大的态势，说明每个城市群内的城市对科技支持的力度在空间上存在较大差异，同样呈现出向单个城市集聚的演化趋势。

一般而言，地方科技支出与区域创新水平之间存在密切关联，科技支出规模越大，越有利于区域创新水平的提升。结合上述分析，不论是政府科技支出的绝对集聚程度较高还是相对集聚程度较高，都促进了创新产出在空间上的不均衡状态的形成，反映在城市群层面则表明地方创新动力的空间集聚抑制了创新多中心空间结构的演化，这在一定程度上解释了核心解释变量 localtec 的系数显著为正。

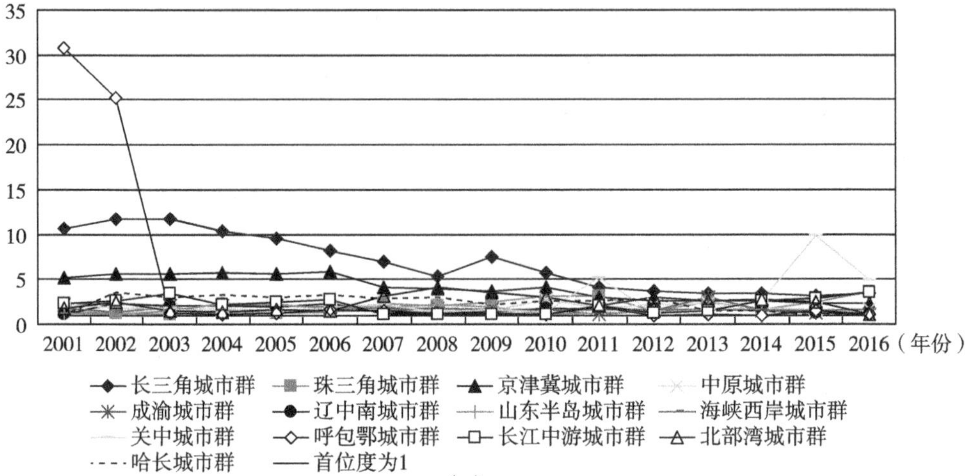

（a）

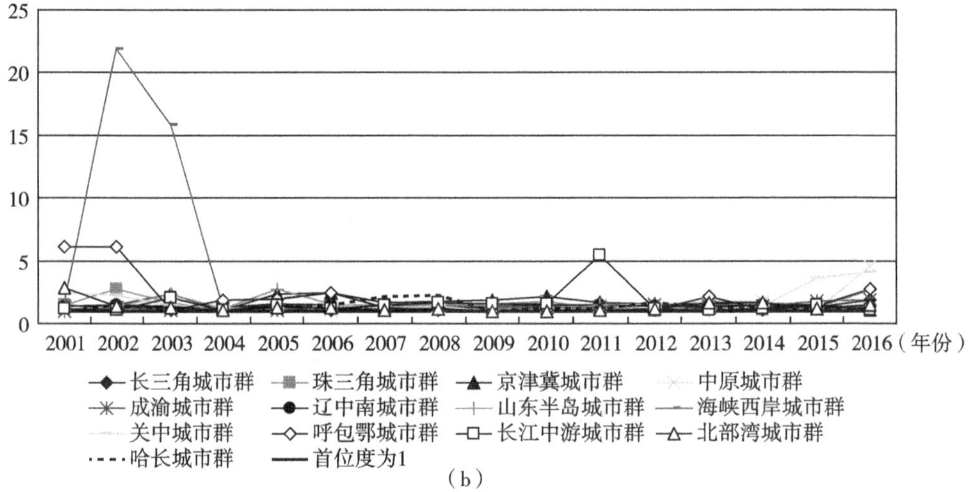

（b）

图 5－1　13 个城市群的政府科技支持的首位度

注：图（a）是用政府科技支出数据计算的结果，图（b）是用政府科技支出占比计算的结果。

二是创新环境差异效应。作为地方创新动力重要表现形式之一的政府科技支出也属于科技投入范畴，科技投入效果的发挥需要有良好的创新环境作为支撑。政府的科技支出对大城市的创新产出影响最为显著，对中小城市却不显著（王丰龙等，2017）。在城市群中的不同城市之间，具有优越创新环境的城市数量往往相对较少，主要集中在省会城市或规模较大的大都市，这些城市是大学、科研院所等创新机构的主要聚集地，激励创新的体制机制也较为健全，为吸引创新人才提供了较好的制度环境，优越的创新环境为吸收政府科技支出，进而将其转化为科技创新产出提供了有效载体。而对于大多数中小城市而言，虽然政府的科技支出也有所增长，但由于这些城市的大学、科研院所等资源相对缺乏，创新的评价、考核及激励机制不完善，导致创新环境相对较差，使政府科技支出带动创新水平提升的效果大打折扣，最终并没有显著推动创新水平的提升。因此，创新环境就会引起创新绩效的空间分化，在一定程度上抑制创新多中心空间格局的塑造。

三是替代效应与挤出效应的共同作用。在替代效应上，一方面，提升区域创新水平是政府进行科技投入的初衷。但由于在政府和市场需求之间存在着信息不对称，可能会导致政府科技投入的方向与市场需求方向不一致，从而促使创新主体（企业、研发机构等）改变已有正在进行的创新方向，进而将创新目标转移到政府支持的方向上，“替代”了创新主体依据自身发展实际及市场需求做出的创新战略，导致政府科技创新资源的错配，致使创新活动面临更大风险（陈庆江，2017）；另一方面，也可能促使创新主体利用政府对市场信息掌握不全的现实，诱导政府将科技创新资金投向本部门，但又未将创新资金用于研发创新活动，进而达到骗取政府科技资金的目的。真正将政府科技资金用于创新的行为主体在捕捉到这一信号后，其创新积极性将会大大下降，从而“替代”了真正的创新（安同良等，2009），实际上降低了区域整体创新水平。

在挤出效应方面，政府在加大公共创新资金支出的同时，可能会造成创新要素市场价格上升，进而增加创新主体的创新成本，减少创新的预期收益，挤出了私人的创新投入，不利于创新产出的增加（赵璟等，2009）。此外，创新主体会利用与政府之间存在的政治关联，通过增加资金支出获取政府的科技资源，诱导政府官员寻租行为的发生，浪费了创新资源，抑制了区域创新水平的提升（毛其淋和许家云，2015；蔡栋梁等，2018）。

由于大城市的创新环境更为优越，因此，在政府科技支出对创新的影响上，上述分析的替代效应和挤出效应对大城市创新的抑制作用不太明显，因为相对完善的创新制度环境能在一定程度上对冲这两种效应的负面影响。但对中小城市来说，由于其创新环境相对较差，替代效应和挤出效应则更为明显，对创新的抑制作用也更为严重。因此，在城市群空间尺度下，这进一步拉大了由政府科技支持引致的创新差距，抑制了城市群创新多中心空间格局的进一步强化。

5.1.4.2 国家创新动力与城市群创新空间结构关系的检验

用国家高新区这一政策变量作为反映国家创新动力的代理变量，进而估计国家创新动力对城市群创新空间结构的直接影响。具体做法是同时运用最小二乘法（OLS）和固定效应模型（FE）对假说2进行双重差分检验，以估计国家高新区这一制度因素究竟是推动了城市群向创新多中心空间结构演化还是向创新单中心空间结构演化。回归结果报告在表5-5中，其中第（1）列、第（3）列分别表示仅加入核心解释变量highpolicy且没有加入控制变量的普通最小二乘法（OLS）与固定效应（FE）的估计结果。可以看出，不论是采用OLS估计方法还是采用FE估计方法，核心解释变量highpolicy的系数大小虽然有所不同，但系数的符号均为负，且都在1%的水平上显著。第（2）列、第（4）列分别是加入控制变量的OLS与FE的估计结果，该估计结果表明在加入控制变量的情况下，不论是采用OLS估计方法还是采用FE估计方法，核心解释变量highpolicy的系数仍然同时在1%的水平上显著为负。从控制变量的回归系数及显著性来看，人力资本、金融水平及文化资本等绝大多数变量的系数为负，且通过了显著性检验，表明这些变量也显著促进城市群向创新多中心空间结构演进。

表5-5 国家高新区对城市群创新空间结构的影响：双重差分检验结果

解释变量	被解释变量：multicent			
	（1）OLS	（2）OLS	（3）FE	（4）FE
highpolicy	-0.249*** (-9.36)	-0.189*** (-6.51)	-0.085*** (-2.96)	-0.097*** (-3.48)
humanc	—	-0.359* (-1.72)	—	-0.242 (-1.24)
fianace	—	-0.096*** (-3.10)	—	-0.066** (-2.05)
lnpgdp	—	-0.064*** (-2.79)	—	0.293*** (7.49)
lnculture	—	-0.124*** (-5.83)	—	-0.059*** (-2.93)
lnnet	—	0.057*** (3.73)	—	0.100*** (6.77)
market	—	-0.001 (-0.08)	—	0.013 (0.88)

续表

解释变量	被解释变量：multicent			
	(1) OLS	(2) OLS	(3) FE	(4) FE
时间效应	No	No	Yes	Yes
地区效应	Yes	Yes	Yes	Yes
cons	1.681 *** (17.25)	2.835 *** (14.28)	1.511 *** (57.25)	-1.124 *** (-3.12)
N	3056	3056	3056	3056
R^2	0.401	0.415	0.148	0.191

注：所有回归均采用了以地区为聚类变量的聚类稳健标准误；括号中为t值；*、**和***分别表示显著性水平为10%、5%和1%。

可以看出，不论是否加入控制变量，本部分的核心解释变量 highpolicy 的系数均显著为负，表明国家高新区的设立显著推动了中国城市群创新多中心程度的提升，是促进城市群向创新多中心空间结构演进的重要制度动力，假说2得到验证。

对此可做进一步解释：一是“压力效应”。国家高新区作为国家层面一股重要的创新政策形式，是创新资源、创新制度变革自上而下嵌入城市空间的有效途径。国家创新动力在给城市带来提升自身创新水平的机遇的同时，也给城市创新带来压力，这种源自国家政策的压力在一定程度上激励城市进行创新，以实现国家高新区等政策动力的既定目标。为此，地方政府会制定相关配套政策来促进国家创新动力更好地融入本地创新体系，在创新资金、人才等方面给予大力支持，进而推动城市创新水平的提升。二是“动力分散化效应”。随着国家经济实力的不断增强，国家创新动力也不断增强，进而为国家创新动力嵌入更多城市空间提供保障。从现实数据来看，中国国家高新区设立30年来，国家高新区数量在城市空间不断增长，尤其是从2008年开始，国家高新区数量呈现快速增长态势（见图5-2），由2008年的54家增长到2016年的146家，增长了1.7倍，更多城市分享了国家给予的创新“福利”，国家创新动力嵌入地方的强度逐渐强化，创新分散化趋势逐步增强，为城市群创新空间结构分散化、推动城市群创新多中心的形成提供强大动力。三是“引致创新需求效应”。国家高新区以发展高新技术产业为核心目标，知识和科技需求较大，这一国家创新动力会增加城市内部研发资金、人才等创新要素的供给，同时也会吸引城市外部创新要素向城市内部的集聚及科技、知识、人才等的交流，从而为城市创新注入新的活力。

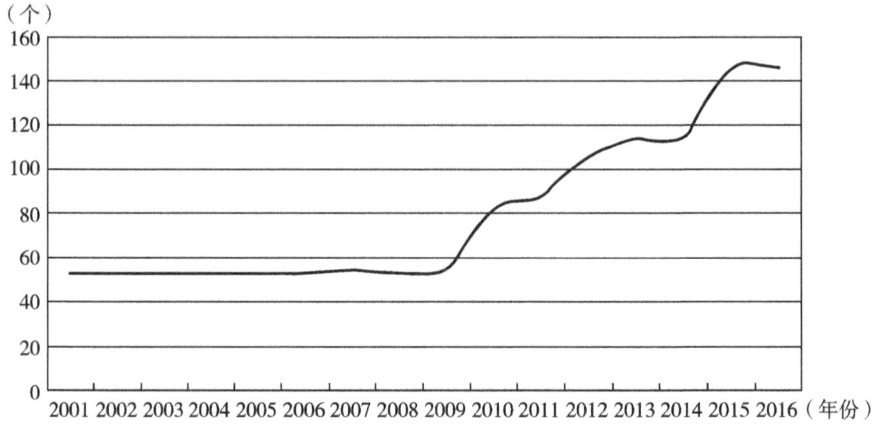

图5-2　2001~2016年国家高新区数量增长状况

资料来源：根据国家科技部网站公布的各城市国家高新区成立的时间（截至2016年），通过手工整理绘制而得。

5.1.4.3　全球创新动力与城市群创新空间结构关系的检验

用“外商直接投资占GDP比重”测度对外开放程度，以此作为反映全球创新动力的代理变量，进而估计全球创新动力对城市群创新空间结构的直接影响。具体做法是同时运用最小二乘法（OLS）和固定效应模型（FE）对假说3进行检验，以估计全球创新动力究竟是推动了城市群向创新多中心空间结构演化还是向创新单中心空间结构演化。回归结果报告在表5-6中，第（1）列表示仅加入核心解释变量open，没有加入控制变量，且控制地区效应的普通最小二乘法（OLS）估计结果，第（3）列表示仅加入核心解释变量open，没有加入控制变量，且控制时间效应和地区效应的固定效应模型（FE）的估计结果。可以看出，不论是采用OLS估计方法还是采用FE估计方法，核心解释变量open的系数大小并不相同，但系数的符号均为正，且都在1%的水平上显著。第（2）列、第（4）列分别是加入控制变量的OLS与FE的估计结果，该估计结果表明在加入控制变量的情况下，不论是采用OLS估计方法还是采用FE估计方法，核心解释变量open的系数仍然同时在1%的水平上显著为正。从控制变量的回归系数及显著性来看，与地方创新动力和国家创新动力的回归结果相似，人力资本、金融水平及文化资本等绝大多数变量的系数也为负，且通过了显著性检验，表明这些变量也显著促进了城市群向创新多中心空间结构演进。

表 5-6　全球创新动力对城市群创新空间结构的影响：OLS 和 FE 的回归结果

解释变量	被解释变量：multicent			
	（1）OLS	（2）OLS	（3）FE	（4）FE
open	3.521*** (7.16)	2.907*** (6.542)	3.311*** (5.27)	2.465*** (4.11)
humanc	—	-0.266* (-1.92)	—	-0.206 (-1.52)
fianace	—	-0.095** (-2.48)	—	-0.081** (-2.34)
lnpgdp	—	-0.086*** (-3.27)	—	0.224*** (2.71)
lnculture	—	-0.113*** (-5.08)	—	-0.051* (-1.75)
lnnet	—	0.054*** (2.96)	—	0.094*** (4.50)
market	—	0.001 (0.06)	—	0.014 (0.63)
时间效应	No	No	Yes	Yes
地区效应	Yes	Yes	Yes	Yes
cons	1.238*** (13.10)	2.678*** (11.40)	1.391*** (30.73)	-0.607 (-0.77)
N	3056	3056	3056	3056
R^2	0.437	0.455	0.169	0.199

注：所有回归均采用了以地区为聚类变量的聚类稳健标准误；括号中为 t 值；*、**和***分别表示显著性水平为 10%、5%和 1%。

由以上分析可知，不论是否加入控制变量，OLS 和 FE 的估计结果均表明本部分的核心解释变量 open 的系数显著为正，表明作为全球创新动力重要表征的对外开放显著抑制了中国城市群创新多中心程度的提升，提高了城市群内部各城市间的创新不均衡水平，即全球创新动力促进城市群向创新单中心空间结构演进，但这一结论与本书假说3相左，假说3没有得到验证。

城市通过吸引外商直接投资来将全球创新动力嵌入本地，借助全球创新资源提升城市创新能力是其主要目的之一，虽然地方政府越来越重视融入全球，但为什么在城市群空间尺度上对外开放却导致创新集聚趋势？对此本书将从以下三个方面进行进一步解释：

一是全球创新动力在地理空间的集聚效应所致。由于全球创新动力对城市群创新空间结构的影响与地方创新动力相似，两者都抑制了创新多中心空间结构水平的提升。因此，参照前述对地方创新动力与城市群创新空间结构回归结果的解释，运用首位度方法来测度城市群层面全球创新动力在空间上的绝对集聚程度和相对集聚程度。绝对集聚程度用每个城市群内各市“实际利用外资”的最大值除以第二大值，相对集聚程度用每个城市群内各市“实际利用外资占GDP比重”的最大值除以第二大值，表示全球创新动力的空间集聚水平。

具体计算结果如图5-3所示，其中图5-3（a）是直接用外商直接投资数据计算的每个城市群2001~2016年的外商直接投资的首位度，表示全球创新动力的绝对集聚程度。从图5-3（a）中可以看出，在研究的时期内，所有城市群的外商直接投资的首位度均大于1，且接近于2，均值为3.2。从变动的幅度来看，西部的关中城市群首位度波动幅度较大，且首位度最高，年均达20.4，表明城市群内部的对外开放水平存在严重的分异现象，全球创新动力向单个中心城市集聚的态势尤为明显。其余城市群外商直接投资的首位度呈现出相对平缓的波动演进态势，但一直处于大于1的水平，且从2015年开始显现出缓慢上升的趋势。图5-3（b）是用外商直接投资占GDP比重计算的结果，表示全球创新动力的相对集聚程度。从图5-3（b）也可以看出，在研究的时期内，整体来看，全部城市群外商直接投资占GDP比重的首位度也一直处于大于1的较高水平，且均值达1.8。就变化趋势来看，其波动幅度基本经历了由大到小的演化状态：2001~2010年的波动较为剧烈，随后波动幅度变得相对较小，但从2012年开始，这一首位度基本呈现出缓慢上升的迹象。说明每个城市群内的外商直接投资在空间上存在较大差异，引致全球创新动力呈现出较为显著的空间等级特征，表明在每个城市群内全球创新动力主要向核心城市汇集，空间集聚较为明显。

全球资本流动往往伴随着知识流动，利用外商直接投资带来的知识溢出效应能提升区域创新水平，主要通过行业间的关联来实现（原毅军和黄菁菁，2016；唐宜红等，2019），外商直接投资的规模越大，表示全球创新动力嵌入城市空间

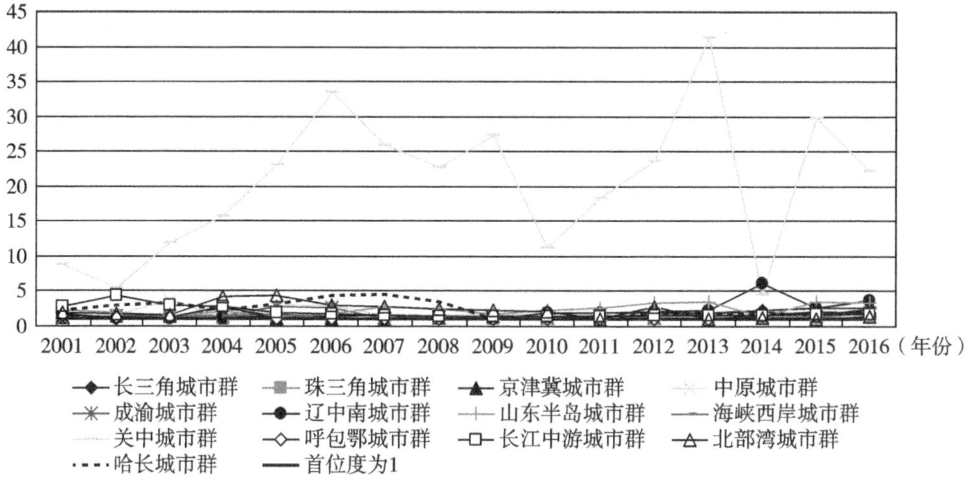

（a）

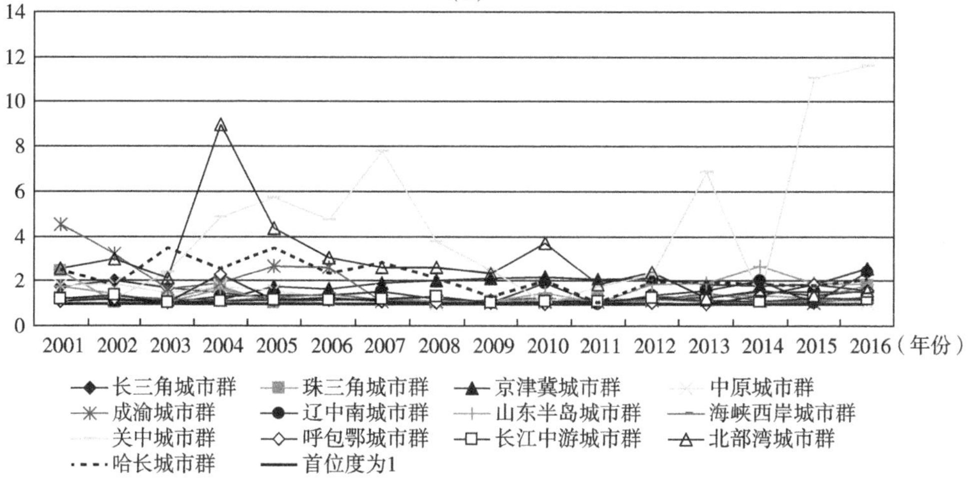

（b）

图5-3 13个城市群的外商直接投资的首位度

注：图（a）是用外商直接投资数据计算的结果，图（b）是用外商直接投资占GDP比重计算的结果。

的强度越大，也为多样化知识的生成与演化提供了可能，从而进一步强化区域创新。结合上述分析，不论是外商直接投资的绝对集聚程度还是相对集聚程度均较高，都促进了创新产出在空间上的不均衡状态的形成，进而会影响城市群创新空间结构特征。在城市群层面则表明全球创新动力的空间集聚抑制了创新多中心空间结构的演化，这在一定程度上解释了核心解释变量open的系数显著为正。

二是全球创新动力的空间选择效应。全球资本的流动受到预期收益的制约，外商直接投资在进行空间区位选择时，会充分考虑资本流向地的市场规模、市场化程度、金融环境及科技实力等综合条件因素，这些条件较为优越的城市才能成为全球资本的潜在流入地，从而才能使城市有机会利用全球创新动力增强自我技术创新或产业创新能力。但在城市群范围内，各种条件较为优越的城市数量较少，大多为省会或者大城市，这就使全球创新动力的空间选择出现集聚态势，进而也导致由全球创新动力引致的创新的集聚，拉大了城市之间的创新差距，抑制了城市群创新多中心空间结构水平的进一步提升。

三是对知识溢出的吸收能力存在差异。外商直接投资虽然对流入地具有知识溢出效应，但要想将这种知识溢出转化为本地创新能力，需要有较强的地方化学习、模仿与再创新能力，以实现对溢出知识的消化吸收。R&D 投入规模、科研人员规模、高校数量及其科研水平、高新技术产业规模及技术市场发育状况等“知识吸收因子”会显著影响对 FDI 知识溢出的吸收（胡曙虹等，2016）。“知识吸收因子”强则会增强对 FDI 知识溢出的吸收与消化，进而为地方创新提供异质性知识来源，提高创新水平。反之，则会阻碍 FDI 知识溢出向地方创新传导的路径，削弱全球创新动力对地方创新的影响程度。但在城市群层面上（或内部），“知识吸收因子”强、对 FDI 知识溢出消化吸收能力强的城市往往极少。例如，京津冀城市群的北京、长三角城市群的上海等大城市的知识吸收能力远大于其他城市，而中小城市尤其是西部地区的中小城市的知识吸收能力极低（类骁，2017）。不同城市对全球创新动力带来知识溢出的吸收能力存在较大差距，形成吸收能力的“高—低”空间等级格局。知识吸收能力强的城市借助全球创新动力进行创新的效果更为明显，从而会间接导致城市之间创新水平“高—低”空间等级格局，推动创新向少数城市集聚，抑制了城市群向创新多中心空间结构的演进，再次解释了核心解释变量 open 的系数显著为正。

5.2 作用机制的实证检验

上节分别对地方创新动力、国家创新动力及全球创新动力与城市群创新多中心空间结构之间的关系进行了实证检验，结果发现地方创新动力与全球创新动力显著抑制了城市群向创新多中心空间格局的演进，从而假说 1 和假说 3 没有得到验证。国家创新动力显著提高了城市群创新多中心程度，推动了城市群向创新多中心空间结构演进。但仍存在以下需要解决的问题：第一，既然地方创新动力与全球创新动力显著抑制了城市群向创新多中心空间格局的演进，那么，是否存在某种中介变量能够修补这一抑制作用，进而使地方创新动力与全球创新动力通过此中介变量促进城市群向创新多中心空间格局演进？第二，国家创新动力究竟通过何种途径促进了城市群创新多中心水平的提高？是否也是通过上述中介变量的作用从而强化了这一效应？基于此，结合本书提出的假说4，本节将对这两个问题进行回答，同时对假说4进行实证检验。

5.2.1 变量定义

本部分主要对中介变量进行定义，被解释变量和控制变量已经在前文中进行了定义。根据本书第3章提出的假说4，城市知识密集型服务业的发展是将地方创新动力、国家创新动力及全球创新动力转化为创新产出的核心中介变量。在城市群层面，知识密集型服务业的发展主要体现为城市之间的知识密集型服务业发展差距的缩小。因此，在机制检验的解释变量中，本书认为，地方创新动力、国家创新动力及全球创新动力通过缩小城市之间的知识密集型服务业发展差距来推动城市群创新多中心程度的提高。

为此，需首先界定知识密集型服务业的内涵，然后再对城市间知识密集型服务业发展差距这一中介变量进行测度。对于知识密集型服务业的分类存在分歧，但知识密集型服务业具有高知识性、高技术性及高创新性等特征却得到普遍认同（郑兵云，2018）。基于此，考虑到数据的可得性，并参照任皓等（2017）已有文献对知识密集型服务业的分类，本书的知识密集型服务业包括信息传输、计算机服务和软件业、金融服务业、租赁和商务服务业、科学研究、技术服务和地质勘查服务业等行业。需要说明的是，由于2002年及其以前年份的《中国城市统计年鉴》对知识密集型服务业的分类标准不统一，因此，选取2003年作为研究的起始年份，以保证统计指标计算口径的一致性。采用变异系数测度城市群内城市之间知识密集型服务业发展差距，具体计算公式为：

$$kibscv_t = \frac{1}{\overline{kibs}}\sqrt{\sum_{i=1}^{n}(kibs_i - \overline{kibs})/(n-1)} \tag{5-4}$$

其中，$kibscv_t$ 表示第 t 年城市群知识密集型服务业的变异系数，该值越大，表明知识密集型服务业发展的差距越大。n 表示某城市群空间尺度对应的城市数量，$kibs_i$ 表示 i 城市知识密集型服务业从业人数占比，$\overline{kibs}$表示 $kibs_i$ 的均值。

5.2.2 模型设置

为了检验假说4，需要设置相应计量模型分别考察地方创新动力、国家创新动力及全球创新动力影响城市群创新多中心程度的作用机制，参照黎文靖和李耀淘（2014）、孟庆玺等（2016）的普遍做法，将核心解释变量与中介变量的交互项纳入模型之中，以检验作用机制是否成立。具体计量模型为：

$$multicent_{it} = \alpha + \beta_1 localtec_{it} + \beta_2 kibscv_{it} + \beta_3 localtec_{it} \times kibscv_{it} + \sum_j \beta_j Control_{it} + \gamma_t + \eta_i + \varepsilon_{it} \quad (5-5)$$

$$multicent_{it} = \alpha + \beta_1 highpolicy_{it} + \beta_2 kibscv_{it} + \beta_3 highpolicy_{it} \times kibscv_{it} + \sum_j \beta_j Control_{it} + \gamma_t + \eta_i + \varepsilon_{it} \quad (5-6)$$

$$multicent_{it} = \alpha + \beta_1 open_{it} + \beta_2 kibscv_{it} + \beta_3 open_{it} \times kibscv_{it} + \sum_j \beta_j Control_{it} + \gamma_t + \eta_i + \varepsilon_{it} \quad (5-7)$$

在模型（5－5）、模型（5－6）及模型（5－7）中，$kibscv_{it}$表示中介变量，其他各项的含义分别与模型（5－1）、模型（5－2）及模型（5－3）相同，模型中的交互项 $localtec_{it} \times kibscv_{it}$、$highpolicy_{it} \times kibscv_{it}$及 $open_{it} \times kibscv_{it}$是本部分关注的核心变量。因此，系数 β_3 是自然成为本小节关注的核心参数。可通过其系数符号及其显著性判断地方创新动力、国家创新动力及全球创新动力通过知识密集型服务业影响城市群创新多中心空间结构的作用强度。如果系数显著为负，则表明地方创新动力、国家创新动力及全球创新动力通过缩小知识密集型服务业差距促进了城市群创新多中心程度的提高。

5.2.3 实证结果分析

依据本书假说4，知识密集型服务业变异系数与创新多中心指数之间存在正相关关系，因为知识密集型服务业变异系数越小，表明城市群内城市之间知识密集型服务发展差距越小。同时，创新多中心指数越小，则表明创新多中心空间结构越明显。因此，为了考察地方创新动力、国家创新动力及全球创新动力通过知识密集型服务业影响城市群创新多中心空间结构的作用强度，依据模型（5－5）、模型（5－6）及模型（5－7），须分别检验地方创新动力、国家创新动力及全球创新动力变量与知识密集型服务业差距变量的交互项系数是否显著为负，如果显著为负，则表明地方创新动力、国家创新动力及全球创新动力通过缩小城市间知识密集型服务业发展水平的差距来推动城市群向创新多中心空间结构演进。回归结果报告在表 5 - 7 和表 5 - 8 中。表中的 localtec × kibscv、highpolicy × kibscv、open × kibscv 分别表示地方创新动力、国家创新动力及全球创新动力与中介变量的交互项，其系数是本部分的重点核心参数。

表 5 - 7　作用机制检验的 OLS 估计结果

解释变量	被解释变量：mulitcent					
	(1)	(2)	(3)	(4)	(5)	(6)
localtec	10. 205 *** (6. 18)	10. 568 *** (6. 39)	—	—	—	—
highpolicy	—	—	0. 166 ** (2. 46)	0. 193 ** (2. 77)	—	—
open	—	—	—	—	10. 932 *** (6. 14)	10. 069 *** (5. 75)
kibscv	-0. 811 *** (-4. 85)	-0. 391 * (-1. 94)	-0. 754 *** (-4. 65)	-0. 548 *** (-2. 89)	-0. 779 *** (-4. 59)	-0. 532 *** (-2. 77)
localtec × kibscv	-31. 312 *** (-6. 11)	-32. 236 *** (-6. 27)	—	—	—	—
highpolicy × kibscv	—	—	-0. 931 *** (-5. 08)	-0. 952 *** (-5. 25)	—	—
open × kibscv	—	—	—	—	-24. 553 *** (-4. 44)	-22. 157 *** (-4. 44)
humanc	—	-0. 279 ** (-2. 30)	—	-0. 229 *** (-3. 01)	—	-0. 176 ** (-2. 55)
fianace	—	-0. 092 ** (-2. 46)	—	-0. 081 ** (-2. 52)	—	-0. 078 ** (-2. 35)
lnpgdp	—	-0. 092 *** (-2. 87)	—	-0. 074 ** (-2. 34)	—	-0. 086 *** (-2. 70)
lnculture	—	-0. 081 *** (-3. 84)	—	-0. 078 *** (-3. 72)	—	-0. 069 *** (-3. 31)

续表

解释变量	被解释变量：mulitcent					
	(1)	(2)	(3)	(4)	(5)	(6)
lnnet	—	0.046* (1.96)	—	0.057** (2.47)	—	0.049** (2.11)
market	—	0.005 (0.43)	—	0.008 (0.64)	—	0.016 (1.26)
时间效应	No	No	No	No	No	No
地区效应	Yes	Yes	Yes	Yes	Yes	Yes
cons	1.732*** (18.11)	2.900*** (10.80)	1.816*** (18.13)	2.738*** (10.27)	1.536*** (15.64)	2.585*** (9.48)
N	2674	2674	2674	2674	2674	2674
R^2	0.527	0.543	0.528	0.541	0.527	0.541

注：所有回归均采用了以地区为聚类变量的聚类稳健标准误；括号中为t值；*、**和***分别表示显著性水平为10%、5%和1%。

表5-8　作用机制检验的FE估计结果

解释变量	被解释变量：mulitcent					
	(1)	(2)	(3)	(4)	(5)	(6)
localtec	9.352*** (5.65)	8.005*** (4.77)	—	—	—	—
highpolicy	—	—	0.181* (1.70)	0.103 (0.94)	—	—
open	—	—	—	—	13.391*** (4.67)	11.559*** (4.04)
kibscv	-0.663** (-2.48)	-0.637** (-2.48)	-0.932*** (-3.05)	-0.919*** (-3.09)	-0.533** (-2.10)	-0.546** (-2.14)
localtec×kibscv	-28.247*** (-5.48)	-24.028*** (-4.60)	—	—	—	—
highpolicy×kibscv	—	—	-0.685** (-2.60)	-0.488* (-1.80)	—	—
open×kibscv	—	—	—	—	-30.561*** (-3.48)	-25.755*** (-2.94)

续表

解释变量	被解释变量：mulitcent					
	(1)	(2)	(3)	(4)	(5)	(6)
humanc	—	-0.235* (-1.84)	—	-0.201** (-2.18)	—	-0.159** (-2.28)
fianace	—	-0.056** (-2.31)	—	-0.048* (-1.90)	—	-0.045* (-1.85)
lnpgdp	—	0.124** (2.03)	—	0.141** (2.35)	—	0.069 (1.16)
lnculture	—	-0.041* (-1.78)	—	-0.041* (-1.71)	—	-0.028 (-1.26)
lnnet	—	0.094*** (3.55)	—	0.101*** (3.85)	—	0.091*** (3.59)
market	—	0.016 (0.96)	—	0.018 (1.10)	—	0.022 (1.35)
时间效应	Yes	Yes	Yes	Yes	Yes	Yes
地区效应	Yes	Yes	Yes	Yes	Yes	Yes
cons	1.530*** (21.66)	0.308 (0.53)	1.622*** (18.29)	0.219 (0.38)	1.342*** (15.04)	0.604 (1.04)
N	2674	2674	2674	2674	2674	2674
R^2	0.216	0.244	0.202	0.232	0.231	0.255

注：所有回归均采用了以地区为聚类变量的聚类稳健标准误；括号中为t值；*、**和***分别表示显著性水平为10%、5%和1%。

表5-7是采用OLS估计方法估计的结果。其中第（1）列、第（3）列及第（5）列分别表示仅加入解释变量（localtec、highpolicy与open）、中介变量（kibscv）及交互项（localtec×kibscv、highpolicy×kibscv与open×kibscv）且没有加入控制变量的回归结果，表明三个核心交互项的系数均在1%水平上显著为负。第（2）列、第（4）列及第（6）列分别是在第（1）列、第（3）列及第（5）列的基础上加入控制变量的回归结果，三个核心交互项的系数仍同时在1%水平上显著为负。表5-8是采用FE估计方法估计的结果，且均控制了时间效应和地区效应。表中第（1）列至第（6）列变量加入的顺序与表5-7相同。表5-8的回归结果也表明，不论是否加入控制变量，三个核心交互项的系数均同时显著

为负，只是显著性水平存在差异，交互项 localtec × kibscv 与 open × kibscv 的系数都在 1% 水平上显著为负，但交互项 highpolicy × kibscv 在没有加入控制变量时其系数在 5% 水平上显著为负，加入控制变量后其系数在 10% 水平上显著为负。

总之，表 5 - 7 和表 5 - 8 的估计结果表明，不论是采用 OLS 还是 FE 进行估计，也不论是否加入控制变量，本部分的三个核心交互项的系数均同时显著为负。表明通过知识密集型服务业发展水平的提高可以修补地方创新动力、全球创新动力对城市群创新多中心水平的影响程度，将地方创新动力、全球创新动力对城市群创新多中心水平的抑制作用扭转为促进作用，也表明以国家高新区的设立为典型表征的国家创新动力通过缩小城市群内城市之间知识密集型服务业发展水平的差距显著提升了城市群的创新多中心水平，进一步推动城市群向创新多中心空间结构演进。假说 4 得到验证。

知识密集型服务业是吸收地方科技动力、国家制度动力及全球资本动力的有效渠道。发展高新技术产业是地方科技支出、国家高新区的设立及利用外商直接投资的核心战略之一。知识密集型服务业适应了这一产业发展战略的现实要求，能够为高新技术产业提供智力支撑。地方科技支出和全球资本嵌入为城市知识密集型服务业发展提供投入要素“土壤”，国家高新区的设立为知识密集型服务业的发展提供政策“试验田”。知识密集型服务业利用其对创新供给和创新需求的研判，能够将吸收的地方科技动力、国家制度动力及全球资本动力进行合理配置，进而为整个城市创新能力的提升提供强大来源，提高城市创新产出，进而有助于缩小城市之间创新的相对差距，提高城市群创新多中心空间结构水平。

5.3 区域异质性检验

依据本书第 3 章提出的假说 5，地方创新动力、国家创新动力及全球创新动力对东部城市群创新多中心水平提升的效应大于中西部城市群。为了检验假说 5 是否成立，本小节将研究样本区分为东部城市群与中西部城市群，通过设置计量模型来对此进行实证检验。

5.3.1　计量模型

为了检验假说 5，本部分将 13 个城市群分为东部城市群（east）与中西部城市群（midwest）两类，参照袁航等（2018）的研究，引入城市群区域分类指标（cityregion）构建如下计量模型：

$$multicent_{it} = \alpha + \beta_1 loacaltec_{it} \times cityregion + \beta_2 highpolicy_{it} \times cityregion + \beta_3 open_{it} \times cityregion + \sum_j \beta_j Control_{it} + \gamma_t + \eta_i + \varepsilon_{it} \quad (5-8)$$

其中，cityregion 表示 13 个城市群的区域分类变量，β_1、β_2、β_3 分别表示处于不同区域城市群的地方创新动力、国家创新动力及全球创新动力对创新多空间结构的作用。当检验三种创新动力对东部城市群创新多中心的影响时，设置 east = 1，midwest = 0；当检验三种创新动力对中西部城市群创新多中心的影响时，设置 midwest = 1，east = 0。其他各项的含义与模型（5 - 1）、模型（5 - 2）、模型（5 - 3）相同。利用模型（5 - 8）进行实证检验，如果假说 5 成立，那么模型（5 - 8）中的三种创新动力的代理变量与东部城市群分类变量 highpolicy × east 的交互项系数的显著性水平会分别大于其与中西部城市群分类变量 highpolicy × midwest 的交互项系数的显著性水平。

5.3.2　结果分析

运用固定效应模型对模型（5 - 8）进行估计，回归结果报告在表 5 - 9 中，其中第（1）列至第（3）列表示加入控制变量后地方创新动力、国家创新动力及全球创新动力对东部城市群创新多中心影响的估计结果，第（4）列至第（6）列表示中西部城市群的估计结果。三种创新动力对东部与中西部城市群创新空间结构的影响具有显著差异。地方创新动力、国家创新动力分别与东部城市群分类变量的交互项 localtec × east、highpolicy × east 的系数均在 1% 的水平上显著为负，但与中西部城市群分类变量的交互项 localtec × midwest 的系数在 1% 的水平上显著为正，与 highpolicy × midwest 的系数为正，但在统计意义上不显著。这表明地方创新动力、国家创新动力对东部城市群创新多中心程度的提升效应更大，并没有对中西部城市群起到显著的促进作用，反而加剧了中西部城市群的创新集聚，强化了其朝着创新单中心空间结构演进的倾向。

表 5-9 区域异质性回归结果

解释变量	东部城市群			中西部城市群		
	(1)	(2)	(3)	(4)	(5)	(6)
localtec × east	-3.017*** (-5.81)	—	—	—	—	—
highpolicy × east	—	-0.152*** (-4.40)	—	—	—	—
open × east	—	—	2.236*** (5.33)	—	—	—
localtec × midwest	—	—	—	0.391*** (5.09)	—	—
highpolicy × midwest	—	—	—	—	0.005 (0.12)	—
open × midwest	—	—	—	—	—	3.392*** (3.93)
humanc	-0.241 (-1.24)	-0.243 (-1.25)	-0.213 (-1.09)	-0.237 (-1.22)	-0.243 (-1.24)	-0.238 (-1.22)
fianace	-0.068** (-2.13)	-0.064** (-1.98)	-0.078** (-2.44)	-0.067** (-2.11)	-0.063** (-1.98)	-0.065** (-2.04)
lnpgdp	0.265*** (6.77)	0.273*** (6.97)	0.233*** (5.79)	0.284*** (7.27)	0.287*** (7.21)	0.282*** (7.21)
lnculture	-0.052** (-2.52)	-0.054*** (-2.63)	-0.051** (-2.50)	-0.064*** (-3.11)	-0.062*** (-3.02)	-0.063*** (-3.10)
lnnet	0.087*** (5.89)	0.099*** (6.76)	0.096*** (6.50)	0.098*** (6.67)	0.099*** (6.73)	0.098*** (6.66)
market	0.016 (1.03)	0.013 (0.89)	0.013 (0.85)	0.014 (0.89)	0.014 (0.89)	0.015 (0.93)
时间效应	Yes	Yes	Yes	Yes	Yes	Yes
地区效应	Yes	Yes	Yes	Yes	Yes	Yes
cons	-0.881** (-2.45)	-0.963** (-2.67)	-0.670* (-1.83)	-1.048*** (-2.92)	-1.079*** (-2.97)	-1.058*** (-2.94)
N	3056	3056	3056	3056	3056	3056
R^2	0.197	0.193	0.196	0.195	0.187	0.192

注：所有回归均采用了以地区为聚类变量的聚类稳健标准误；括号中为 t 值；*、** 和 *** 分别表示显著性水平为 10%、5% 和 1%。

与地方创新动力、国家创新动力不同的是，全球创新动力与东部城市群、中西部城市群分类变量的交互项 open × east、open × midwest 的系数均在 1% 的水平上显著为正，表明全球创新动力既抑制了东部城市群创新多中心空间结构水平的提升也抑制了中西部城市群创新多中心空间结构水平的提升。但从系数大小来看，东部城市群的系数（2.236）小于中西部城市群的系数（3.392），这从侧面反映了全球创新动力对东部城市群创新多中心的抑制作用小于中西部城市群，即全球创新动力对东部城市群创新多中心程度的提升作用相对更为明显，假说 5 得到验证。每个城市的科技支出基本每年均会发生，因此，地方创新动力在时间上和空间上具有连续性，国家高新区一旦落地，一般也相对稳定。但外商直接投资却不同，有些城市尤其是中西部城市在某些年份并不一定能获得外商直接投资，外商直接投资的空间集中趋势更为明显，导致全球创新动力的集中度更大，在此意义上，全球创新动力对中西部创新多中心程度的抑制作用更大。

5.4 稳健性检验

为了进一步检验上述实证结果的可靠性与稳定性，本节将对上述结果进行稳健性检验。

5.4.1 检验方法

采用改变被解释变量的计算方法与考虑滞后期两种方法来进行稳健性分析。多中心空间结构的内涵与首位度概念相似（刘修岩等，2017），因此，可以用城市群创新首位度来作为替代创新多中心指数的另一个指标。借鉴刘修岩等（2017）的做法，计算城市群内首位城市创新规模占比（Innomulti），以此指标来替换被解释变量。具体计算方法是首先找到城市群内每万人发明专利数量最多的城市，然后用该城市群的每万人发明专利数量除以城市群总的每万人发明专利数量。

考虑到地方政府科技支出作为一种创新要素投入，国家高新区作为一种经济制度设置，外商直接投资也可以作为一种外部输入要素，其对城市创新水平发挥促进作用可能存在时间滞后效应，且一般会存在两年的滞后期（周海涛和张振刚，2016；张冀新等，2017）。因此，这也在一定程度上导致地方创新动力、国家创新动力及全球创新动力对城市群创新空间结构的影响同样存在滞后效应。基于此，将被解释变量的两期滞后作为被解释变量再进行相关实证检验。

5.4.2 检验结果分析

运用固定效应进行稳健性检验的结果报告在表5-10中。表中的第（1）列至第（3）列表示将被解释变量替换为创新首位度的回归结果，表明本章的三个核心解释变量 localtec、highpolicy 及 open 的系数符号分别为正、负和正，且分别在1%、5%和1%的显著性水平上显著。表中的第（4）列至第（6）列表示将被解释变量的两期滞后作为被解释变量的回归结果，表明本章的三个核心解释变量 localtec、highpolicy 及 open 的系数符号仍分别为正、负和正，且均在1%的显著性水平上显著。因此，不论是采用改变被解释变量计算方法的回归结果还是考虑滞后期的回归结果，三个核心解释变量的回归系数符号均与前文回归结果一致，表明地方创新动力与全球创新动力抑制城市群创新多中心水平的效应依然存在，国家创新动力促进城市群创新多中心水平的效应同样依然存在，进一步表明本章实证检验结果的稳健性。

表5-10 稳健性检验结果

解释变量	创新首位度			滞后两期		
	(1)	(2)	(3)	(4)	(5)	(6)
localtec	0.305*** (6.04)	—	—	0.226*** (2.82)	—	—
highpolicy	—	-0.042** (-2.27)	—	—	-0.104*** (-3.42)	—
open	—	—	2.166*** (8.70)	—	—	3.271*** (6.45)
humanc	-0.357*** (-2.76)	-0.361*** (-2.77)	-0.328** (-2.56)	-0.153 (-0.75)	-0.154 (-0.75)	-0.117 (-0.58)
fianace	-0.035* (-1.68)	-0.034 (-1.59)	-0.048** (-2.29)	0.020 (0.55)	0.019 (0.55)	0.013 (0.37)
lnpgdp	0.225 (1.00)	0.028 (1.11)	-0.029 (1.10)	0.324*** (6.53)	0.3307*** (6.65)	0.263*** (5.24)

续表

解释变量	创新首位度			滞后两期		
	(1)	(2)	(3)	(4)	(5)	(6)
lnculture	-0.091*** (-6.71)	0.087*** (-6.44)	-0.078*** (-5.85)	-0.033 (-1.43)	-0.029 (-1.30)	-0.021 (-0.93)
lnnet	0.024** (2.46)	0.024** (2.44)	0.019** (1.99)	-0.004 (-0.25)	-0.003 (-0.15)	-0.011 (-0.58)
market	0.025** (2.42)	0.025** (2.42)	0.025** (2.43)	0.026 (1.54)	0.027 (1.55)	0.022 (1.32)
时间效应	Yes	Yes	Yes	Yes	Yes	Yes
地区效应	Yes	Yes	Yes	Yes	Yes	Yes
cons	1.839*** (7.72)	1.814*** (7.57)	2.251*** (9.32)	-1.437*** (-3.09)	-1.475*** (-3.17)	-1.001** (-2.14)
N	3056	3056	3056	2674	2674	2674
R^2	0.286	0.278	0.296	0.148	0.149	0.160

注：表中结果为采用固定效应的回归结果。所有回归均采用了以地区为聚类变量的聚类稳健标准误；括号中为t值；*、**和***分别表示显著性水平为10%、5%和1%。

5.5　本章小结

本章依照本书构建的理论框架和第3章提出的研究假说，遵循第4章对城市群创新空间结构的测度维度，运用面板固定效应模型和双重差分模型对第3章提出的假说1至假说5进行了实证检验，从地方—国家—全球空间尺度探索影响城市群创新空间结构演化的因素，进一步深化了对城市群创新空间结构形成规律的认识。

本章主要研究了以下内容：第一，通过变量选择和计量模型设置，采用混合回归和固定效应模型对地方创新动力与城市群创新空间结构演化之间的关系进行了实证检验；第二，运用双重差分法对国家高新区如何影响城市群创新空间结构演化进行实证检验，以反映国家创新动力对城市群创新空间结构塑造的影响；第三，实证检验全球创新动力对城市群创新空间结构的影响；第四，选择知识密集型服务业发展水平为中介变量，探索地方创新动力、国家创新动力及全球创新动力作用于城市群创新空间结构的内在机制；第五，对地方创新动力、国家创新动力及全球创新动力作用于城市群创新空间结构的区域异质性进行实证检验。

本章的实证研究得出以下结论：以地方政府科技支持为代理变量的地方创新动力显著抑制了中国城市群创新多中心程度的提升；以国家高新区为代理变量的国家创新动力显著推动了中国城市群创新多中心程度的提升，国家高新区是促进城市群向创新多中心空间结构演进的重要制度动力；以外商直接投资占比为代理变量的全球创新动力显著抑制了城市群创新多中心程度的提升；地方创新动力、国家创新动力及全球创新动力通过缩小知识密集型服务业发展水平显著提高了城市群创新多中心水平，且三者对城市群创新空间结构的影响存在显著的区域异质性。

为了保证实证结果的可靠性，本章还对实证结果进行了稳健性检验，结果并没有发生显著改变，再次表明了本章实证结果的稳健性与可靠性。

第6章　城市群创新空间结构产生经济增长质量效应的前提：城市创新空间有效性检验

本书在对城市群创新空间结构测度的基础上，研究影响城市群创新空间结构演化的因素，探讨城市群创新空间结构产生的以经济增长质量为表现形式的经济效应。城市群创新空间结构是不同城市创新空间在一定创新分工基础上形成的，因此，为了研究城市群创新空间结构具有的经济增长质量效应，须首先在单个城市尺度上探讨城市创新空间是否具有经济增长质量效应，城市创新空间能够对经济增长质量产生正向促进作用，是城市群创新空间结构产生经济增长质量效应的逻辑前提。为此，在研究城市群创新空间结构的经济增长质量效应之前，本章将通过实证检验深入研究城市创新空间对经济增长质量的有效性，以期为后续研究奠定基础。本章将国家高新区作为城市创新空间的典型代表，选取资源型城市为研究样本，基于资源依赖的视角检验城市创新空间的经济增长质量效应。

资源型城市是我国城市体系中的一类典型城市，主要依赖矿产等不可再生资源的开采、加工等为主要发展路径，其转型发展深刻地影响着国家经济高质量增长，一直受到党和国家的高度重视，党的十九大报告也再次强调支持资源型地区经济转型发展。资源型城市依靠其丰富的自然资源为地区经济增长乃至国家经济增长做出了重大贡献，具有“资源福音”效应（Sachs 和 Warner，2001）。但不可忽视的是，许多自然资源丰富的国家和地区却长期陷入经济低迷。对自然资源过度依赖的发展模式具有高耗能、高排放的特点，导致诸多问题的产生，如经济结构失衡、失业和贫困人口较多、接续替代产业发展乏力、生态环境破坏严重、维护社会稳定压力较大等（郭存芝等，2014），使资源型城市逐渐失去投资吸引力，经济转型举步维艰（张生玲等，2016），最终阻碍整体经济向高质量增长迈进。随着中国城市节能减排工作的持续推进，资源型城市面临着寻求新的增长点与节能减排的双重压力，加之经济进入新常态，经济形势的不确定性加剧了资源需求与价格波动，对资源型城市经济造成更为严重的冲击。因此，如何降低资源型城市对资源的依赖，冲破“富饶的贫困”困境，转型经济正受到越来越多的关注。学者开出了产业结构调整、发展生态经济、重视科教、推进城市功能提升等转型“药方”（白雪洁等，2014；郭爱君等，2017）。近年来，制度对降低资源型城市资源依赖的作用也受到重视，张米尔（2001）强调资源型城市必须实施制度创新，释放被原有体制束缚的经济潜能，杜辉（2013）则提出应建构《资源型城市可持续发展条例》法规，抑制对资源的过度依赖。徐君等（2016）则认为经济制度是驱动资源型城市降低资源依赖，实现转型的核心因子。国家级高新技术产业开发区（以下简称国家高新区）作为我国的一项重要经济制度设置（吴剑平，2014），更是城市创新空间体系中的核心创新空间，但却鲜有研究关注国家高新区这一创新空间对降低资源型城市资源依赖的作用。

在全国 114 个资源型城市中，共有 43 个城市先后获批设立国家高新区，国家高新区这一创新空间逐步嵌入城市空间。其中，1992 年获批 7 个，2001 年获批 1 个，2009 年获批 1 个，2010 年获批 8 个，2011 年获批 3 个，2012 年获批 6 个，2013 年获批 2 个，2015 年获批 11 个，2017 年获批 4 个。国家高新区这一创新空间通过与区域经济之间的耦合，对于区域产业转型升级，提高经济增长质量起到积极的推动作用（马丽莎和钟勇，2015；程郁和陈雪，2013）。国家高新区这一创新空间嵌入城市创新空间体系为研究城市创新空间对经济增长质量的影响提供了一个准自然实验。基于此，本章将国家高新区这一创新空间的设立作为自然实验，选取资源型城市为研究样本，从是否获批国家高新区构造实验组与对照组，采用双重差分法考察国家高新区这一创新空间对资源依赖的影响，进而研究其对经济增长质量的效应。具体而言，本章将回答以下问题：第一，对于设立国家高新区这一创新空间的资源型城市来说，国家高新区是否降低了其对资源的依赖？第二，国家高新区这一创新空间影响资源依赖的机制是什么？第三，国家高新区这一创新空间降低资源依赖的效果存在循环累积因果效应吗？

6.1 理论背景与假设

制度作为社会经济组织的历史载体，其范畴较为广泛，其中，国家政策就是一种极其重要的制度形式（安虎森和季赛卫，2014），国家高新区是以经济政策为表现形式的一种极其重要的制度设计和安排（高照军和武常岐，2014），更是嵌入具体地理空间的新型创新空间，又具有鲜明的地方化特征。演化经济学借鉴达尔文主义的自然选择思想，从区域主体的选择、变异等方面阐释经济的变迁过程（Nelson 和 Winter，1982）。路径依赖理论已经成为分析区域经济演化的强有力工具（David，1988；Arthur，1994）。它强调区域选择的发展模式受到历史的制约，经济系统一旦选择某一路径，由于惯性力量的存在，就会使该系统锁定在这一特定路径上，这是从历史的角度对路径依赖的解释。但更多的研究关注到区位依赖或地方依赖才是路径依赖的本质特征（Martin 和 Sunley，2006）。由于资源禀赋、地理位置是重要的区位因素，区位依赖也往往表现为对自然资源的依赖，这在资源型区域中表现最为突出，这种资源依赖有可能会导致“资源诅咒”（Auty，2002；Holder，2006），因为过度依赖资源的开采会使区域或地方经济在结构和技术上变得越来越僵化，束缚了适应外部变化能力的成长，最为典型的是“荷兰病”。但也有可能会导致“资源福音”，这两种不同结果的出现主要依赖制度体系的质量。坏的制度设置将会使资源依赖产生消极效应，而高质量的制度却使区域不但不会经历“资源诅咒”，反而会从富足的资源中获益（Alubaydli，2012；Wiens，2014）。政府的制度能力成为区域摆脱资源依赖负效应的关键因素（Mehlum 等，2006），也是资源型城市由经济单一化向多样化转型的重要途径（金建国和李玉辉，2005）。制度创新在驱动资源型城市产业转型中起着积极的推动作用（董利红和严太华，2016），依靠经济政策也能够显著降低资源依赖造成的经济问题的出现，抑制资源依赖造成的发展红利的减少（Eric 等，2017；Yannis 和 Maxime，2017）。基于上述分析，提出本章的第一个研究假说：

假说1：国家高新区这一创新空间的设立有利于降低资源型城市的资源依赖。

国家高新区这一创新空间能够通过改善城市知识产权环境、吸引创新要素集聚、学习型网络构建等途径显著促进城市创新能力的提升。塞特菲尔德式路径演化模式认为，区域发展的均衡只是一种“暂时”结果，技术创新是打破原有均衡、形成新的均衡的内生动力（见图6-1)。资源型区域依靠初始状态的自然资源禀赋，实现经济增长的短暂均衡。技术创新改变了区域的产品结构和产业结构，为产业多样化发展提供知识基础，技术创新引致的需求变化加速传统资源型产业的市场退出，导致区域降低资源依赖，暂时均衡受到冲击。随着技术创新的加强，区域产业品牌、技术核心竞争力得以塑造，推动产业转型、产业质量提升，形成新的高级均衡。资源型区域需引入创新活动降低对资源的依赖（张复明和景普秋，2008)。技术创新是降低资源依赖、促进资源型区域可持续发展与转型的保障(McLan 和 Taylor，2001；Frankel，2012)。技术创新也有助于打破“资源诅咒”，是资源型城市实现非资源依赖型的经济增长的根本路径（万建香和汪寿阳，2016；郭丕斌等，2013)。这些研究表明技术进步对降低资源依赖、促进资源型区域转型具有积极推动作用。基于上述分析，提出本章的第二个研究假说：

假说2：国家高新区这一创新空间通过提升城市创新能力显著降低资源依赖。

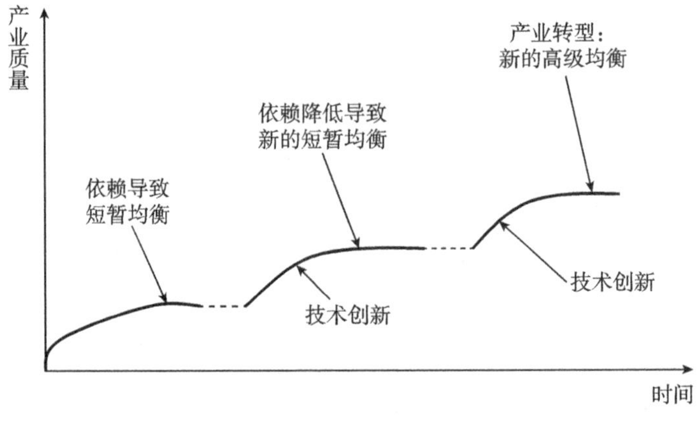

图6-1　技术创新推动产业转型的塞特菲尔德式路径

资料来源：Setterfield（1997)，有改动。

根据区域发展极化理论中的循环累积因果观点，最初的偏离使这种偏离得到强化，这一过程不会再回到均衡状态，而是强化了空间非均衡状态，因此，朝着积极方向的刺激会促使区域间差距随着时间推移累积起来并导致差距越来越大，存在“马太效应”。同样，中国东、中、西三大地带间的基础设施、改革开放政策、市场化进程等要素禀赋本身就存在差异，且三大地带间的经济差异持续拉大（贺灿飞和梁进社，2004；陈培阳和朱喜钢，2012）。位于东部地区、中部地区及西部地区的资源型城市在发展要素、发展环境上也存在显著的差异，东部地区的资源型城市在经济总量、科技创新、对外开放等方面优于中西部地区（鲍超等，2015）。在此基础上，再对资源型城市施加同一项经济政策，即设立国家高新区这一创新空间，依据循环累积因果的观点，会使东部地区的资源型城市具备更好的政策环境，降低资源依赖的动力也更强。因此，国家高新区这一创新空间对东部资源型城市降低资源依赖的作用程度要大于中部地区和西部地区，而中部地区要大于西部地区。基于上述分析，提出本章的第三个研究假说：

假说3：根据循环累积因果效应，相对于中西部地区的资源型城市，国家高新区这一创新空间更有利于降低东部地区资源型城市对资源的依赖。

6.2　研究设计

6.2.1　数据样本

本章选取2000~2016年全国资源型地级城市为研究样本，资源型城市名单来源于2013年国家公布的《全国资源型城市可持续发展规划》，该规划确定了114个资源型地级市。由于西部地区部分城市层面数据不可得，故将这些样本剔除，由此得到95个资源型地级市研究样本，围绕国家高新区这一创新空间设立的准自然实验，最终得到样本观测数量为1615个的平衡面板数据。数据来源于《中国城市统计年鉴》，地级市专利数据来源于国家知识产权局网站，具体做法是在申请人地址选项中输入相关地级市全称，得到该市每年的专利申请数量。

6.2.2　变量定义

本章研究的重点是国家高新区这一创新空间对资源型城市资源依赖的影响，且对国家高新区这一创新空间影响资源型城市资源依赖的区域差异进行详细探讨，除此之外，考虑到其他因素也会影响资源型城市的资源依赖程度，本章还引入了其他控制变量。

6.2.2.1 被解释变量

资源依赖是本章的核心被解释变量（resdepend）。资源依赖是指地区依靠矿产等自然资源禀赋，发展资源型产业，导致资源路径依赖。资源依赖度通常用采矿业产值占比、就业占比和出口占比等指标来测度（邵帅等，2013），但《中国城市统计年鉴》并没有对城市采矿业产值及出口额进行统计，考虑到数据的可得性，参照万建香和汪寿阳（2016）、张生玲等（2016）等的普遍做法，选取“采矿业从业人数占比”作为测度资源依赖程度的指标。

6.2.2.2 解释变量

本章的核心解释变量为国家高新区这一创新空间虚拟变量（innospace）。本章研究的样本时间为2000～2016年，通过以下途径获得95个样本城市是否拥有国家高新区这一创新空间：将《全国资源型城市可持续发展规划》中的资源型城市名单与国家科技部网站公布的截至2016年获批的国家高新技术产业开发区名单进行匹配，结果显示共有26个资源型城市在不同年份获批建设国家高新技术开发区，在此基础上对各资源型城市进行赋值。如果该城市在当年开始设立或已经设立国家高新技术产业开发区，则将innospace变量赋值为1，否则为0。考虑到政策效应的滞后性，将2016年获批国家高新区的城市视为没有国家高新区，其innospace变量也赋值为0。

在机制检验的解释变量中，本章认为国家高新区这一创新空间通过促进城市创新来降低资源依赖程度。虽然使用专利来衡量创新受到诸多质疑，但专利能够在一定程度上测度区域的知识累积，可以较好地反映区域知识创新水平（Ernst等，2011），因此，借鉴曹勇等（2013）的研究，考虑到专利申请数量更能客观反映城市创新发生的实际总量，采用“专利申请数”来捕捉城市创新能力（lnpatent）。

6.2.2.3 控制变量

为了控制其他可能影响资源依赖的因素，本章选取了其他一些控制变量。在资源型城市转型过程中，物质资本形成不足严重加剧了资源型城市对资源的依赖（赵康杰和景普秋，2014），物质资本利用效率的提高会显著降低资源型城市的资源依赖（赵辉和刘学敏，2013），选取“固定资产投资占GDP比重”衡量城市物质资本水平（pinvest）。人力资本的累积是资源型城市突破资源依赖的重要保障（杨莉莉和邵帅，2014），借鉴柯善咨和赵曜（2014）的研究，用“高等学校在校学生数占城市人口比重”捕捉城市人力资本水平（human）。政府是发展中国家最重要的制度形式（林毅夫，2008），政府质量对经济发展甚至起着决定性的作用，尤其是政府的科技支持对转变资源型城市发展路径起到积极作用，参考白雪洁等（2014）的研究，用“政府科技支出占财政支出比重”测度政府质量（govqua）。外商投资也是驱动资源型城市降低资源依赖的因子，参考赵领娣等（2016）的研究，用“地区实际利用外资占GDP比重”测度外商投资水平（pfdi）。城市规模、总体经济环境也是有助于降低资源依赖的重要指标，参照郭存芝等（2014）的研究，用“城市市辖区人口占总人口比重”衡量城市规模的指标（scale），用“人均GDP”测度宏观经济环境（lnpgdp）。

6.2.3　模型设定

为了识别国家高新区这一创新空间对资源型城市资源依赖程度的作用，可以采用单差法来进行检验，即通过比较城市在设立国家高新区前与设立国家高新区后这两个时期内资源依赖的差异，来检验创新空间对资源型城市产业转型的作用。但这种单差法得到的结论可能是不准确的。对于不同的资源型城市来说，在设立国家高新区这一创新空间之前就存在差异，单差法并没有考虑到此种差异，可能导致高估国家高新区这一创新空间对资源依赖的降低作用。因此，采用双重差分方法检验国家高新区这一创新空间对资源依赖的降低作用，则更为科学。

从本章的样本来看，2000～2016年，在95个资源型城市样本中，共有26个城市先后获批设立国家级高新技术产业开发区，这为我们提供了一个良好的准自然实验。获批设立的26个城市便构成了研究处理组，其余没有国家高新区的城市则构成了研究的对照组。由于获批高新区的时间不同，依据获批国家高新区的时间，设置highpolicy变量。参照刘瑞明和赵仁杰（2015）、Beck等（2010）、王庶和岳希明（2017）的做法，构造如下双向固定效应计量模型来检验国家高新区这一创新空间对资源型城市资源依赖的作用：

$$resdepend_{it} = \alpha + \beta_1 innospace_{it} + \sum_j \beta_j Control_{it} + \gamma_t + \eta_i + \varepsilon_{it} \tag{6-1}$$

其中，下标i表示城市，t表示时间，$resdepend_{it}$是本章的被解释变量，表示第i个城市在第t年的资源依赖度，选取“采矿业从业人数占比”来衡量。highpolicy表示城市i在第t年是否设立了国家高新区，获批设立国家高新区前，innospace =0，设立的当年及其之后 innospace = 1。$Control_{it}$表示其他随时间变动的、影响资源型城市资源依赖的控制变量，主要包括物质资本（pinvest）、人力资本水平（human）、政府科技投入水平（govqua）、外商投资（pfdi）、城市规模（scale）及宏观经济环境（lnpgdp）。γ_t 表示时间固定效应，η_i 表示各城市的个体固定效应，ε_{it}为误差项。系数 β_1 是本章关注的核心参数，表示国家高新区这一创新空间对资源依赖的效应，如果国家高新区这一外生的创新空间的确降低了资源型城市对资源的依赖的话，那么 β_1 的系数应该显著为负。

为了考察国家高新区这一创新空间影响资源依赖的作用机制，需检验国家高新区这一创新空间对城市创新的作用，参照黎文靖和李耀淘（2014）、孟庆玺等（2016）的做法，先考察解释变量对中介变量的影响，然后再将解释变量与中介变量的交互项代入模型，考察其对被解释变量的影响。在本章中，作用机制的中介变量为专利申请数。具体模型为：

$$lnpatent_{it} = \alpha + \beta_1 innospace_{it} + \sum_j \beta_j Control_{it} + \gamma_t + \eta_i + \varepsilon_{it} \quad (6-2)$$

$$resdepend_{it} = \alpha + \beta_1 innospace_{it} \times lnpatent_{it} + \sum_j \beta_j Control_{it} + \gamma_t + \eta_i + \varepsilon_{it} \quad (6-3)$$

其中，下标 i 表示城市，t 表示时间。$lnpatent_{it}$表示国家高新区这一创新空间发挥作用的中介变量，其他各项与模型（6－1）相同。模型（6－2）中的交互项系数 β_1 代表剔除其他影响因素之后国家高新区这一创新空间对城市创新的效应。模型（6－3）中的交互项系数 β_1 是本章关注的另一个核心参数。可通过其系数符合及其显著性判断国家高新区这一创新空间通过影响城市创新进而作用于资源依赖的强度。变量的描述性统计如表 6－1 所示。

表 6－1　变量的描述性统计

变量名称	观测值	最大值	最小值	均值	标准差
resdepend	1615	0. 608	0. 000	0. 130	0. 125
innospace	1615	1. 000	0. 000	0. 164	0. 371
lnpatent	1615	8. 915	0. 000	3. 995	1. 718
pinvest	1615	2. 545	0. 056	0. 566	0. 280
govqua	1615	0. 206	0. 000	0. 008	0. 009

续表

变量名称	观测值	最大值	最小值	均值	标准差
human	1615	0. 284	0. 000	0. 028	0. 026
pfdi	1615	0. 271	0. 000	0. 016	0. 020
scale	1615	1. 000	0. 048	0. 337	0. 215
lnpgdp	1615	19. 965	4. 595	9. 815	0. 889

6.3 实证结果分析

6.3.1 国家高新区这一创新空间对资源依赖的效应

本章首先估计国家级高新区这一创新空间对资源型城市资源依赖的直接影响，以对本章假说1进行检验。由于国家高新区的设立在资源型城市中表现出差异化特征，这为本章的研究提供了一个“准自然实验”，因此本章运用双重差分方法来评估国家高新区这一创新空间对资源型城市资源依赖的净效应。回归结果报告在表6-2中。

表6-2 国家高新区对资源依赖的效应回归结果

解释变量	被解释变量：resdepend		
	(1)	(2)	(3)
innospace	-0. 060*** (-10. 05)	-0. 074*** (-10. 35)	-0. 076*** (-9. 97)
govqua	—	-1. 971** (-3. 31)	-2. 191*** (-2. 95)
human	—	-0. 288** (-2. 17)	-0. 252* (-1. 86)
pfdi	—	-0. 491*** (-3. 32)	-0. 603*** (-3. 60)

续表

解释变量	被解释变量：resdepend		
	(1)	(2)	(3)
pinvest	—	-0.025** (-2.18)	0.018 (1.23)
scale	—	0.107*** (5.69)	0.091*** (4.57)
lnpgdp	—	0.029*** (2.31)	0.052*** (6.96)
cons	0.140*** (39.64)	-0.32*** (-3.24)	-0.317*** (-5.21)
年度效应	No	No	Yes
地区效应	No	No	Yes
观测值	1615	1615	1615
R^2	0.032	0.129	0.147

注：所有回归均采用了以地区为聚类变量的聚类稳健标准误；括号中为 t 值；*、** 和 *** 分别表示显著性水平为 10%、5% 和 1%。

在表 6-2 中，第（1）列是没有加入控制变量时的估计结果，第（2）列是加入控制变量但没有控制时间和地区效应的估计结果，第（3）列表示既加入控制变量，又控制时间和地区效应的估计结果。结果表明，不论是否加入其他控制变量，本章的核心解释变量 innospace 的回归系数均显著为负，这表明国家高新区这一创新空间的设立显著降低了资源型城市对资源的依赖，促进了资源型城市的产业转型，也表明以国家高新区为典型代表的城市创新空间的确产生了提高经济增长质量的效应，表明本章的假说 1 基本得到验证。

6.3.2 作用机制检验

依据本章假说 2，为了考察国家高新区这一创新空间降低资源型城市资源依赖的作用机制，依据模型（6-2）和模型（6-3），需首先检验国家高新区这一创新空间对城市创新的影响，然后再检验国家高新区虚拟变量与创新变量的交互项对资源依赖的作用是否显著。结果报告在表 6-3 中。

表6－3 国家高新区影响资源依赖的作用机制检验

解释变量	被解释变量：lnpatent		被解释变量：resdepend	
	(1)	(2)	(3)	(4)
innospace	2.084*** (23.15)	0.825*** (11.26)	—	—
innospace × lnpatent	—	—	−0.010*** (−10.88)	−0.013*** (−9.96)
pinvest	—	−0.323** (−2.55)	—	0.014 (0.97)
govqua	—	29.472** (2.06)	—	−2.122*** (−2.96)
human	—	7.798*** (6.44)	—	−0.256* (−1.90)
pfdi	—	3.863** (2.44)	—	−0.580*** (−3.53)
scale	—	−0.280* (−1.85)	—	0.089*** (4.51)
lnpgdp	—	0.579*** (6.30)	—	0.051*** (6.99)
cons	3.651*** (84.97)	−3.042*** (−4.24)	0.140*** (39.90)	−0.311*** (−5.19)
年度效应	No	Yes	No	Yes
地区效应	No	Yes	No	Yes
观测值	1615	1615	1615	1615
R^2	0.202	0.718	0.033	0.144

注：所有回归均采用了以地区为聚类变量的聚类稳健标准误；括号中为t值；*、**和***分别表示显著性水平为10%、5%和1%。

表6－3中的innospace × lnpatent表示innospace与lnpatent的交互项。第（1）列是没有加入控制变量时国家高新区这一创新空间对城市创新作用的估计结果；第（2）列是加入控制变量后国家高新区对城市创新作用的估计结果；第（3）列表示没有加入控制变量时国家高新区与创新交互项对资源依赖的估计结果；第（4）列表示加入控制变量后国家高新区与创新交互项对资源依赖的估计结果。

可以看出，不论是否加入控制变量，本章的核心解释变量 innospace 的回归系数均显著为正，表明国家高新区对城市创新能力的提升具有显著的促进作用。进一步可以看出，不论是否加入控制变量，国家高新区与创新交互项 innospace × lnpatent 的回归系数均显著为负，这表明国家高新区这一创新空间的确是通过提升技术创新水平来降低资源型城市对资源的依赖，技术创新是国家高新区降低资源依赖的作用机制，本章的假说 2 也得到验证。

国家高新区这一创新空间在优惠政策、知识产权环境等方面存在多种优势，集聚企业拥有较大的创新需求，为创新活动的发生提供了良好的条件。国家高新区在与城市中其他经济主体的互动过程中，有助于强化互相学习效应和知识溢出，提升整个城市的创新能力。一方面，技术创新有助于传统的资源型产业升级，降低资源投入；另一方面，创新有助于打破原有资源依赖的均衡，通过新知识、新技术、新创意等创新内容促进新产业的产生，优化城市产业结构，进而改变依赖资源的发展路径，为经济高质量增长提供多元化动力。

6.3.3 进一步的检验：循环累积因果效应的验证

依据本章研究假说 3，在东部地区的资源型城市设立国家高新区这一创新空间后，其对资源依赖的抑制作用最大，其次是中部地区，作用最小的是西部地区。为了检验该假说，将研究样本区分为东部地区、中部地区及西部地区，利用模型（6-1）、模型（6-2）与模型（6-3）分别进行回归，如果假说 3 成立，那么模型（6-1）和模型（6-3）的 β_1 系数绝对值会随着资源型城市从沿海向内陆呈现增大的趋势。结果报告在表 6-4 和表 6-5 中。

表 6-4 分地区的国家高新区对资源依赖的效应

解释变量	被解释变量：resdepend		
	东部地区	中部地区	西部地区
	(1)	(2)	(3)
innospace	-0.003 (-0.30)	-0.099*** (-8.53)	-0.081*** (-6.08)
pinvest	-0.001 (-0.06)	-0.012 (-0.56)	0.111*** (4.85)

续表

解释变量	被解释变量：resdepend		
	东部地区	中部地区	西部地区
	(1)	(2)	(3)
govqua	0.106 (0.65)	-3.682*** (-6.31)	-1.702 (-1.37)
human	0.171 (0.64)	-0.474** (-2.24)	-1.101*** (-5.69)
pfdi	0.205* (1.75)	-0.752*** (-5.94)	-0.545 (-0.66)
scale	-0.049 (-0.84)	0.113*** (3.08)	0.032 (0.92)
lnpgdp	-0.015 (-1.53)	0.066*** (5.94)	0.064*** (5.03)
cons	0.269*** (2.93)	-0.401*** (-4.34)	-0.439*** (-4.61)
年度效应	No	Yes	Yes
地区效应	Yes	No	No
观测值	442	816	357
R^2	0.139	0.195	0.269

注：所有回归均采用了以地区为聚类变量的聚类稳健标准误；括号中为t值；*、**和***分别表示显著性水平为10%、5%和1%。

表6-5 分地区的国家高新区影响资源依赖的作用机制检验

解释变量	被解释变量：lnpatent			被解释变量：resdepend		
	东部地区	中部地区	西部地区	东部地区	中部地区	西部地区
	(1)	(2)	(3)	(4)	(5)	(6)
innospace	0.008 (0.08)	0.839*** (7.46)	1.029*** (6.95)	—	—	—
innospace × lnpatent	—	—	—	-0.001 (-1.33)	-0.015*** (-7.19)	-0.014*** (-5.38)
pinvest	-0.262 (-1.18)	0.226*** (1.37)	-0.777*** (-3.34)	-0.001 (-0.11)	-0.013 (-0.59)	0.0107*** (4.77)

续表

解释变量	被解释变量：lnpatent			被解释变量：resdepend		
	东部地区	中部地区	西部地区	东部地区	中部地区	西部地区
	(1)	(2)	(3)	(4)	(5)	(6)
govqua	6.211 (1.20)	56.496 *** (8.12)	6.154 (0.43)	0.103 (0.82)	-3.573 *** (-6.60)	-2.163 * (-1.75)
human	1.653 (0.46)	7.974 *** (4.78)	12.878 *** (5.84)	0.167 (0.69)	-0.497 ** (-2.30)	-1.051 *** (-5.47)
pfdi	-5.627 *** (-3.00)	0.697 (0.48)	21.822 *** (3.29)	0.198 ** (2.04)	-0.721 *** (-2.83)	-0.672 (-0.79)
scale	3.886 *** (2.99)	-0.205 (-1.22)	-0.342 (-1.34)	-0.048 (-1.13)	0.115 *** (3.11)	0.038 (1.12)
pgdp	0.533 ** (2.51)	0.227 *** (2.95)	-0.018 (-0.17)	0.016 ** (2.37)	0.060 *** (5.51)	0.062 *** (5.00)
cons	-3.139 (-1.65)	-0.341 (-0.53)	1.845 ** (2.17)	0.295 *** (6.75)	-0.352 *** (-3.89)	-0.427 *** (-4.40)
年度效应	Yes	Yes	Yes	No	Yes	Yes
地区效应	Yes	No	No	Yes	No	No
观测值	442	816	357	442	816	357
R^2	0.917	0.769	0.709	0.914	0.187	0.259

注：所有回归均采用了以地区为聚类变量的聚类稳健标准误；括号中为 t 值；*、** 和 *** 分别表示显著性水平为 10%、5% 和 1%。

由表 6-4 的结果可知，不论是东部地区、中部地区还是西部地区，国家高新区这一创新空间对资源依赖的系数均为负值，表明国家高新区有助于降低不同空间城市的资源依赖，但在作用程度上却表现出明显的空间差异。国家高新区对降低中部地区资源型城市的资源依赖的作用最大，且通过显著性检验。对西部地区的效应次之，同样通过显著性检验。但对东部地区而言，国家高新区的系数绝对值最小，且在统计意义上不显著。表 6-5 中的国家高新区与创新的交互项系数也呈现相似的特征，表明国家高新区通过创新来降低资源依赖同样存在空间差异，中部地区的作用机制最大，且通过显著性检验，西部地区次之，东部地区最弱，且不显著。国家高新区对资源依赖的抑制作用表现为“中间大，两头小”的空间特征，这一结果并不支持假说 3，推翻了国家高新区这一创新空间对资源依赖的循环累积因果效应假说。

对于这一发现，可做如下解释：由于东部地区、中部地区和西部地区的资源型城市的初始要素禀赋、经济发展条件与政策存在差异，导致国家高新区这一创新空间对资源依赖的降低效应也存在空间差异。依据经济学的边际效应递减规律，虽然同属资源型城市，由于东部地区相对发达，导致东部地区的资源型城市拥有比中西部地区的资源型城市更为丰富的资金、人才、基础设施、政策等发展要素，与国家高新区的政策有异曲同工之妙，所以，再在东部地区设立国家高新区，其对降低资源依赖的边际效应就会很小。相反，中西部地区的资源型城市在基础设施、政策体制等方面相对落后，在这些城市设立国家高新区这一“边际政策”，对资源型城市产业结构升级、降低对资源的开采会起到更大的作用。至于为什么国家高新区对降低中部地区资源依赖的效应最大，可能的原因是从地理位置来看，中部地区处于东部地区与西部地区的中间地带，既靠近东部地区，又靠近西部地区，这种双重空间距离优势，一方面使中部地区更易向东部地区学习，分享东部地区的知识溢出效应；另一方面也有利于吸引西部地区的人才等高级要素流向本地区，同时，受到资源型产业发展环境生态等压力的影响，西部地区为中部地区的产业转移提供了空间。

6.3.4 稳健性检验

6.3.4.1 *考虑滞后期*

考虑到国家高新区这一创新空间的设立，其对资源依赖发挥抑制作用可能存在时间滞后效应，由于高新区是通过创新来降低资源型城市对资源的依赖的，创新对经济发展产生作用一般存在两年的滞后期（周亚虹等，2012），因此，将被解释变量的两期滞后作为被解释变量进行回归，结果报告在表6-6中。

表6-6 滞后两期的回归结果

解释变量	被解释变量：resdepent		被解释变量：lnpatent		被解释变量：resdepend	
	(1)	(2)	(3)	(4)	(5)	(6)
innospace	-0.062*** (-8.78)	-0.078*** (-9.68)	1.264*** (16.94)	0.864*** (11.40)	—	—
innospace × lnpatent	—	—	—	—	-0.011*** (-9.25)	-0.013*** (-8.53)

续表

解释变量	被解释变量：resdepent		被解释变量：lnpatent		被解释变量：resdepend	
	(1)	(2)	(3)	(4)	(5)	(6)
pinvest	—	0.002 (0.11)	—	-0.295** (-2.37)	—	-0.002 (-0.13)
govtec	—	-2.383*** (-2.75)	—	25.123* (1.91)	—	-2.277*** (-5.70)
humanc	—	-0.263* (-1.86)	—	7.258*** (6.30)	—	-0.269** (-2.00)
pfdi	—	-0.465*** (-2.87)	—	1.725 (1.09)	—	-0.443*** (-2.75)
scale	—	0.101*** (4.63)	—	-0.183 (-1.11)	—	0.098*** (5.65)
pgdp	—	0.051*** (5.84)	—	0.583*** (6.11)	—	0.049*** (6.99)
cons	0.141*** (11.07)	-0.317*** (-4.34)	2.044*** (21.18)	-3.209*** (-4.02)	0.139*** (10.97)	-0.313*** (-5.05)
年度效应	Yes	Yes	Yes	Yes	Yes	Yes
地区效应	No	No	No	No	No	No
观测值	1425	1425	1425	1425	1425	1425
R^2	0.034	0.152	0.607	0.685	0.035	0.139

注：所有回归均采用了以地区为聚类变量的聚类稳健标准误；括号中为t值；*、**和***分别表示显著性水平为10%、5%和1%。

表6-6的第（1）列和第（2）列表明，不论是否加入其他控制变量，本章的核心解释变量innospace的回归系数依然均显著为负，第（3）列和第（4）列的highpolicy的回归系数显著为正，第（5）列和第（6）列的innospace与lnpatent交互项回归系数也是显著为负，这与前文的检验结果相一致，表明在考虑滞后期后，国家高新区这一创新空间对资源依赖的抑制作用依然存在，其通过创新作用于资源依赖的效应也依然存在。

6.3.4.2 倾向得分匹配检验

一方面，由于存在遗漏变量，普通的OLS回归会存在内生性问题，有可能导致国家高新区这一创新空间对资源依赖的影响被放大或缩小；另一方面，运用双重差分模型的一个重要前提是实验组在实验处理之前必须保持与对照组相同的变化趋势，而本章选取的样本有可能会存在非平行趋势。而倾向得分匹配方法可以有效克服这些问题，能够得到一个干净的政策处理效应（Heckman 等，1997）。因此，采用此方法对本章检验结果进行稳健性检验，结果报告在表6－7中。可以看出，不论是采用近邻匹配、半径匹配、核匹配还是马氏匹配，国家高新区的系数均为负值，且在1%显著性水平上显著，对实验组的平均处理效应为7%，这表明国家高新区这一创新空间的确有助于降低资源型城市对资源的依赖。也进一步表明上述研究结果的稳健性。

表6－7　倾向得分匹配的平均处理效应估计

被解释变量	匹配方法	实验组平均处理效应	系数	t值
resdepend	K近邻匹配	0.079	－0.062***	－6.96
	半径匹配	0.078	－0.063***	－6.97
	核匹配	0.079	－0.064***	－7.62
	马氏匹配	0.079	－0.071***	－9.72

6.4　本章小结

本章将嵌入城市地理空间的国家高新区作为城市创新空间的典型代表，选取城市体系中的资源型城市作为研究样本，基于资源依赖的视角实证检验国家高新区这一创新空间对经济增长质量的影响，以期为后文创新空间结构的经济增长质量效应研究奠定逻辑基础。

本章主要研究以下三个内容：首先，通过变量选择与计量模型设置，运用双重差分法实证检验国家高新区这一创新空间对降低资源依赖的效应；其次，实证检验国家高新区这一创新空间影响资源依赖的作用机制；最后，进一步研究国家高新区这一创新空间对中国三大地带不同城市资源依赖的影响是否存在循环累积因果效应。

本章研究主要得出以下结论：国家高新区这一创新空间的确以显著降低资源

型城市资源依赖的方式，提高了经济增长质量水平，推动了城市经济转型；创新能力的提升是国家高新区这一创新空间显著降低资源型城市资源依赖的作用机制，在进行一系列稳健性检验后，这些结论依然成立；进一步的研究发现，国家高新区这一创新空间降低资源依赖的程度表现为“中间大，两头小”的空间差异特征，对降低中部地区资源依赖的作用程度最大，西部地区次之，东部地区最小且不显著，并不支持循环累积因果效应假说，这主要是由以国家高新区为载体的创新空间嵌入战略边际效用递减规律导致的。

第7章　城市群创新空间结构与经济增长质量之间关系的实证检验

本书的第3章从理论上分析了城市群创新空间结构对经济增长质量的影响，具体基于单中心—多中心视角从理论上阐释了创新空间结构与经济增长质量之间的内在关联，并进一步指出两者之间存在的非线性关系，进而提出两个相应研究假说（假说6和假说7）。本章将运用计量模型对这两个研究假说进行实证检验，为城市群创新空间结构与经济增长质量之间的关系提供经验证据。

自改革开放以来，中国经济取得了显著的成就，经济总量由1978年的3678亿元增加到2020年的100多万亿元[①]，已稳居世界第二经济体地位。从经济增速来看，中国经济在21世纪的前10年保持了年均10.2%的高速增长。然而经济增长的拐点也随之而来，从2011年开始，中国经济增速几乎呈现直线下降的趋势，年均增速保持在约7%，2018年增速达到新低，为6.6%（见图7-1）。中国经济这种由高速增长向中低速增长区间转变的路径，究其原因，与中国经济长期以来的增长模式有关，导致中国经济陷入“低质量增长”的陷阱。一是依赖“人口红利”的发展模式。中国相对丰富廉价的劳动力资源为劳动密集型制造业的发展提供了强大支撑，是居民收入增长、国家财税增长的重要来源，为中国获得“世界工厂”地位、实现中国经济奇迹提供了有力保障（原新和高瑗，2018）。但长期依赖劳动力数量的比较优势所形成的产业体系势必会被限制在简单加工、组装等技术水平低、附加值小的价值链低端位置（Gereffi，1999；卢福财和胡平波，2008），甚至中国东部发达地区都不同程度地面临着“低端锁定”的发展困

① 1978年的数据来源于《中国统计年鉴》，2020年的数据来源于《中华人民共和国2020年国民经济和社会发展统计公报》。

境（李廉水等，2015）。这种发展模式对经济增长的危害极大：导致企业的报酬不断降低，陷入“悲惨增长”境地（卓越和张珉，2008）。阻碍本土产业在设计、品牌和营销方面的功能升级，抑制现代产业体系发展，易导致新的“依附经济”趋势（刘志彪和张杰，2009），造成本土产业内生性知识积累路径弱化消失（郝凤霞和张璘，2016）。这是中国经济“低质量增长”的重要表现之一。二是过度依赖自然资源的发展模式。区域依靠自身丰富的自然资源能够为地区经济增长乃至国家经济增长做出重大贡献。但是过度依赖自然资源的城市区域发展模式易导致诸多问题的产生，主要包括经济结构失衡、失业与贫困人口较多、接续替代产业发展乏力、生态环境破坏严重等，使得城市区域逐渐失去经济增长动力，面临经济转型的困境，陷入“富饶的贫困”的困境，这是中国经济“低质量增长”的又一重要表现。

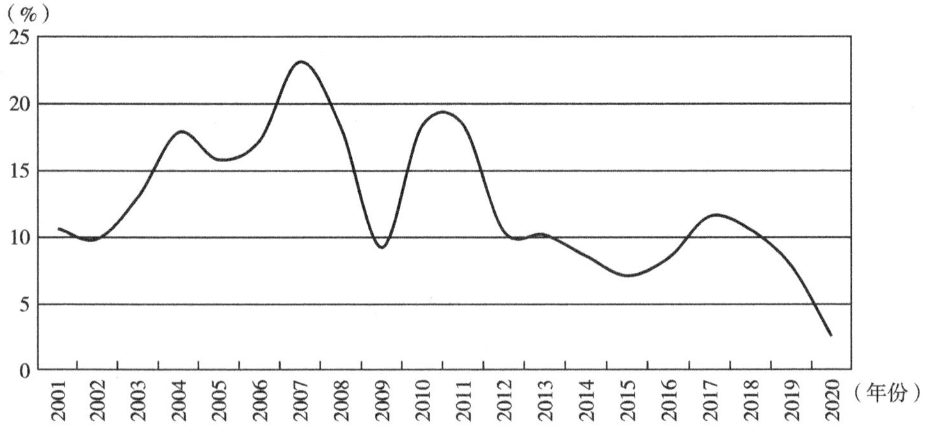

图 7－1　中国 2001～2020 年 GDP 增速

资料来源：2001～2020 年的《中国统计年鉴》、《中华人民共和国 2020 年国民经济和社会发展统计公报》。

因此，如何在未来有效化解中国经济持续下行的风险，跳出低质量增长的“陷阱”，提升经济增长质量水平，为经济增长带来新的持续红利，将是摆在中国经济面前的重大现实问题。

实现经济高质量增长是当前党和国家高度重视的战略方向之一，并将推动技术创新作为实现这一目标的核心抓手。党的十九大报告明确提出坚持质量第一、推动经济发展质量变革的战略要求，2020 年中央经济工作会议强调以高质量发展为“十四五”开好局。如何推动经济增长质量水平的提升也渐趋成为学术界关注的新的热点问题。通过创新驱动是主导全球科技发展方向、夯实经济增长质量的基石（辜胜阻等，2018），依靠创新水平的提升成为破解经济低质量增长的有效手段，创新能够为经济发展效率的提升提供新的推力，尤其是自主创新能力的增强为产业质量水平的提升提供持久内生动力，进而助推整体经济增长质量水平（郭朝先，2019；郭春丽等，2019）。可以看出，创新作为经济高质量转型的关键路径之一，已得到学者的普遍认可。但如何建立创新空间结构与经济增长质量之间的“对话”，基于创新空间结构的视角为经济高质量增长找寻新的破解路径，对此尚缺乏深入研究。单中心—多中心空间结构在欧洲不断显现出较强的实践应用价值，在此背景下，虽然单中心—多中心空间结构在国内也已经受到学者的重视，但从创新的维度对单中心—多中心空间结构的关注仍相对不足。依据本书第 3 章构建的理论框架，城市群创新空间结构会具有经济效应，核心体现为经济增长质量效应，基于此，本章将基于单中心—多中心视角实证研究城市群创新空间结构对经济增长质量的影响，探寻创新单中心—创新多中心空间结构与经济增长质量之间的内在规律，基于城市群创新空间结构的优化调整的视角为经济高质量增长提供经验证据与决策参考。

区别于已有文献，本章的边际贡献体现在以下两个方面：一方面，在中国经济向高质量增长转型的新阶段，将研究的视角由依靠创新投入数量导向转向创新空间结构导向，基于单中心—多中心视角对创新空间结构与经济增长质量之间的关系进行经验探索，是对已有文献研究的有效补充，为经济高质量增长的路径研究提供新的思路；另一方面，本章研究揭示创新空间结构与经济增长质量之间存在显著的倒“U”形关系，这与现有的两种观点——单中心空间结构有利于提升经济增长质量抑或多中心空间结构有利于提升经济增长质量都不同，即单中心空间结构并非一定有利，多中心空间结构并非一定不利。更进一步的门槛效应研究发现，这与产业结构水平紧密相关，创新空间结构调整须适应产业结构水平特征，以释放“双结构”红利，为创新空间结构战略与产业战略整合提供新的经验证据。

7.1 研究设计

7.1.1 样本与数据

遵循第4章的研究，仍选择长江三角洲城市群、珠江三角洲城市群、京津冀城市群、中原城市群、成渝城市群、辽中南城市群、山东半岛城市群、海峡西岸城市群、关中城市群、呼包鄂城市群、长江中游城市群、北部湾城市群及哈长城市群共13个城市群的191个城市作为本章的研究样本。

数据的时间范围同样为2001～2016年。数据主要来源于2002～2017年的《中国城市统计年鉴》、《中国统计年鉴》。

7.1.2 变量定义

本章研究重点是基于单中心—多中心视角研究城市群创新空间结构对经济增长质量的影响，且对创新空间结构影响城市群经济增长质量的门槛效应进行深入探讨。除此之外，考虑到其他因素也会影响城市群的经济增长质量，本章还引入了其他控制变量。

7.1.2.1 被解释变量

经济增长质量是本章的核心被解释变量（higrowth）。经济增长质量内涵丰富，对其评价指标较多，学术界尚未形成一致看法。由于某些指标本身存在的不可度量等固有特征，学者一般采用代理变量来测度经济增长质量（金碚，2018；吴传清和邓明亮，2019）。其中，经济发展效率是评价经济增长质量的重要指标之一，反映国家或地区的劳动力、资本与技术等关键要素配置及利用效率高低，普遍采用全要素生产率等指标来衡量（郭春丽等，2018），该指标被普遍用来作为反映经济增长质量的代理变量，如黄志基和贺灿飞（2013）、贺晓宇和沈坤荣（2018）、徐现祥等（2018）、王群勇和陆凤芝（2018）均将全要素生产率作为衡量经济增长质量的代理指标。全要素生产率是剔除传统的资本和劳动要素投入之后、由技术进步带来的产出增长，系统反映技术进步对经济增长的贡献。虽然全要素生产率的概念由来已久，它实质上也蕴含着经济增长方式由单纯依靠劳动力、资本投入的“低质量”型发展方式向依靠技术进步的“高质量”型转变的内涵。全要素生产率越高，经济体的活力越强，在区域乃至全球的竞争力也会得以提升。在促进经济增长质量的过程中，全要素生产率的提高是真正可持续、效果最为显著的途径（蔡昉，2017）。基于此，本章参照已有学者的普遍做法，选择“全要素生产率”作为衡量经济增长质量的代理变量。

目前，测算全要素生产率的主流方法有三种：一是参数法，主要包括索罗残差法、随机前沿法（SFA）；二是非参数方法，如数据包络分析（DEA）方法；三是半参数法，这种方法适用于微观企业数据（龚关和胡关亮，2013），由于数据来源于城市层面，故半参数方法不具有适用性。DEA等非参数方法假设考虑到了所有影响效率的因素，与现实相违背，且缺乏经济理论支撑（台航和孙瑞，2017）。鉴于此，采用索罗残差法计算城市全要素生产率，该方法具有广泛的适用性与较强的实用性，能够较充分地反映全要素生产率的变动（赵志耘和杨朝峰，2011）。具体做法是首先计算城市劳动力数量与城市资本存量，参照毛丰付和潘加顺（2012）的做法，采用单位从业人员来衡量劳动力数量，用城市固定资本形成额来表示投资增加额，然后采用永续盘存法，借鉴张军等（2004）的研究，取资本折旧率为9.6%，采用城市所在省的固定资产投资价格指数进行折算，进而估算城市资本存量。由于缺乏城市层面的GDP平减指数统计数据，依据邵军和徐康宁（2010）的普遍做法，以2001年为基年，用城市所在省的GDP平减指数进行平减。参照张军和施少华（2003）的研究，具体计算全要素生产率的公式为：

设生产函数为柯布－道格拉斯形式：

$$Y_t = A_0 e^{\alpha_T t} K^{\alpha_k} L^{\alpha_l} \tag{7-1}$$

其中，α_k 和 α_l 分别表示资本和劳动的产出弹性，Y表示产出，K表示资本存量，L表示从业人数。取对数得到：

$$\ln Y = \ln A_0 + \alpha_T t + \alpha_k \ln K_t + \alpha_l \ln L_t \tag{7-2}$$

对式（7－2）进行回归，得到资本和劳动的产出弹性 α_k 和 α_l，标准化得到：

$$\alpha_k^* = \frac{\alpha_k}{(\alpha_l + \alpha_k)},\quad \alpha_l^* = \frac{\alpha_l}{(\alpha_l + \alpha_k)}$$

则全要素生产率为：

$$TFP_t = \frac{Y_t}{(K_t^{\alpha_k^*} + L_t^{\alpha_l^*})} \tag{7-3}$$

7.1.2.2 解释变量

本章的核心解释变量为城市群创新空间结构（multicent），仍遵循第4章与第5章的研究，基于单中心—多中心视角来测度城市群创新空间结构。因此，需要计算城市群创新多中心指数，具体计算方法参见第4章公式（4-1）与公式（4-2）。

7.1.2.3 门槛变量

根据第3章的理论分析，城市群创新空间结构对经济增长质量产生影响会受到地区产业结构水平的制约，产业结构水平指标构成本章研究的门槛变量。在对产业结构水平进行测度时，制造业产值占第三产业产值的比重、第三产业增加值占GDP的比重是较为常用的两种计算方法（柯善咨和赵曜，2014；肖功为和贺翀，2013）。但由于在《中国城市统计年鉴》中并没有对制造业的产值数据进行统计，导致制造业产值数据不可得。而第三产业增加值占GDP比重的提高也是产业结构水平向高级化演化的重要标志（付宏等，2013），并且在城市经济统计数据中对此进行了统计，数据可得。李文星（2012）也采用该指标来衡量城市产业结构水平。因此，参照已有文献的普遍做法，本章选择“第三产业增加值占GDP比重”来测度产业结构水平（is）。

7.1.2.4 控制变量

为了控制其他可能影响经济增长质量的因素，参考已有文献对控制变量的选取，结合本章研究的实际，选取了以下6个变量作为本章的控制变量。具体为：

（1）人力资本水平（humanc）。人力资本的累积能够为经济发展提供高质量劳动力，提升技术创新能力，增强经济高质量增长的动力（钞小静和沈坤荣，2014）。参照柯善咨和赵曜（2014）的研究，用“高等学校在校学生数占城市人口比重”捕捉城市人力资本水平。

（2）金融发展水平（save）。良好的金融发展环境能够为地区经济发展提供资金支持，是保持经济平稳发展的基本力量来源。金融环境越优越，越能够为企业等经济主体转变发展方式，也能为创新创业活动提供充分的风险资本，尤其通过金融资本与产业资本的融合可有效助推经济增长质量的提高（赵通和任保平，2018；许弟伟和龚飒，2019）。借鉴李苗苗等（2015）的研究，选取“金融机构存款余额占GDP比重”指标来衡量城市金融发展水平。

（3）市场化水平（market）。市场化进程通过激励和竞争等机制促进经济增长方式转变，实现发展质量转型（赵文军和于津平，2014）。借鉴樊纲等

（2003）对市场化的测度指标，考虑到数据的可获得性，选取“城镇私营单位从业人员占比”来捕捉城市市场化水平。

（4）信息化程度（lnnet）。信息化强化了信息与知识的生产要素地位，提高了全要素生产率，有利于经济发展质量的提高（王君，2013）。参照张振刚等（2013）的研究，用“国际互联网用户数”来测度城市信息化水平。

（5）文化资本（lnculture）。文化资本通过约束市场主体、减少交易成本促进经济增长（Bucci 等，2014；靳涛和林海燕，2018）。借鉴陈瑞芳等（2016）的研究，选取“每百人公共图书拥有量”衡量文化资本。

（6）产业多样化（indiver）。产业多样化反映的是具有经济技术关联不同产业门类在不同地区的发展水平。产业多样化能够加速知识、信息等高级创新要素在不同产业部门之间的流动进程，进而促进产业之间的知识共享与技术外溢，提升产业的技术创新水平与效率（Boschma 和 Iammarino，2009；吴三忙和李善同，2011），而技术创新水平的提升恰恰是撬动经济增长质量的有力杠杆。已有研究也表明产业多样化的确通过促进地区技术进步提高了地区生产率，进而提高经济增长质量（祝树金等，2014；Brachert 等，2013），产业多样化显现出较强的经济效应。参照 Frenken 等（2007）、周国富等（2016）对地区产业多样化的计算方法，具体计算公式为：

$$indiver = \sum_{i=1}^{n} P_i \ln\left(\frac{1}{P_i}\right) \qquad (7-4)$$

其中，indiver 表示地区产业多样化水平，P_i 表示地区某具体产业从业人数占全部行业从人数的比重。依据《中国城市统计年鉴》中对行业的划分，考虑到采矿业从业人数数据的可得性，将其剔除。选取制造业、金融业、信息传输、计算机服务和软件业等共 14 个行业计算每个城市的产业多样化水平。

上述变量的名称及具体定义如表 7-1 所示。

表 7-1 主要变量及定义

变量类别	变量名称	计算方法
被解释变量	经济增长质量（higrowth）	采用索罗残差法进行计算
核心解释变量	创新多中心程度（multicent）	采用位序—规模法则进行计算
门槛变量	产业结构（is）	第三产业增加值占 GDP 比重

续表

变量类别	变量名称	计算方法
控制变量	人力资本水平（humanc）	高等学校在校学生数占城市人口比重
	金融发展（save）	金融机构存款余额占 GDP 比重
	市场化水平（market）	城镇私营单位从业人员占比
	文化资本（lnculture）	每百人公共图书拥有量取对数
	信息化程度（lnnet）	每千人互联网用户数取对数
	产业多样化（indiver）	运用公式 $indiver = \sum_{i=1}^{n} P_i \ln\left(\frac{1}{P_i}\right)$ 进行计算

注：为了更清晰地通过此表区分被解释变量、核心解释变量、门槛变量及控制变量分别包括的具体变量类型，本表没有采用三线格形式。

7.1.3 计量模型设置

本章设计两个计量模型来检验研究假说。为了检验第 3 章提出的假说 6，特设计如下面板回归计量模型，以检验创新空间结构与经济增长质量之间的关系：

$$higrowth_{it} = \alpha + \beta_1 multicent_{it} + \beta_2 sqmulticent + \sum_j \beta_j Control_{it} + \gamma_t + \eta_i + \varepsilon_{it} \quad (7-5)$$

其中，下标 i 表示城市，t 表示时间，$higrowth_{it}$是被解释变量，表示第 i 个城市在第 t 年的经济增长质量水平，用全要素生产率来表示。$multicent_{it}$表示第 i 个城市在第 t 年的创新多中心指数，用 q 来表示。sqmulticent 表示创新多中心指数的平方项。$Control_{it}$表示其他随时间变动的、影响经济增长质量的控制变量，主要包括政府人力资本、金融发展水平、信息化水平、文化资本、市场化及产业多样化等。γ_t 表示时间固定效应，η_i 表示各城市的个体固定效应，ε_{it}为误差项。系数 β_1 和 β_2 为该模型关注的核心参数，根据研究假说，预测 β_1 的系数为正，核心解释变量的平方项系数 β_2 为负。

为了检验第 3 章提出的假说 7，以 Hansen（2000）的门槛回归模型为基础，参照何兴强等（2014）对面板门槛模型的构建，本章构造如下面板门槛回归模型，考察产业结构水平对经济增长质量的门槛效应：

$$higrowth_{it} = \alpha + \beta_1 multicent_{it} \times I(is_{it} \leqslant \xi_1) + \beta_2 multicent_{it} \times I(\xi_1 < is_{it} \leqslant \xi_2) + \cdots + \beta_n multicent_{it} \times I(is_{it} \geqslant \xi_n) + \sum_j \beta_j Control_{it} + \gamma_t + \eta_i + \varepsilon_{it} \quad (7-6)$$

其中，I（·）为指示函数，is_{it}表示产业结构水平，为门槛变量。ξ_n 表示待估计的门槛值。其他变量含义与模型（7-5）相同。

本章变量的描述性统计如表7-2所示。从表7-2可以看出，本章的核心被解释变量经济增长质量（higrowth）的标准差为0.438，均值为0.659，标准差小于均值，表明数据不存在正偏态分布。核心解释变量城市群创新多中心指数（multicent）的标准差为0.484，均值为1.549，标准差也小于均值，表明该变量也不存在正偏态分布。门槛变量产业结构（is）的标准差为0.085，均值为0.367，标准差同样小于均值，表明该变量同样不存在正偏态分布。对其他标准差大于均值的控制变量做1%的缩尾处理，以降低数据异常值对估计结果造成的估计偏差。

表7-2 变量的描述性统计

变量名称	观测值	均值	标准差	最小值	最大值
higrowth	3056	0.659	0.438	0.003	4.509
multicent	3056	1.549	0.484	0.075	3.074
sqmulticent	3056	2.636	1.532	0.005	9.452
humanc	3056	0.016	0.038	0.000	0.476
save	3056	0.638	0.285	0.000	7.751
lnnet	3056	3.308	1.319	-3.744	8.551
lnculture	3056	3.452	0.924	0.000	7.459
market	3056	0.902	0.605	0.013	6.859
indiver	3056	2.189	0.240	0.753	2.705
is	3056	0.367	0.085	0.092	0.802

7.2 实证检验与分析

基于研究假说和本章设定的计量模型，本部分的实证检验分为两个部分，以分别对第3章提出的假说6和假说7进行检验。第一部分对创新空间结构与经济增长质量之间的倒"U"形关系进行检验；第二部分重点对产业结构水平下城市群创新空间结构与经济高质量之间的门槛效应进行检验。

7.2.1 城市群创新空间结构与经济增长质量之间关系的实证检验

为了直观揭示城市群创新空间结构与经济增长质量之间的关系，首先在进行回归之前绘制两者之间关系的散点图及其拟合曲线（见图7-2）。由散点图可以看出，以创新多中心指数衡量的创新空间结构与经济增长质量之间基本显现出倒"U"形的非线性特征。

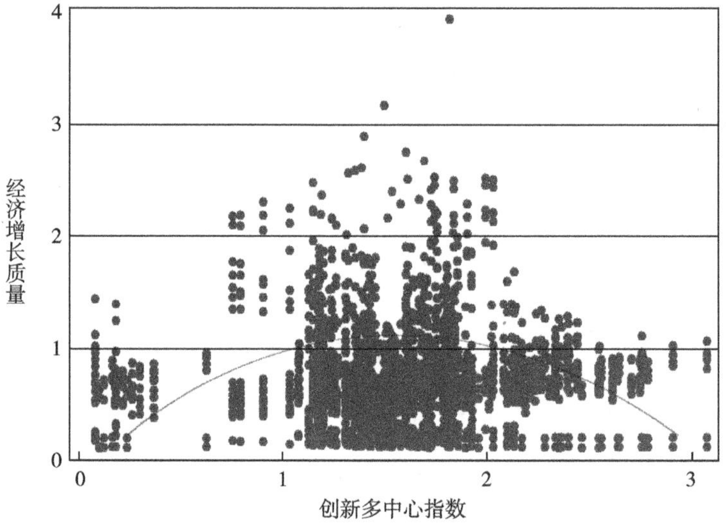

图7-2 创新多中心指数与经济增长质量关系散点图

接下来本章将依据计量模型（7-5），采用固定效应模型实证考察城市群创新空间结构与经济增长质量之间的关系，回归结果报告如表7-3所示，第（1）列是没有加入控制变量，且没有考虑创新空间结构的平方项时的估计结果，此时本章的核心解释变量 multicent 的系数为正，且在1%的置信水平下显著。第（2）列是加入控制变量且同样没有考虑创新空间结构的平方项时的估计结果，此时核心解释变量 multicent 的系数仍为正，且也在1%的置信水平下显著。此两列的估计结果表明，不论是否加入其他控制变量，本章的核心解释变量 multicent 的系数大小变化不大，且均在1%的置信水平下显著为正（核心解释变量 multicent 的系数越大，越趋向于单中心结构），这表明城市群创新单中心空间结构水平与经济增长质量存在显著的正相关关系，即城市群创新单中心空间结构水平越高，越有利于提高经济增长质量。创新在城市群空间尺度上集聚在单个中心城市，有助于提高创新资源的整合力度，强化创新主体之间的知识交流，尤其是缄默知识的相互学习，能够提升创新资源的利用效率、增强知识创新效率。创新中心城市则利用其创新优势地位，将创新成果辐射到其城市群内其他非创新中心城市，为其经济增长提供充分的知识供给，使非创新中心城市能够分享创新中心城市的知识溢出效应，进而实现其自身知识价值，达到知识创新的“双赢”，从而推动非创新中心城市的产业升级及经济增长方式转变，促进城市群整体经济增长质量的提升。

表7-3 创新空间结构对经济增长质量影响的回归结果

解释变量	被解释变量：经济高质量增长			
	(1)	(2)	(3)	(4)
multicent	0.082*** (3.35)	0.068*** (4.50)	0.187*** (3.99)	0.161*** (3.42)
sqmulticent	—	—	-0.034** (-2.37)	-0.031** (-2.10)
humanc	—	0.352 (1.23)	—	0.359 (1.23)
save	—	-0.041 (-1.20)	—	-0.034 (-1.01)
indiver	—	0.042 (1.58)	—	0.043 (1.65)
lnnet	—	0.032*** (3.11)	—	0.030*** (3.00)
lnculture	—	0.017 (1.44)	—	0.018 (1.50)
market	—	0.019 (1.30)	—	0.011 (0.74)

续表

解释变量	被解释变量：经济高质量增长			
	(1)	(2)	(3)	(4)
cons	0.572*** (16.68)	0.392*** (5.31)	0.504*** (11.72)	0.326*** (4.22)
年度效应	No	No	No	No
地区效应	Yes	Yes	Yes	Yes
N	3056	3056	3056	3056
R^2	0.012	0.024	0.013	0.025

注：所有回归均采用了以地区为聚类变量的聚类稳健标准误；括号中为t值；*、**和***分别表示显著性水平为10%、5%和1%。

表7-3的第（3）列是在第（1）列的基础上仅加入了创新空间结构变量平方项的估计结果，以此来捕捉城市群创新空间结构与经济增长质量之间的非线性关系，此时创新空间结构变量一次项的系数为正，且在1%的置信水平下显著。创新空间结构变量二次项的系数为负，且在5%的置信水平下显著。第（4）列则是在第（3）列的基础上加入了控制变量的估计结果，此时创新空间结构变量一次项的系数仍为正，且也在1%的置信水平下显著。创新空间结构变量二次项的系数同样为负，且同样在5%的置信水平下显著。因此，此两列的结果表明，在控制地区效应后，不论是否加入控制变量，创新空间结构变量一次项的系数均显著为正，创新空间结构变量二次项的系数均显著为负。根据已有文献的普遍做法，当核心解释变量的平方项为负，且通过显著性水平检验时，可以表明倒"U"形关系的存在（杨俊和张宗益，2003；邵红伟和靳涛，2016）。因此，由第（3）列与第（4）列的回归结果可知，城市群创新空间结构与经济增长质量之间存在显著的倒"U"形关系。从短期来看，创新单中心空间结构有利于提升城市群经济增长质量水平，但从长期来看，创新单中心空间结构却会起到抑制作用，须转向创新多中心空间结构，因此，本书第3章提出的假说6得到验证。

对此可做如下解释：城市是经济增长的重要空间载体，随着中国经济向高质量增长的战略转型进程的推进，创新中心城市的经济转型对提高整体经济增长质量的目标实现起着重大作用，但要想促进整体经济增长质量的提高，还需要提升非创新中心城市的经济增长质量（这些城市实际上是经济增长质量的"短板空间"），以避免"短板效应"对整体经济增长质量的冲击。因此，在城市群层面需要有多个创新中心城市（包括创新中心城市、创新次中心城市等）来为地方经济转型提供创新动力。尤其是创新多中心空间结构能更好地挖掘并激活地方知识，促进异质性知识的生产，适应地方产业对知识的需求，为地方经济增长质量开辟产业“通道”。此外，创新多中心空间结构有助于提升地方识别外部转移来的知识，并将其嵌入地方产业空间的能力，加速知识地方化进程，为地方产业结构水平调整与产业创新水平的提升提供空间结构动力，从而通过高质量产业的发展拉动经济增长质量水平提高。

就控制变量的回归结果来看，虽然有些变量的系数在统计意义上不显著，但绝大多数变量的系数为正，表明人力资本、产业多样化、文化资本等控制变量与经济增长质量之间也存在正相关关系。尤其是由表7－3的第（2）列和第（4）列可知，不论是否加入核心解释变量平方项，控制变量信息化程度（lnnet）的系数均为正，且在1%的置信水平下显著，表明信息化水平越高，越有利于提高经济增长质量。信息化尤其是互联网经济的发展有助于改造传统行业，也是产生新兴业态的催化剂，是提升经济增长质量的“无形”助推器。

7.2.2　城市群创新空间结构与经济增长质量之间关系的门槛效应检验

鉴于创新空间结构与经济增长质量之间存在的倒“U”形非线性关系，为了进一步考察制约这一关系的影响因素，基于第3章提出的假说7，将产业结构水平作为门槛变量，对创新空间结构与经济增长质量之间是否存在门槛效应进行检验。为此，须首先检验是否存在门槛效应，以确定门槛数量。然后再进行门槛回归。

如图7－3所示的门槛个数检验的LR值可初步得出，存在一个门槛值较为合理。为了更为准确地确定门槛个数，特进行门槛效应检验。表7－4报告了以产业结构水平为门槛变量的创新空间结构与经济增长质量关系的门槛效应检验的结果。单一门槛的F统计量拒绝了零假设，但双重门槛的F统计量却接受了零假设，表明创新空间结构与经济增长质量仅存在单一门槛效应。进一步地，本章运用固定效应模型对创新空间结构对经济增长质量的影响是否会受到产业结构水平的制约进行检验。回归结果报告在表7－5中，其中第（1）列是当门槛变量小于等于门槛值时的回归结果，第（2）列是门槛变量大于门槛值时的回归结果。

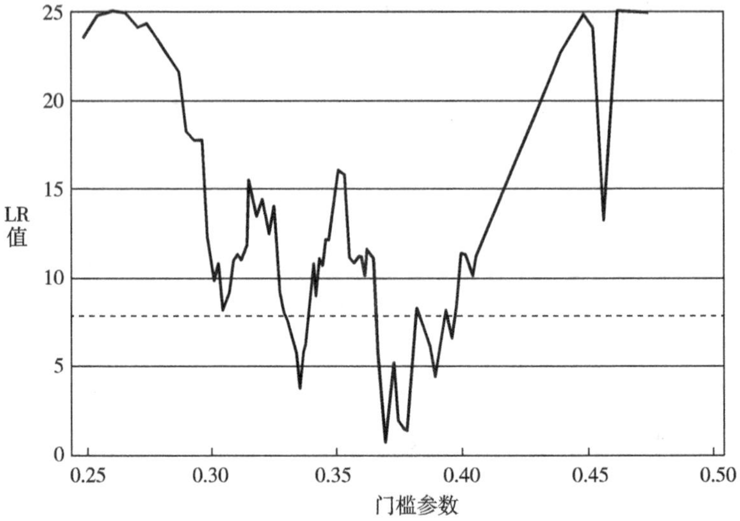

图 7-3　门槛数量检验的 LR 值

表 7-4　创新空间结构与经济增长质量关系的门槛效应检验

模型	门槛变量	门槛值	F 统计量	P 值
单一门槛	产业结构水平	0.3778	29.49*	0.08
双重门槛	产业结构水平	0.3692 0.4616	18.80	0.12

注：设置自助抽样次数为 300 次，*、** 和 *** 分别表示显著性水平为 10%、5% 和 1%。

表 7-5　创新空间结构对经济增长质量影响的门槛回归结果

解释变量	被解释变量：经济增长质量	
	(1) $is \leq \gamma_1$	(2) $is > \gamma_1$
multicent	0.039*** (4.57)	-0.028** (-2.32)
save	-0.024* (-1.78)	-0.024* (-1.78)
humanc	-0.027 (-0.30)	-0.027 (-0.30)
indiver	0.114*** (4.17)	0.114*** (4.17)

续表

解释变量	被解释变量：经济增长质量	
	（1）is≤γ_1	（2）is>γ_1
lnnet	-0.008** (-1.97)	-0.008** (-1.97)
lnculture	-0.025*** (-2.69)	-0.025*** (-2.69)
market	0.006 (0.93)	0.006 (0.93)
cons	0.497*** (7.48)	0.497*** (7.48)
年度效应	控制	控制
地区效应	控制	控制
N	3056	3056
R^2	0.047	0.047

注：设置自助抽样次数为300次，*、**和***分别表示显著性水平为10%、5%和1%。

表7-5的结果表明，当产业结构水平低于门槛值0.3778时，以创新多中心指数衡量的城市群创新空间结构与经济增长质量之间的系数为正，且在1%的置信水平下显著，这表明此时创新单中心空间结构有利于促进经济增长质量水平的提升。然而当产业结构水平大于门槛值0.3778时，城市群创新空间结构与经济增长质量之间的系数却由正变为负，且在5%的置信水平下显著，这表明此时城市群创新多中心空间结构有利于提高经济增长质量水平，第3章的假说7得到验证。因此，当城市群创新空间结构与产业结构水平相匹配时，即创新单中心空间结构适应低水平产业结构，创新多中心空间结构适应高水平产业结构时，才能提高经济增长质量。这主要是因为，在城市群中，当其他城市产业结构水平相对较低时，创新资源集聚在创新中心地位的城市，通过资源共享与创新网络的构建，有利于降低知识创新的风险，提高知识创新的效率，进而为其他城市提供专业化的技术创新服务，促进产业技术进步与转型升级，为城市经济增长质量的提升提供技术支撑。当其他城市产业结构水平向高水平演进时，地方创新需求与供给能力增强，为塑造多个地方创新空间创造了条件。此时创新多中心的空间结构有助于创新空间结构的层级化，通过创新要素的合理分散布局为产业结构水平的提升

提供支持，进而拉动经济增长质量水平的提高。

7.3 稳健性检验

前文采用固定效应模型与面板门槛模型对第 3 章提出的假说 6 和假说 7 进行了实证检验，为了进一步检验上述实证结果的可靠性与稳定性，需进行稳健性检验。为此，从改变计算核心解释变量的指标与替换被解释变量两方面来进行稳健性分析。

7.3.1 改变计算核心解释变量的指标

由于发明专利授权数也是衡量区域创新水平的重要指标（吴延兵，2014），因此，依照第 4 章的做法，采用每万人发明授权数指标对反映城市群创新空间结构的创新多中心指数进行重新计算。然后再进行相关回归，结果报告在表 7－6 中。

表 7－6 改变计算核心解释变量指标后的回归结果

解释变量	被解释变量：经济增长质量			
	(1)	(2)	(3)	(4)
multicent	0.115*** (7.08)	0.116*** (6.84)	0.363*** (4.53)	0.318*** (3.87)
sqmulticent	—	—	−0.061** (−3.28)	−0.049** (−2.26)
humanc	—	0.377 (1.25)	—	0.396 (1.23)
save	—	−0.072* (−1.77)	—	−0.071* (−1.78)
indiver	—	0.004 (0.15)	—	0.001 (0.02)
lnnet	—	0.039*** (3.92)	—	0.038*** (3.89)

续表

解释变量	被解释变量：经济增长质量			
	(1)	(2)	(3)	(4)
lnculture	—	0.008 (0.68)	—	0.018 ** (1.50)
market	—	0.021 (1.42)	—	0.016 (1.05)
cons	0.485 *** (12.24)	0.392 *** (5.31)	0.244 *** (2.82)	0.211 ** (2.11)
年度效应	No	No	No	No
地区效应	Yes	Yes	Yes	Yes
N	3056	3056	3056	3056
R^2	0.023	0.024	0.027	0.039

注：回归采用以地区为聚类变量的聚类稳健标准误，*、** 和 *** 分别表示显著性水平为10%、5%和1%。

在表7-6中，第（1）列没有加入控制变量，且没有考虑创新空间结构的平方项时的估计结果，此时本章采用每万人发明授权数指标重新计算的核心解释变量multicent的系数为正，且在1%的置信水平下显著。第（2）列是在第（1）列基础上仅加入控制变量且没有加入创新空间结构的平方项时的估计结果，此时核心解释变量multicent的系数仍为正，且也在1%的置信水平下显著。这两列的估计结果表明，不论是否加入其他控制变量，重新计算后的核心解释变量multicent的系数符号并没有发生改变，即依然均在1%的置信水平下显著为正，这表明城市群创新单中心空间结构水平与经济增长质量之间的正相关关系依然存在，即城市群创新单中心空间结构水平越高，越有利于提升经济增长质量。

表7-6的第（3）列是在第（1）列基础上仅加入了创新空间结构变量平方项的估计结果，此时创新空间结构变量一次项的系数仍为正，且在1%的置信水平下显著。创新空间结构变量二次项的系数仍为负，且在5%的置信水平下显著。第（4）列则是在第（3）列基础上加入了控制变量的估计结果，此时创新空间结构变量一次项的系数仍为正，且也在1%的置信水平下显著。创新空间结构变量二次项的系数也依然为负，且同样在5%的置信水平下显著。因此，此两列的结果表明，在控制地区效应后，不论是否加入控制变量，创新空间结构变量

一次项的系数均依然显著为正，创新空间结构变量二次项的系数均依然显著为负。因此，第（3）列和第（4）列的回归结果与前文的实证结果相一致。表明在改变计算核心解释变量的指标后，城市群创新空间结构与经济增长质量之间的倒“U”形关系依然存在，进一步表明了本章研究结论的稳健性。

门槛效应的回归结果报告在表7－7与表7－8中。可以看出，表7－7中的单一门槛F统计量拒绝了零假设，双重门槛的F统计量接受了零假设，同样表明创新空间结构与经济增长质量仅存在单一门槛效应。表7－8的门槛回归结果表明，当产业结构水平低于门槛值时，以创新多中心指数衡量的城市群创新空间结构与经济增长质量之间的系数为正，且在1%的置信水平下显著，这表明此时创新单中心空间结构有利于提供经济增长质量；当产业结构水平大于门槛值时，城市群创新空间结构与经济增长质量之间的系数变为负，且在1%的置信水平下显著，这表明此时城市群创新多中心空间结构有利于提高经济增长质量。这与前文门槛效应的分析结论一致，进一步表明门槛效应检验结果的稳健性。

表7－7　改变计算核心解释变量指标后的门槛效应检验

模型	门槛变量	门槛值	F统计量	P值
单一门槛	产业结构水平	0.3692	33.60**	0.04
双重门槛	产业结构水平	0.3692 0.4616	18.85	0.11

注：设置自助抽样次数为500次，*、**和***分别表示显著性水平为10%、5%和1%。

表7－8　改变计算核心解释变量指标后的门槛回归结果

解释变量	被解释变量：经济增长质量	
	（1）is$\leq\gamma_1$	（2）is$>\gamma_1$
multicent	0.075*** (5.82)	－0.048*** (3.63)
save	－0.034** (－2.46)	－0.034** (－2.46)
humanc	－0.021 (－0.22)	－0.021 (－0.22)

续表

解释变量	被解释变量：经济增长质量	
	(1) $is \leq \gamma_1$	(2) $is > \gamma_1$
indiver	0.98 *** (3.56)	0.98 *** (3.56)
lnnet	-0.004 ** (-1.05)	-0.004 ** (-1.05)
lnculture	-0.022 ** (-2.39)	-0.022 ** (-2.39)
market	0.005 (0.77)	0.005 (0.77)
cons	0.438 *** (6.37)	0.438 *** (6.37)
年度效应	控制	控制
地区效应	控制	控制
N	3056	3056
R^2	0.048	0.048

注：设置自助抽样次数为 500 次，*、** 和 *** 分别表示显著性水平为 10%、5% 和 1%。

7.3.2　替换被解释变量

资源配置效率是经济增长质量的核心测度指标，全要素生产率是反映资源配置效率的指标之一。除此之外，劳动生产率也是综合反映资源配置效率的重要评价指标，劳动生产率高，则资源配置效率就高，反之则低。因此，劳动生产率的稳步提升也是衡量经济增长质量的核心指标之一（陈诗一和陈登科，2018；魏敏和李书昊，2018）。基于此，将本章的被解释变量替换为劳动生产率，作为测度经济增长质量的另一个代理变量，并参照梁婧等（2015）对劳动生产率的计算方法，用“城市 GDP 除以从业人数”来计算劳动生产率。

回归结果报告在表 7-9 中。表中的第（1）列没有加入控制变量，且没有考虑创新空间结构的平方项时的估计结果，表明在替换被解释变量之后，本章的核心解释变量 multicent 的系数仍为正，且在 1% 的置信水平下显著。第（2）列是在第（1）列基础上仅加入控制变量且没有加入创新空间结构的平方项时的估计结果，此时核心解释变量 multicent 的系数仍为正，且在 5% 的置信水平下显著。此两列的估计结果表明，不论是否加入控制变量，在替换被解释变量后，本章核心解释变量 multicent 的系数符号并没有发生改变，即依然均在 1% 的置信水平下显著为正，这表明城市群创新单中心空间结构水平与经济增长质量之间的正相关关系依然存在，即城市群创新单中心空间结构水平越高，越有利于提高经济增长质量。

表 7-9 替换被解释变量后的回归结果

解释变量	被解释变量：经济增长质量			
	(1)	(2)	(3)	(4)
multicent	3.089*** (4.65)	1.543** (2.55)	40.213*** (13.05)	11.109*** (5.16)
sqmulticent	—	—	-16.621** (-14.37)	-4.615*** (-5.95)
humanc	—	15.84** (2.59)	—	26.673*** (5.29)
save	—	-5.328** (-2.26)	—	-4.988*** (-3.05)
indiver	—	22.036*** (6.67)	—	21.619*** (6.83)
lnnet	—	0.889* (1.92)	—	8.777*** (17.86)
lnculture	—	1.283* (1.88)	—	5.349*** (6.70)
market	—	6.951*** (9.18)	—	9.234*** (10.27)
cons	-9.920*** (-4.33)	-69.017*** (-7.40)	-7.565* (-3.30)	-134.978*** (-16.63)
年度效应	Yes	Yes	No	No
地区效应	Yes	Yes	Yes	Yes
N	3056	3056	3056	3056
R^2	0.785	0.833	0.413	0.770

注：回归采用以地区为聚类变量的聚类稳健标准误，*、**和***分别表示显著性水平为 10%、5% 和 1%。

表7-9的第（3）列是在第（1）列基础上仅加入了创新空间结构变量平方项的估计结果，此时创新空间结构变量一次项的系数仍为正，且在1%的置信水平下显著。创新空间结构变量二次项的系数仍为负，且在5%的置信水平下显著。第（4）列则是在第（3）列基础上加入了控制变量的估计结果，此时创新空间结构变量一次项的系数仍为正，且也在1%的置信水平下显著。创新空间结构变量二次项的系数也依然为负，且在1%的置信水平下显著。因此，此两列的结果表明，在控制地区效应后，不论是否加入控制变量，创新空间结构变量一次项的系数均依然显著为正，创新空间结构变量二次项的系数均依然显著为负。因此，表7-9的回归结果再次与前文的实证结果相一致。表明在替换被解释变量进行重新回归后，城市群创新空间结构与经济增长质量之间的倒"U"形关系依然存在，再次表明本章研究结论仍具有稳健性。

门槛效应的回归结果报告在表7-10与表7-11中。表7-10的结果表明创新空间结构与经济增长质量仅存在单一门槛效应。表7-11的门槛回归结果表明，当产业结构水平低于门槛值时，以创新多中心指数衡量的城市群创新空间结构与经济增长质量之间的回归系数依然显著为正，这表明此时创新单中心空间结构有利于提高经济增长质量；当产业结构水平大于门槛值时，城市群创新空间结构与经济增长质量之间的回归系数依然显著为负，表明此时城市群创新多中心空间结构有利于提高经济增长质量。这与前文门槛效应的分析结论仍相一致，再次表明门槛效应检验的稳健性。

表7-10 替换被解释变量后的门槛效应检验

模型	门槛变量	门槛值	F统计量	P值
单一门槛	产业结构水平	0.2932	45.66***	0.00
双重门槛	产业结构水平	0.2799 0.3626	11.37	0.102

注：设置自助抽样次数为500次，*、**和***分别表示显著性水平为10%、5%和1%。

表7-11 替换被解释变量后的门槛回归结果

解释变量	被解释变量：经济增长质量	
	（1）is≤γ_1	（2）is>γ_1
multicent	0.189*** (4.01)	-0.027*** (-2.39)

续表

解释变量	被解释变量：经济增长质量	
	（1） is≤γ_1	（2） is > γ_1
save	-0.155** (-2.45)	-0.155** (-2.45)
humanc	0.644 (1.52)	0.644 (1.52)
indiver	0.693*** (5.56)	0.693*** (5.56)
lnnet	0.477** (24.96)	0.477** (24.96)
lnculture	0.072* (1.73)	0.072* (1.73)
market	0.264*** (7.79)	0.264*** (7.79)
cons	-0.336 (-1.11)	-0.336 (-1.11)
年度效应	控制	控制
地区效应	控制	控制
N	3056	3056
R^2	0.344	0.344

注：设置自助抽样次数为500次，回归采用以地区为聚类变量的聚类稳健标准误，*、**和***分别表示显著性水平为10%、5%和1%。

7.4 本章小结

本章沿袭第4章和第5章基于单中心—多中心视角对城市群创新空间结构的测度，运用固定效应模型与面板门槛模型对第3章提出的假说6和假说7进行了实证检验，探索城市群创新空间结构的经济增长质量效应，进一步拓宽了创新空间结构的研究领域。

本章首先分析了中国经济向高质量增长转型的现实紧迫性，并基于创新空间结构调整的新视角提出提高经济增长质量的路径。接着通过变量选择和计量模型设定对城市群创新空间结构与经济增长质量之间的内在关系进行实证检验，以验证第 3 章提出的假说 6 与假说 7。实证结果表明，创新空间结构与经济增长质量之间存在显著的倒“U”形关系。从短期来看，创新单中心空间结构有利于提高经济增长质量，但从长期来看，创新单中心空间结构会抑制经济增长质量水平的提升，即创新多中心空间结构才能显著提升经济增长质量水平。第 3 章提出的假说 6 得到验证。

进一步的门槛效应检验表明，创新空间结构对经济增长质量产生影响具有明显的门槛效应。创新空间结构只有与产业结构水平相匹配时，才有利于提高经济增长质量。在产业结构水平较低时，创新单中心空间结构有利于提升经济增长质量，但当产业结构水平越过门槛后，创新多中心空间结构才有利于提升经济增长质量。第 3 章提出的假说 7 得到验证。

本章还采用改变计算核心解释变量的指标与替换被解释变量两种方法对实证结果进行了稳健性检验，检验结果均表明城市群创新空间结构与经济增长质量之间的倒“U”形关系与门槛效应依然存在，表明实证结果的稳健性与可靠性。

第8章　研究结论、政策含义及展望

本书以社会学中的结构功能主义理论为基础，并结合创新经济地理学、区域经济学的基本分析框架，凝练提出“行为—空间结构—功能”的基本分析框架，在此基础上构建“创新活动—创新空间结构—经济增长”的具体理论框架，以中国城市群为研究对象，对城市群创新水平及经济增长的基本现实进行描述性分析，并基于单中心—多中心视角测度城市群创新空间结构，分析其演进趋势及空间差异。然后运用2001～2016年中国13个城市群面板数据，实证研究地方创新动力、国家创新动力及全球创新动力作用于城市群创新空间结构的内在机理，考察城市群创新空间结构对经济增长质量的影响及门槛效应，为基于创新单中心—多中心优化城市群创新空间结构及经济高质量增长提供新思路。

首先，本章根据前文的研究内容，总结研究结论。其次，结合国家推动创新驱动与经济高质量增长战略的实践，将基于创新单中心—创新多中心视角，为城市群创新空间结构优化及经济增长质量提升提供政策建议。最后，在分析研究不足的基础上，提出未来的主要研究方向。

8.1　研究的主要结论

根据本书的研究内容，从以下五个方面阐述本书的主要研究结论：

8.1.1　城市群创新与经济增长紧密相关

（1）城市群整体创新水平不断提升，但存在较大空间差异。在研究时期内，不论是从发明专利申请的总体规模还是相对规模来考察创新水平，13 个城市群的创新水平呈现出不断增强的演进态势，在国家的创新地位得到不断强化，是国家实施创新驱动、建设创新型国家的重要载体。但从空间格局来看，东部城市群、中部城市群与西部城市群的创新水平存在较大空间差异。从以每万人发明专利拥有量为表征的创新水平来看，东部城市群的每万人发明专利拥有量最多，表明创新实力最强，其规模远远高于中部城市群和西部城市群。西部城市群次之，这主要是由于西部城市群人口规模相对较小，在一定程度上拉高了其每万人发明专利拥有量。中部城市群的每万人发明专利拥有量最低。但中部城市群与西部城市群之间的创新差距相对较小，且这一差距表现出较为稳定的演进趋势，表明中部城市群、西部城市群之间的创新水平差距不大，但东部城市群每万人发明专利拥有量与中部城市群、西部城市群之间的差距却呈现逐渐扩大的趋势。中部城市群、西部城市群成为中国整体创新空间布局的薄弱环节。

（2）城市群创新水平基本保持正的增长速度，且中西部城市群增速表现出强劲势头。在研究时期内，不论是发明专利申请总体规模增速还是相对规模增速，13 个城市群创新水平增速基本为正，表明创新能力稳步增强。从 2008 年开始，中西部城市群创新水平增速逐渐加快，每万人发明专利拥有量的增速逐步超越了东部城市群，且西部城市群呈现出最快的增长速度，表现出较强的增长势头，这与西部地区本身创新专利的积累基数较小有关，也与西部地区经济的快速增长及对创新投入重视的程度不断增强有关。

（3）城市群整体经济实力不断增强，且表现出具有时期性的空间差异特征。在研究时期内，不论是从 GDP 总量还是从人均 GDP 来看，13 个城市群的经济实力均呈现出不断提升的演进局面，在国家经济体系中占据重要地位，是国家经济增长的中坚力量。从经济实力（人均 GDP）的空间差异来看，东部城市群经济实力最强，一直处于“领头羊”的地位。中部城市群与西部城市群间的人均 GDP 差距相对较小，且不同时期两者的差距有所不同，在 2001 ~ 2008 年，中部城市群的人均 GDP 高于西部城市群，但从 2009 年开始，西部城市群的人均 GDP 逐渐超越中部城市群，表现出较强的经济增长活力。

（4）城市群经济增速在波动中渐趋放缓。在研究时期内，总体而言，13 个城市群人均 GDP 以较快速度增长，每个城市群的人均 GDP 增速表现出较为相似的波动演进趋势，且增速差距相对较小。值得注意的是，从 2012 年开始，城市群经济增速具有逐渐下降的趋势，尤其是东北地区的辽中南城市群陷入负增长局面，成为城市群经济增长战略的“软肋”，也表明中国经济进入新常态及产业结构转型带来的“阵痛”效应正在显现，但从长期来看，这为推动中国经济高质量增长目标的实现提供了契机。

8.1.2 城市群创新单中心空间结构特征减弱，但存在显著异质性

（1）绝大多数城市群呈现创新单中心的空间结构特征，只有个别城市群表现为创新多中心空间结构特征。整体而言，城市群的创新空间结构呈现创新单中心减弱、创新多中心趋势逐渐显现的演进规律。在研究时期内，通过运用位序—规模法则分别对 13 个城市群的创新多中心指数进行测度，结果表明只有长江三角洲城市群的创新多中心指数最小，具有创新多中心空间结构特征，虽然其余 12 个城市群的创新仍表现出向单个城市集聚的格局，处于创新单中心空间结构阶段，但创新多中心指数却呈现出不同程度的下降趋势，创新分散趋势得到强化，存在向创新多中心空间结构演进的态势。

（2）不同等级、不同地带城市群的创新多中心程度存在差异。一方面，通过将城市群区分为国家级城市群、区域级城市群与次区域级城市群，考察创新空间结构的演进。国家级城市群向创新多中心演进的趋势最强，城市群间的差异呈扩大趋势，且单极化特征显著。区域级城市群也向创新多中心特征演进，且呈现微弱多极化格局；而次区域级城市群的创新多中心却呈减弱趋势，单中心程度逐渐增强，且逐渐显现微弱两极分化格局。另一方面，不同地带城市群的创新多中心程度也存在差异。东部城市群向创新多中心演进趋势最强，程度最高，且呈现两极分化格局，城市群间创新多中心性趋异现象明显。中部城市群创新多中心程度略微下降，且城市群间的差异有所扩大。西部城市群创新多中心程度最低，且波动幅度较大，但整体向多中心演进，城市群间差异也趋向降低。

8.1.3 城市群创新空间结构受到地方、国家及全球创新动力的共同影响

依据本书构建的理论框架和研究假说，选择“地方政府科技支持”、“国家高新区”政策变量以及“外商直接投资占比”分别作为衡量地方创新动力、国家创新动力、全球创新动力的代理变量，运用面板固定效应及双重差分等模型实证检验地方创新动力、国家创新动力、全球创新动力对城市群创新空间结构演化的作用。为了保证研究结论的可靠性与稳定性，对相关结果进行了稳健性检验，结果均与前文实证分析保持一致。主要结论如下：

（1）以地方政府科技支持为代理变量的地方创新动力显著抑制了中国城市群创新多中心程度的提升，加剧了城市群内部各城市间的创新不均衡，使创新向单一中心城市集聚，即地方政府科技支持促进城市群向创新单中心空间结构演进。并从地方政府科技支持在地理空间的集聚效应、城市之间创新环境差异、地方政府科技支持造成的替代效应与挤出效应等角度对此结论作了进一步分析。

（2）以国家高新区为代理变量的国家创新动力显著推动了中国城市群创新多中心程度的提升，国家高新区是促进城市群向创新多中心空间结构演进的重要制度动力。国家高新区的设立产生的“压力效应”“动力分散化效应”及“引致创新需求效应”是国家创新动力正向作用于城市群创新多中心空间结构的三大途径。

（3）以外商直接投资占比为代理变量的全球创新动力显著抑制了城市群创新多中心程度的提升，提高了城市群内部各城市间的创新不均衡水平，即全球创新动力促进城市群向创新单中心空间结构演进。全球创新动力在地理空间的集聚效应、全球创新动力的空间选择效应以及城市对知识溢出吸收能力的差异是导致这一关系的重要原因。

（4）知识密集型服务业发展水平的提高可以修补地方创新动力、全球创新动力对城市群创新多中心水平提升的抑制作用，将地方创新动力、全球创新动力对城市群创新多中心水平的影响由抑制作用扭转为促进作用。国家创新动力通过缩小城市群内城市之间知识密集型服务业发展水平的差距，强化了城市群创新多中心水平的提升，进一步推动城市群向创新多中心空间结构演进。

（5）地方创新动力、国家创新动力及全球创新动力对城市群创新空间结构的影响具有显著的区域异质性。地方创新动力、国家创新动力对东部城市群创新多中心程度的提升效应更明显，对中西部城市群的促进作用不显著，反而加剧了中西部城市群的创新集聚，强化了其创新单中心空间结构。全球创新动力对东部城市群、中西部城市群创新空间结构的作用与地方创新动力、国家创新动力的作用相反：全球创新动力对东部城市群、中西部城市群创新多中心空间结构水平的提升均起到显著抑制作用。但抑制效应却存在较大差异：从回归系数来看，全球创新动力对东部城市群创新多中心的抑制作用小于中西部城市群，反过来说，全球创新动力对东部城市群创新多中心程度的提升作用则相对更大。

8.1.4 城市创新空间有效提升经济增长质量

为进一步增强城市群创新空间结构与经济增长效应之间的内在逻辑，本书将国家高新区作为城市创新空间的典型代表，基于资源依赖的视角深入研究城市创新空间对经济增长的有效性，主要得出以下两点结论：

（1）国家高新区这一创新空间的确以显著降低资源型城市资源依赖的方式，产生经济增长质量效应，推动城市经济转型。创新能力的提升是国家高新区这一创新空间显著降低资源型城市资源依赖的作用机制，在进行一系列稳健性检验后，这些结论依然成立。

（2）进一步的研究发现，国家高新区这一创新空间降低资源依赖的程度表现为"中间大，两头小"的空间差异特征，对降低中部地区资源依赖的作用程度最大，西部地区次之，东部地区最小且不显著，并不支持循环累积因果效应假说，这主要是由以国家高新区为载体的创新空间嵌入战略边际效用递减规律所导致。

8.1.5 城市群创新空间结构对经济增长质量的影响呈现非线性特征

为了进一步探索城市群创新空间结构的经济增长质量效应，按照本书研究的理论框架和研究假说，核心关注城市群创新空间结构对经济增长质量的影响，选择全要素生产率作为经济增长质量的核心代理变量，运用面板固定效应实证检验两者之间的关系。并在此基础上，运用门槛模型实证考察城市群创新空间结构对经济增长质量影响的门槛效应。并通过运用替换被解释变量（用劳动生产率替换经济增长质量的代理变量全要素生产率）等方法对相关结果进行稳健性检验，检验结果并没有发生改变，再次表明了相关研究结论的稳健性。主要结论如下：

（1）城市群创新空间结构与经济增长质量之间存在显著的倒"U"形关系，创新空间结构对经济增长质量的影响会经历由创新单中心驱动向创新多中心驱动转变。从短期来看，创新单中心空间结构有利于提高经济增长质量，但从长期来看，创新单中心空间结构会抑制经济增长质量水平的提升，即创新多中心空间结构才能显著提升经济增长质量水平。

（2）城市群创新空间结构对经济增长质量产生影响具有明显的门槛效应。依据研究假说，选择产业结构为门槛变量，面板门槛模型回归结果表明：创新空间结构只有与产业结构水平相匹配时，才有利于提高经济增长质量水平。在产业结构水平较低时，创新单中心空间结构有利于提高经济增长质量水平，但当产业结构水平越过门槛后，创新多中心空间结构才有利于促进经济增长质量水平的提升。

（3）“双结构”协同推进战略为经济高质量增长提供新的战略路径。即协同推进产业结构调整与基于单中心—多中心视角创新空间结构调整战略，从“双结构”战略实施中获取经济高质量增长的“红利”。

8.2 政策含义

8.2.1 夯实创新与经济实力，为提升城市群经济增长质量奠定基础

城市自身创新能力与经济实力的增强，是推动城市群经济增长质量提升的重要基础。为此，本书提出以下两点具体建议：

（1）借力市场化改革，提升城市创新能力。创新与市场化水平密不可分。在创新方向与战略选择上，政府应减少对市场创新主体的干预，为创新主体依据市场需求制定研发等创新战略提供优质服务。为企业创新人才选聘、创新项目选择、技术成果转化与应用、产学研合作等提供充分公平自由的市场环境，推动企业技术创新水平的提升，进而带动创新型产业集聚，为增强整个城市的创新能力提供强有力的市场化保障。

城市群创新空间结构的形塑与单个城市创新密不可分。充分利用市场资本，应继续保持对城市研发资金等创新要素投入的稳步增长，为城市创新提供基本资金支撑。保持教育投入稳步增长的常态化运行机制，为城市人力资本培养提供平台支持。加强知识产权保护与执法力度，营造良好的技术市场法制环境，运用制度手段激励创新主体的创新动力。由于中西部城市群创新水平较低，在创新要素投入与创新环境改善上，应适当向中西部城市群倾斜。

（2）强化内需动力，补齐城市群经济增长的“空间短板”。持续改善民生，提升居民收入水平，增强经济增长的内需动力。打造城市优越的营商环境，推进税收制度改革，增强地区创业动力和活力，为产业经济效益增长提供良好的制度环境。建立经济风险预警机制，防范经济下行风险。应进一步扭转辽中南城市群经济下行的态势，重点推动中西部城市群的经济增长，充分利用西部陆海新通道、新一轮自由贸易试验区等国家重大战略，将这些新机遇、新契机内化为城市群经济增长的新动能，补齐经济增长的“空间短板”，为整体经济高质量增长提供物质基础。

8.2.2 推动三种创新动力相对均衡，促进城市群创新空间结构转型

基于地方创新动力、国家创新动力及全球创新动力对城市群创新空间结构影响的实证研究结论，本书从以下四个方面提出促进城市群创新空间结构转型的建议：

（1）在城市群尺度上推动地方创新动力的相对均衡。一是通过城市群内城市政府建立科技财政会商制度，应继续保持对核心城市的科技支持，但也应稳步提升对有创新潜力的城市的科技支持，逐步推动科技财政支出的空间分散化程度的提升，打破地方政府科技支持集聚度较高的空间格局。二是改善城市创新环境。重点强化中等规模城市创新环境的改善，实施大学、科研院所等品牌下沉战略，促进大学、科研院所等分支机构嵌入具有一定创新基础的中等规模城市，为其创新水平的提升提供知识及人才保障。改革完善创新的评价、考核及激励的体制机制，提升创新主体的积极性与持久性。加强城市群的信息基础设施建设，推进信息流动与知识共享平台建设。提升城市文化治理水平与信息化水平，为城市群创新多中心化发展提供信息化环境，加速知识向创新转化的速度，进一步激活“大众创业、万众创新”的“基因”。通过创新环境的改善提高创新绩效，提高政府科技支出真正转化为创新产出的数量和质量。三是城市政府在使用地方科技支持这一地方创新动力时，建立科技创新供需信息化平台，要以市场科技需求来确定科技支出的战略方向，进而与创新主体需求方向保持一致，减少对创新主体依据自身发展实际及市场需求做出的创新战略的替代效应，降低政府科技创新资源的错配发生率。此外，还应建立完善的创新资金监管制度体系，修补政府官员通过寻租行为骗取创新资源的制度漏洞。

（2）借力国家制度动力塑造城市群创新多中心空间结构类型。国家高新区的设立是国家制度动力的重要表现，能积极推动城市群创新多中心水平提升。为此，一是推动国家高新区嵌入更多的城市空间。城市通过加强已有高新区的软硬件建设，夯实高新区发展的基础，积极申请国家高新区政策落地。二是基于国家高新区这一制度性差异，探索在设立国家高新区的城市之间、设立国家高新区与没有设立国家高新区的城市之间、没有设立国家高新区的城市之间分别构建差异化的创新网络战略，拓宽创新空间，促进知识、人力资本等要素在城市之间的流动与共享。三是实施以创新能力为导向的国家高新区绩效考核评价机制，不仅考核国家高新区对单个城市创新的贡献，更应在城市群尺度上考核其对城市群整体

创新空间结构的效应，以是否有助于打造城市群创新多中心空间结构重新审视国家高新区的战略作用，这关系到城市之间创新协调发展，更关系到国家整体创新竞争力的提升。四是以国家高新区为“跳板”，积极嵌入全球创新链，利用知识网络效应强化城市群创新多中心空间结构特征。瞄准全球科技创新前沿，深入推进技术市场培育与强化战略，以适应全球创新的新趋势。构建开放式国家高新区创新系统，进一步释放国家高新区带来的创新“红利”。完善各种人才激励政策，吸引全球创新资源。

（3）跨越对外开放提升创新能力的门槛，分享全球创新动力带来的创新溢出。重点推进中西部城市群对外开放水平的提升，强化全球创新动力对中西部城市群创新空间结构转型的作用。完善交通等基础设施建设，提升行政审批效率，营造良好开放环境，跨越吸引外资的基础设施门槛。提升城市自我学习与吸收能力，跨越分享对外开放带来知识溢出效应的学习门槛。优化承接国际产业转移的结构，由融入全球生产链向融入全球知识链转变，增强内生发展能力，促进异质性知识的生产，为创新提供知识基础，扭转对外开放抑制城市群向创新多中心演化的局面。

（4）实施基于知识密集型服务业发展的外部动力吸引战略。调整利用地方创新动力、国家创新动力及全球创新动力推动创新的战略方向，由重视科技支出数量、国家高新区政策落地及外商直接投资数量转向地方创新动力、国家创新动力、全球创新动力分别与知识密集型服务业协同嵌入城市空间，打通地方科技动力、国家制度动力及全球资本动力与产业之间的联结，提高三种创新动力转化为知识密集型服务业的能力。提升城市的交通、通信等基础设施水平，完善有利于创新创业的政策环境，真正吸引高新技术制造业集聚，为知识密集型服务业的发展提供市场规模支撑，借力知识密集型服务业增强城市创新能力，继而强化知识密集型服务业对塑造城市群创新多中心空间结构的调节作用。

8.2.3 优化城市群创新空间结构，为经济增长质量提升提供战略路径

鉴于城市群创新空间结构与经济增长质量之间的内在关联，本书提出优化城市群创新空间结构是提升经济增长质量的重要战略路径，具体建议包括以下几点：

（1）突破“省管市”的行政体制限制，探索建立基于城市群的城市创新战略协调机制与平台，在城市群尺度上优化配置创新投入与再造创新环境，突破城

市群创新空间结构优化的体制障碍。例如，可通过设立城市群创新委员会等类似机构强化城市群内部城市之间的创新协作。为此，须构建基于产业合作的、超越城市行政边界的跨空间协同创新网络，促进知识、人才等要素在城市之间的流动与共享。

城市群内城市之间创新合作也存在地理距离制约。地理距离的存在客观上要求创新主体间的跨空间协同。通过“制度协同—要素协同—结构协同—功能协同”的四阶段路径实现跨空间协同创新。城市间的制度协同是协同创新的基础条件，包括区域政策的耦合、相互间信任机制等社会资本的建立等，也包括企业间经营协同、人力资源协同、产品研发协同、市场协同等，它贯穿于要素协同、结构协同与功能协同的各个环节。通过业务协作与信任机制协同降低产业交易费用，从而降低要素协同、结构协同与功能协同的协同成本。制度协同也能促进技术的演进，技术的创新可以提升产品功能、降低经济成本。因此，制度协同能够为城市协同创新创造良好的制度平台，激活创新的“基因”，激励创新主体的创新行为。

要素协同强调城市间要素的整合。知识要素协同是关键，主要包括技术要素、资源要素、流程要素与人员要素的协同。人员是要素协同的主体，技术是协同的目标，资源是协同的对象，流程则表示协同的进程。其中，突出表现在城市人力资本质量的提升及技术水平的提升上，这主要通过风险投资、人员往来、培训、教育等途径，实现跨地域的编程知识的协作以及文化、组织、战略等缄默知识的交流与学习，进而促进要素高级化。与知识相关能力的协同能够以增强知识创新的方式显著提升各主体的绩效水平，要素合作为协同各方创造经济价值。

知识要素的协同能够显著改善城市的创新结构地位，结构的升级将价值嵌入到产业并使产业专业化，表现为产业不同模块间兼容性提高，模块内的专业化协作得以强化。在结构的协同演化中，会出现主导创新系统演化趋势的变量出现，即序参量的出现，结构的深化与升级反过来吸引高级知识要素，进一步优化子系统创新结构。知识要素高级化与知识结构的优化作用于产业系统，从而提升产业创新功能，改善城市创新发展绩效，提升城市竞争力，促进单体城市由非创新中心向创新次中心演变，提升整体城市群的创新多中心水平。

（2）制定差异化的创新多中心空间战略。总体来说，应统筹考虑城市群所具有的等级与地带属性，加强东部国家级城市群间的创新联系，发挥创新多中心城市群的知识溢出效应，防止东部国家级城市群创新多中心空间极化。对于中西部区域级及次区域级城市群来说，短期内可分享创新集聚带来的正向外部效应，但更应对城市群创新多中心空间结构战略体系进行前瞻考量。具体来看，一是鉴于地方科技支持、国家高新区及对外开放对中西部地区城市群创新多中心影响的效应不显著的经验证据，须重点强化中西部城市群地方政府科技支出、国家高新区及对外开放对区域创新的带动效应，提高三种创新动力转化为城市创新的功能。为三种创新动力创新效应的发挥提供环境保障。二是重点强化中西部城市群在城市群尺度上统筹考虑政府科技资金配置，以城市群创新空间结构优化为战略导向，切实提高中西部城市群政府科技战略效率。三是重新审视国家高新区在中西部城市群的空间布局，探索国家高新区的动态管理机制，体现国家制度动力的激励性与竞争性。四是提高全球创新动力嵌入中西部城市群空间的质量。为此，须重点改善中西部城市群的创新环境，为更高质量的外商投资创造条件。要加强中西部城市群的交通、通信等基础设施建设，促进中西部城市群与东部城市群的知识交流和人员往来，加强物质流、信息流等方面的联系，积极培育中西部城市群创新的主中心城市、次中心城市，增强其整体创新实力，优化城市群创新空间结构，推动整体经济高质量增长。

（3）试点出台《城市群创新多中心战略规划》，为优化城市群创新空间结构提供政策保障。鉴于城市群创新多中心空间结构对经济增长质量的积极促进作用，建议相关部门（以国家层面或省际联合的方式）选择条件相对成熟的城市群，适时出台《城市群创新多中心战略试点》等相关政策，打造城市群层面上的创新多中心战略，加速国家创新驱动战略目标的实现，为进一步提升国家经济增长质量提供更多的创新地理空间。

8.2.4　采取“双结构”协同推进战略，探索提升经济增长质量的新路径

协同推进产业结构调整与创新空间结构调整战略，从“双结构”战略实施中获取经济增长质量转向的“红利”。在推进创新空间结构战略进程中，不宜盲目选择创新单中心或创新多中心空间结构，应以产业结构水平为依据，强化创新产出与实体经济的融合，增强知识创新与产业门类的匹配度，为强化经济增长质量提供创新与产业“双动力”支撑，提高创新空间结构调整战略的科学性。在产业结构水平较低时，推进创新在有条件的大城市集聚，发挥创新单中心结构对经济增长质量的促进作用。但在产业结构升级渐趋成为城市发展紧迫任务的背景下，当产业结构水平较高时，应适时推动创新分散化，积极打造城市群创新多中

心空间结构，为城市经济高质量增长提供异质性知识来源。

8.3 研究不足与研究展望

8.3.1 研究不足

本书通过吸收社会学中的结构功能主义基本理论，并借鉴创新经济地理学、区域经济学的基本思想，基于单中心—多中心视角对城市群创新空间结构进行了测度，并从地方—国家—全球尺度深入研究城市群创新空间结构演化的作用机理，进而探讨城市群创新空间结构对经济增长质量的影响，以期拓展创新空间结构研究的视角，为创新空间结构优化以及经济增长质量提供新的经验证据。但限于笔者的学术水平及研究视野，本书研究仍存在以下几点研究不足：

（1）测度城市群创新空间结构所运用的数据及方法存在一定不足。考虑到数据的可得性，本书采用专利申请数量来测度城市群创新空间结构，仅考虑了“数量维度”上的创新，却忽视了“质量维度”上的创新。本书采用位序—规模法则测度城市群创新空间结构，但限于数据的可获得性，并没有通过考察区域之间的创新网络关系来分析创新单中心—创新多中心空间格局。

（2）在影响城市群创新空间结构因素的探讨上，本书仅单独考察地方创新动力、国家创新动力及全球创新动力与城市群创新空间结构之间的关系，受到反映三种创新动力互动数据可得性的制约，本书并没有对三种创新动力之间的互动和关联进行测度，因此，缺乏对三种创新动力互动对城市群创新空间结构影响的实证考察。

（3）本书采用资源依赖、全要素生产率和劳动生产率来反映经济增长质量，但经济增长质量表现维度丰富，尤其是生态环境质量也是衡量经济增长质量的重要方面，对此本书缺乏更为深入的研究。

8.3.2 研究展望

基于本书研究的不足，在未来需要继续深入研究以下几点内容：

（1）单中心—多中心视角下省域层面的创新空间结构研究。目前，省域依然是推动实施创新驱动战略的中观单元，通过获取省域城市的相关数据，对省域层面的创新空间结构进行测度，揭示其创新单中心—创新多中心空间格局特征，探索影响省域创新空间结构的作用机理，将是未来研究的重要内容之一。

（2）基于创新质量的城市群创新空间结构测度研究。创新不仅表现在创新的数量和规模上，更表现在质量上。如何获得相关数据、采取何种方法测度创新质量将是未来研究的难点之一。Balland 和 Rigby（2014）构造的知识复杂指数是较好反映创新质量的新指标，未来在该方法的基础上，基于创新质量测度城市群创新空间结构，以更准确地反映城市群创新的空间结构特征。

（3）地方创新动力、国家创新动力、全球创新动力三者互动对城市群创新空间结构的作用机理研究。在地方—国家—全球尺度下，地方创新动力会影响国家创新动力的发挥，国家创新动力也会影响和塑造地方创新动力，全球创新动力也会影响地方和国家的战略方向。构建三种创新动力之间的互动指数，进而实证探索三种创新动力互动对城市群创新空间结构演进的作用机理，将是未来亟须解决的关键问题。

（4）进一步拓宽经济增长质量的衡量维度。通过收集空气质量（PM2.5）、工业废水排放量等指标数据，构建衡量生态环境质量的综合评价指数，丰富经济增长质量的测度体系。

（5）深入剖析知识网络关系作用于经济增长质量的内在机理。在“流空间”背景下，基于知识流（如知识交易）的创新网络关联是创新空间结构研究的前沿，由于公开的相关统计资料的欠缺，知识流的数据获取较难。在未来有数据支撑的前提下（大数据及爬虫技术等），采用社会网络分析方法刻画创新网络关联（如技术市场中的技术交易网络等）中的创新单中心—多中心空间结构，从知识要素流动再配置的视角构建知识网络关系影响经济增长质量的机制变量，有助于更为深入地探索城市群创新空间结构作用于经济增长质量的内在机理。

参考文献

［1］方创琳，王振波，马海涛．中国城市群形成发育规律的理论认知与地理学贡献［J］．地理学报，2018，73（4）：651－665.

［2］孙铁山．中国三大城市群集聚空间结构演化与地区经济增长［J］．经济地理，2016，36（5）：63－70.

［3］OECD. Measuring What People Know, Human Capital Accounting for Knowledge Economy［R］. Paris：OECD, 1996.

［4］王胜光，王旭琰．中国创新发展的过程与战略构成——改革开放以来的实践与经验［J］．中国科学院院刊，2015，30（5）：611－618.

［5］蔡昉．中国经济增长如何转向全要素生产率驱动型［J］．中国社会科学，2013（1）：56－71.

［6］胡晨沛．改革开放以来中国经济增长模式探析：生产要素视角的国际比较［J］．云南财经大学学报，2021，37（4）：1－11.

［7］李平，付一夫，张艳芳．生产性服务业能成为中国经济高质量增长新动能吗［J］．中国工业经济，2017（12）：5－21.

［8］Duraton G, Puga D. Nursery Cities［J］. American Economc Review, 2001（91）：1454－1477.

［9］沈坤荣，赵倩．世界级城市群国际比较与区域高质量发展路径选择［J］．江海学刊，2018（2）：102－107.

［10］盖庆恩，朱喜，史清华．劳动力市场扭曲、结构转变和中国劳动生产率［J］．经济研究，2013（5）：87－97.

［11］郭春丽，王蕴，易信．正确认识和有效推动高质量发展［J］．宏观经济管理，2018（4）：18－25.

［12］余泳泽，张先轸．要素禀赋、适宜性创新模式选择与全要素生产率提

升［J］．管理世界，2015（9）：13－30.

［13］吕静韦，董微微．创新要素、创新环境与经济增长［J］．统计与决策，2021，37（9）：92－96.

［14］冯宗宪，王青，侯晓辉．政府投入、市场化程度与中国工业企业的技术创新效率［J］．数量经济技术经济研究，2011（4）：3－17.

［15］白俊红，卞元超．要素市场扭曲与中国创新生产的效率损失［J］．中国工业经济，2016（11）：39－55.

［16］孙彪，杨山．长三角地区城市创新投入要素的经济溢出效应及趋同格局［J］．地理科学进展，2021，40（1）：147－160.

［17］万勇．创新要素、空间格局与经济增长［J］．社会科学，2014（10）：47－55.

［18］杜能．孤立国同农业和国民经济的关系［M］．吴衡康，译．北京：商务印书馆，1986.

［19］阿尔弗雷德·韦伯．工业区位论［M］．李刚剑，陈志人，张英保，译．北京：商务印书馆，1997.

［20］伯尔蒂尔·俄林．地区间贸易和国际贸易［M］．北京：商务印书馆，1986.

［21］沃尔特·克里斯塔勒．德国南部中心地原理［M］．常正义，王中兴，译．北京：商务印书馆，1998.

［22］奥古斯特·廖什．经济空间秩序［M］．北京：商务印书馆，1995.

［23］Isard W. Location and Space Economy：A General Theory Relating to Industrial Location，Market Areas，Land Use，Trade and Urban Structure［M］．New York：The MIT Press，1956.

［24］Boventer，E. von，J. Hampe. Okonomische Grundlagen der Stadtplanung：Eine Einf Hrong in Die Stadt Konomie，Hannover Verlag der ARL，1988.

［25］Perroux F. Economic Space：Theory and Applications［J］．The Quarterly Journal of Economics，1950，64（1）：89－104.

［26］冈纳·缪尔达尔．世界贫困的挑战——世界反贫困大纲［M］．北京：北京经济学院出版社，1991.

［27］赫希曼．经济发展战略［M］．曹征海，潘照东，译．北京：经济科学出版社，1991.

［28］ Thompson J H. Some Theoretical Considerations for Manufacturing Geography ［J］. Economic Geography, 1966, 42 (4): 356 –365.

［29］ Vernon R. International Investment and International Trade in the Product Cycle ［J］. International Executive, 1982, 8 (4): 307 –324.

［30］ 陆大道. 工业的点轴开发模式与长江流域经济发展 ［J］. 学习与实践, 1985 (2): 37 –39.

［31］ 魏后凯. 区域开发理论研究 ［J］. 地域研究与开发, 1988 (1): 16 –19.

［32］ Friedmann J. Regional Development Policy: A Case Study of Venezuela ［M］. Cambridge: The MIT Press, 1966.

［33］ Vining Drj, Pallone R. Migration between Core and Peripheral Regions: A Description and Tentative Explanation of the Patterns in 22 Countries ［J］. Geoforum, 1982, 13 (4): 339 –410.

［34］ Krugman P. The Self – organizing Economy ［M］. Cambridge, Massachusetts: Blackwell Publishers, Ltd., 1996.

［35］ Krugman P. Geography and Trade ［M］. Cambridge, Massachusetts: The MIT Press, 1991.

［36］ Schumpeter J A. The Theory of Economic Development: An Inquiry into Profits, Capital, Credit, Interest, and the Business Cycle ［M］. Cambridge, Massachusetts: Harvard University Press, 1934.

［37］ 谭崇台. 发展经济学的新发展 ［M］. 武汉: 武汉大学出版社, 1999.

［38］ Grant R M. Prospering in Dynamically – competitive Environments: Organizational Capability as Knowledge Integration ［J］. Organization Science, 1996, 7 (4): 375 –387.

［39］ Maskell P, Malmberg A. The Elusive Concept of Localization Economies: Towards a Knowledge – based Theory of Spatial Clustering ［J］. Environment and Planning A, 2002 (2): 139 –145.

［40］ Freeman C. Technology Policy and Economic Performance: Lessons from Japan ［M］. London: Pinter Publishers, 1987.

［41］ Lundvall B A. National Systems of Innovation: Towards a Theory of Innovation and Interactive Learning ［M］. London: Pinter Publishers, 1992.

［42］ Nelson R R. National Systems of Innovations: A Comparative Analysis

[M]. Oxford: Oxford University Press, 1993.

[43] Martin R, Sunley P. Path Dependence and Regional Economic Evolution [J]. Journal of Economic Geography, 2006, 6 (4), 395 - 437.

[44] Fagerberg J, Mowery D, Verspagen B. Innovation - systems, Path - dependency and Policy: The Co - evolution of Science, Technology and Innovation Policy and Industrial Structure in a Small, Resource - based Economy [R]. Working Papers on Innovation Studies, Centre for Technology, Innovation and Culture, University of Oslo, 2008.

[45] Cooke P. Introduction: Regional Innovation Systems - An Evolutionary Approach. In P. Cooke, M. Heidenreich, & H. Braczyk (Eds.), Regional Innovation Systems [M]. London: Routledge, 2004.

[46] Markard J, Hekkert M, Jacobsson S. The Technological Innovation Systems Framework: Response to Six Criticisms [J]. Environmental Innovation and Societal Transitions, 2015 (16): 76 - 86.

[47] Aschalew D T, Berkhout F, Beukering P V. Technology Innovation Systems and Technology Diffusion: Adoption of Bio - digestion in an Emerging Innovation System in Rwanda [J]. Technological Forecasting & Social Change, 2015 (90): 318 - 330.

[48] Walrave B, Raven R. Modelling the Dynamics of Technological Innovation Systems [J]. Research Policy, 2016 (45): 1833 - 1844.

[49] 贾天明，雷良海．企业技术创新系统功能建模与协同演化动态机制 [J]. 中国科技论坛，2016 (7): 79 - 85.

[50] Liu G Y, Gao P, Chen F, et al. Technological Innovation Systems and IT Industry Sustainability in China: A Case Study of Mobile System Innovation [J]. Telematics and Informatics, 2018 (2): 183 - 195.

[51] 张林，杨志才．系统视角下知识经济功能驱动力研究 [J]．科技进步与对策，2014，31 (16): 141 - 146.

[52] Jonas V, Mondelaers K, Wauters E, et al. The Organizational Innovation System: A Systemic Framework for Radical Innovation at the Organizational Level [J]. Technovation, 2016 (52): 40 - 50.

[53] Binz C, Truffer B. Global Innovation Systems - A Conceptual Framework for

Innovation Dynamics in Transnational Contexts [J]. Research Policy, 2017 (46): 1284-1298.

[54] Chen J, Yin X M, Mei L. Holistic Innovation: An Emerging Innovation Paradigm [J]. International Journal of Innovation Studies, 2018 (2): 1-13.

[55] Havas A. Knowledge Intensive Activities Versus High-tech Sectors: Learning Options and Traps for Central European Policy-makers [J]. Soctal Science Electronic Publishing, 2010 (2): 117-125.

[56] Kenneth B K. Understanding Innovation [J]. Business Horizons, 2018 (61): 453-460.

[57] 张海洋，史晋川. 中国省际工业新产品技术效率研究 [J]. 经济研究，2011 (1): 83-96.

[58] 安同良，千慧雄. 中国居民收入差距变化对企业产品创新的影响机制研究 [J]. 经济研究，2014 (9): 62-76.

[59] 毛其淋，许家云. 政府补贴对企业新产品创新的影响——基于补贴强度"适度区间"的视角 [J]. 中国工业经济，2015 (6): 94-107.

[60] 俞仁智，何洁芳，刘志迎. 基于组织层面的公司企业家精神与新产品创新绩效——环境不确定性的调节效应 [J]. 管理评论，2015, 27 (9): 85-94.

[61] Hullmann A, Merey M. Publications and Patents in Nanotechnology [J]. Scientometrics, 2003, 58 (3): 507-527.

[62] Matthiessen C W, Schwarz A W, Find S. World Cities of Scientific Knowledge: Systems, Networks and Potential Dynamics: An Analysis Based on Bibliometric Indicators [J]. Urban Studies, 2010, 47 (9): 1879-1897.

[63] 吕拉昌，何爱，黄茹. 基于知识产出的北京城市创新职能 [J]. 地理研究，2014, 33 (10): 1817-1824.

[64] 刘云，蒋海军，樊威，等. 纳米科技国际合作创新网络结构与演化特征研究 [J]. 科研管理，2015, 36 (2): 41-49.

[65] 刘承良，桂钦昌，段德忠，等. 全球科研论文合作网络的结构异质性及其邻近性机理 [J]. 地理学报，2017, 72 (4): 737-752.

[66] Ernst H, Lichtenthaler U, Vogt C. The Impact of Accumulating and Reactivating Technological Experience on R&D Alliance Performance [J]. Journal of Management Studies, 2011, 48 (6): 1194-1216.

[67] Fang V W, Tian X, Tice S. Does Stock Liquidity Enhance or Impede Firm Innovation? [J] . The Journal of Finance, 2014, 69 (5): 2085 -2125.

[68] Cornaggia J, Mao Y, Tian X, et al. Does Banking Competition Affect Innovation? [J] . Journal of Financial Economics, 2015, 115 (1): 189 -209.

[69] 余明桂，范蕊，钟慧洁．中国产业政策与企业技术创新 [J] . 中国工业经济，2016 (12): 5 -22.

[70] 江轩宇．政府放权与国有企业创新——基于地方国企金字塔结构视角的研究 [J] . 管理世界，2016 (9): 120 -135.

[71] 李国平，王春杨．我国省域创新产出的空间特征和时空演化——基于探索性空间数据分析的实证 [J] . 地理研究，2012，31 (1): 95 -106.

[72] 林善浪，张作雄，刘国平．技术创新、空间集聚与区域碳生产率 [J]. 中国人口·资源与环境，2013，23 (5): 36 -45.

[73] 韩晶．基于 SFA 的中国高新技术产业创新效率研究 [J] . 科学学研究，2010，28 (3): 467 -472.

[74] 邬龙，张永安．基于 SFA 的区域战略性新兴产业创新效率分析——以北京医药和信息技术产业为例 [J] . 科学学与科学技术管理，2013，34 (10): 95 -102.

[75] Charnes A, Cooper W W. A Note on the Efficiency Characterizations Obtained in Different DEA Models [J] . Socio - Economic Planning Science, 1998, 22 (6): 253 -257.

[76] Wang C H, Gopal R D, Zionts S. Use of Data Envelopment Analysis in Assessing Information Technology Impact on Firm Performance [J] . Annals of Operations Research, 1996, 73 (1): 191 -213.

[77] 张江雪，朱磊．基于绿色增长的我国各地区工业企业技术创新效率研究 [J] . 数量经济技术经济研究，2012 (2): 113 -125.

[78] 晏蒙，孟令杰．基于 DEA 方法的中国工业科技创新效率分析 [J] . 中国管理科学，2015，23 (11): 77 -82.

[79] 杜志威，吕拉昌，黄茹．中国地级以上城市工业创新效率空间格局研究 [J] . 地理科学，2016，36 (3): 321 -327.

[80] Tone K. Dealing with Undesirable Outputs in DEA: Aslacks - based Measure (SBM) Approach [R] . GRIPS Research Report Series, 2003.

［81］钟祖昌．研发创新 SBM 效率的国际比较研究——基于 OECD 国家和中国的实证分析［J］．财经研究，2011，37（9）：80－90.

［82］何枫，马栋栋，祝丽云．雾霾约束下中国环境技术效率测度及影响因素研究——基于 SBM－Undesirable 的省际面板数据［J］．研究与发展管理，2016，28（5）：34－43.

［83］Frambach R T, Schilewaert N. Organizational Innovation Adoption a Multi－level Framework of Determinants and Opportunities for Future Research［J］. Journal of Business Research, 2002, 55（2）：163－176.

［84］Tödtling F, Trippl M. One Size Fits All?：Towards a Differentiated Regional Innovation Policy Approach［J］. Research Policy, 2005, 34（8）：1203－1219.

［85］Reinders M J, Frambach R T, Schoormans J P L. Using Product Bundling to Facilitate the Adoption Process of Radical Innovations［J］. Journal of Product Innovation Management, 2010, 27（7）：1127－1140.

［86］Silva G M, Styles C, Lages L F. Breakthrough Innovation in International Business：The Impact of Tech－innovation and Market－innovation on Performance［J］. International Business Review, 2017, 26（2）：391－404.

［87］Jayani R P, Yan H. Relationship between Innovation Capability, Innovation Type, and Firm Performance［J］. Journal of Innovation & Knowledge, 2018（3）：44－55.

［88］吴超鹏，唐菂．知识产权保护执法力度、技术创新与企业绩效——来自中国上市公司的证据［J］．经济研究，2016（11）：125－139.

［89］李文茜，刘益．技术创新、企业社会责任与企业竞争力——基于上市公司数据的实证分析［J］．科学学与科学技术管理，2017，38（1）：154－165.

［90］Ramadani V, Gerguri S. Innovation：Principles and Strategies［R］. MPRA Paper, 2010.

［91］蔡瑞林，陈万明，陈圻．低成本创新驱动制造业高端化的路径研究［J］．科学学研究，2014，32（3）：384－399.

［92］孙宁华，张翔．商业模式创新驱动全球价值链攀升［J］．河北学刊，2018，38（1）：118－128.

［93］马海燕，熊英，钟倩．网络嵌入、服务创新与制造企业转型升级绩效的关系研究［J］．中国地质大学学报（社会科学版），2018，18（1）：117－127.

［94］白极星，周京奎．研发聚集、创新能力与产业转型升级——基于中国工业企业数据实证研究［J］．科学决策，2017（1）：1－16.

［95］Rauter R，Globocnikb D，Vorbachc E P，et al. Open Innovation and Its Effects on Economic and Sustainability Innovation Performance［J］. Journal of Innovation & Knowledge，2018，3（4）：254－266.

［96］李恒．区域创新能力的空间特征及其对经济增长的作用［J］．河南大学学报（社会科学版），2012，52（4）：73－79.

［97］孙建，吴利萍，齐建国．中国区域创新对宏观经济影响的计量研究——东中西部三大区域实证分析［J］．研究与发展管理，2013，25（2）：66－73.

［98］史自力．区域创新能力与经济增长质量关系的实证研究［J］．重庆大学学报（社会科学版），2013，19（6）：1－8.

［99］唐未兵，傅元海，王展祥．技术创新、技术引进与经济增长方式转变［J］．经济研究，2014（7）：31－43.

［100］严翔，成长春．长江经济带科技创新效率与生态环境非均衡发展研究——基于双门槛面板模型［J］．软科学，2018，32（2）：11－15.

［101］王亚平，任建兰，程钰．科技创新对绿色发展的影响机制与区域创新体系构建［J］．山东师范大学学报（人文社会科学版），2017，62（4）：68－76.

［102］史世伟．德国国家创新体系与德国制造业的竞争优势［J］．德国研究，2009，24（1）：4－8.

［103］陈雨柯．中国创新能力对经济增长影响的实证研究［J］．经济问题，2012（2）：36－39.

［104］宋晶，陈劲．全球价值链升级下中国创新驱动发展战略的实施策略［J］．技术经济，2016，35（5）：6－10.

［105］Kwon S，Motohashi K. How Institutional Arrangements in the National Innovation Systemaffect Industrial Competitiveness：A Study of Japan and the U. S. with Multiagent Simulation［J］. Technological Forecasting and Social Change，2017，115（2）：221－235.

［106］吕拉昌，梁政骥，黄茹．中国主要城市间的创新联系研究［J］．地理科学，2015，35（1）：30－37.

［107］Harrison J，Hoyler M. Megaregions：Globalization's New Urban Form

[M]. Cheltenham, UK: Edward Elgar, 2015.

[108] 周灿，曾刚，宓泽锋，等. 区域创新网络模式研究——以长三角城市群为例 [J]. 地理科学进展，2017，36 (7)：795-805.

[109] 胡晓鹏. 长三角城市群创新能力比较研究 [J]. 南京社会科学，2006 (9)：44-53.

[110] 余斌，李星明，曾菊新，等. 武汉城市圈创新体系的空间分析——基于区域规划的视角 [J]. 地域研究与开发，2007，26 (1)：40-49.

[111] 陈诗波，王书华，冶小梅，等. 京津冀城市群科技协同创新研究 [J]. 中国科技论坛，2015 (7)：63-68.

[112] 李祖辉，李琳. 湖南3+5城市群创新能力差异分析及创新模式选择 [J]. 科技管理研究，2009 (10)：188-191.

[113] 金凤花，余光胜. 上海都市圈创新能力评价研究——基于因子分析和聚类分析 [J]. 科技管理研究，2013 (12)：13-16.

[114] 肖刚，杜德斌，李恒，等. 长江中游城市群城市创新差异的时空格局演变 [J]. 长江流域资源与环境，2016，25 (2)：199-207.

[115] 邹琳，曾刚，曹贤忠. 基于ESDA的长三角城市群研发投入空间分异特征及时空演化 [J]. 经济地理，2015，35 (3)：73-79.

[116] 陈瑜，谢富纪. 基于ESDA的中国长三角地区创新空间分异及演进研究 [J]. 技术经济，2017 (3)：8-13.

[117] 李梦琦，胡树华，王利军. 基于DEA模型的长江中游城市群创新效率研究 [J]. 软科学，2016，30 (4)：17-21.

[118] 李金滟，李泽宇，李超. 城市绿色创新效率实证研究——来自长江中游城市群的证据 [J]. 江西财经大学学报，2016 (6)：3-16.

[119] 胡树华，杨洁. 国内主要城市群创新能力的评价 [J]. 统计与决策，2010 (24)：53-55.

[120] 黄寰. 基于模糊层次综合评判法的区域技术创新能力综合评价——以四川省四大城市群为例 [J]. 社会科学家，2015 (12)：72-77.

[121] 肖泽磊，朱威鹏，范斐，等. 城市群创新投入的空间格局与创新绩效研究——以长江经济带所辖城市群为例 [J]. 人文地理，2017，32 (3)：61-67.

[122] 杨明海，张红霞，孙亚男. 七大城市群创新能力的区域差距及其分布

动态演进［J］. 数量经济技术经济研究，2017（3）：21－39.

［123］齐晶晶，曾立. 十大城市群自主创新能力及其协调发展程度测度分析［J］. 改革与战略，2018，34（2）：136－141.

［124］徐雪琪，程开明. 创新扩散与城市体系的空间关联机理及实证［J］. 科研管理，2008，29（5）：9－15.

［125］李阳，党兴华. 中部地区都市圈创新网络空间优化路径研究［J］. 经济问题，2013（12）：90－93.

［126］牛欣，陈向东. 城市间创新联系及创新网络空间结构研究［J］. 管理学报，2013，10（4）：575－582.

［127］李琳，龚胜. 长江中游城市群协同创新度动态评估与比较［J］. 科技进步与对策，2015，32（23）：118－124.

［128］Lee D S. The Changing Structures of Co－invention Networks in American Urban Areas［J］. Procedia Computer Science，2016（96）：1075－1085.

［129］陆天赞，吴志强，黄亮. 美国东北部城市群创新城市群落的社会网络关系、空间组织特征及演进［J］. 国际城市规划，2016，31（2）：51－60.

［130］Sonn J W，Storper M. The Increasing Importance of Geographical Proximity in Knowledge Production：An Analysis of US Patent Citations，1975－1997［J］. Environment and Planning A，2008，40（5）：1020－1039.

［131］Matthiessen C W，Schwarz A W，Find S. World Cities of Scientific Knowledge：Systems，Networks and Potential Dynamics：An Analysis Based on Bibliometric Indicators［J］. Urban Studies，2010，47（9）：1879－1897.

［132］Andersson D E，Gunessee S，Matthiessen C W，et al. The Geography of Chinese Science［J］. Environment and Planning A，2014，46（12）：2950－2971.

［133］蒋天颖，华明浩. 长三角区域创新空间联系研究［J］. 中国科技论坛，2014（10）：126－131.

［134］胡艳，时浩楠. 长三角城市群城市创新的空间关联分析——基于社会网络分析方法［J］. 上海经济研究，2017（4）：87－97.

［135］冉光和，徐鲲，鲁钊阳. 金融发展、FDI 对区域创新能力的影响［J］. 科研管理，2013，34（7）：45－52.

［136］王俊松，颜燕，胡曙虹. 中国城市技术创新能力的空间特征及影响因素——基于空间面板数据模型的研究［J］. 地理科学，2017，37（1）：11－18.

［137］马静，邓宏兵，蔡爱新．中国城市创新产出空间格局及影响因素——来自285个城市面板数据的检验［J］．科学学与科学技术管理，2017，38（10）：12－24.

［138］王垚，钮心毅，宋小冬．“流空间”视角下区域空间结构研究进展［J］．国际城市规划，2017，32（6）：27－33.

［139］李振华，赵敏如，王佳硕．社会资本对区域科技孵化网络创新产出影响——基于多中心治理视角［J］．科学学研究，2016，34（4）：564－573.

［140］郑兴有，王鹏．信息化程度及地理分布对区域创新投入产出效应的影响［J］．经济与管理，2013，27（9）：85－90.

［141］张敏，张一力．文化嵌入、契约治理与企业创新行为的关系研究——来自温州民营企业的实证检验［J］．科学学研究，2014（3）：454－463.

［142］王克婴，张翔．文化产业集聚对国际创意大都市空间结构重构的影响［J］．城市发展研究，2012，19（12）：88－93.

［143］North D. Growth and Structure Change［M］. New York：W. W. Notton，1981.

［144］Knack S，Keefer P. Institutions and Economic Performance：Cross－country Tests Using Alternative Institutional Measures［J］. Economics & Politics，1995（3）：207－227.

［145］林毅夫．经济发展与转型——思潮、战略与有生能力［M］．北京：北京大学出版社，2008.

［146］王丰龙，曾刚，周灿，等．中国地方政府科技财政支出对企业创新产出的影响研究——来自工业企业数据库的证据［J］．地理科学，2017，37（11）：1632－1639.

［147］Czarnitzki D，Hanel P，Rosa J M. Evaluating the Impact of R&D Tax Credits on Innovation：A Microeconometric Study on Canadian Firms［J］. Research Policy，2011，40（2）：217－229.

［148］Kang K N，Park H. Influence of Government R&D Support and Inter－firm Collaborations on Innovation in Korean Biotechnology SMEs［J］. Technovation，2012，32（1）：68－78.

［149］白俊红．中国的政府R&D资助有效吗？来自大中型工业企业的经验证据［J］．经济学（季刊），2011，10（4）：1375－1400.

[150] Wallsten S J. The Effects of Government – industry R&D Programs on Private R&D: The Case of the Small Business Innovation Research Program [J]. The Rand Journal of Economics, 2000, 31 (1): 82 – 100.

[151] Bloom N, Griffith R, Van Reenen J. Do R&D Tax Credits Work? Evidence from a Panel of Countries 1979 – 1997 [J]. Journal of Public Economics, 2002, 85 (1): 1 – 31.

[152] 朱平芳，徐伟民. 政府的科技激励政策对大中型工业企业 R&D 投入及其专利产出的影响——上海市的实证研究 [J]. 经济研究，2003 (6): 45 – 53.

[153] 丁魁礼，张云娣，杨芳. 珠三角政府科技投入规模和强度的比较研究 [J]. 科技管理研究，2014 (14): 91 – 96.

[154] 金彦龙，杨传鑫，杨皎平. 辽宁沿海经济带政府科技投入效益的实证分析 [J]. 经济研究参考，2014 (28): 17 – 21.

[155] 杨少华，范红忠. 多中心城市的内生形成与政府政策的影响 [J]. 当代经济科学，2006，28 (6): 15 – 21.

[156] 赵璟，党兴华，王修来. 城市群空间结构的演变——来自中国西部地区的经验证据 [J]. 经济评论，2009 (4): 27 – 34.

[157] 滕堂伟，方文婷. 新长三角城市群创新空间格局演化与机理 [J]. 经济地理，2017，37 (4): 66 – 75.

[158] Patel P, Pavitti K. The Nature and Economic Importance of National Innovation System [R]. OECD, STI, 1994.

[159] 方玉梅，魏晓文. 科技创新中国家制度安排理论研究述评 [J]. 现代管理科学，2012 (3): 96 – 98.

[160] 倪鹏飞，白晶，杨旭. 城市创新系统的关键因素及其影响机制——基于全球 436 个城市数据的结构化方程模型 [J]. 中国工业经济，2011 (2): 16 – 25.

[161] 黄宁燕，王培德. 实施创新驱动发展战略的制度设计思考 [J]. 中国软科学，2013 (4): 60 – 68.

[162] Anton J J, Greene H, Yao D A. Policy Implications of Weak Patent Rights [J]. Innovation Policy and the Economy, 2006 (6): 1 – 26.

[163] 郭春野，庄子银. 知识产权保护与“南方”国家的自主创新激励

[J]. 经济研究, 2012 (9): 32-45.

[164] 王永进, 冯笑. 行政审批制度改革与企业创新 [J]. 中国工业经济, 2018 (2): 24-42.

[165] 安虎森, 季赛卫. 演化经济地理学理论研究进展 [J]. 学习与实践, 2014 (7): 5-18.

[166] 高照军, 武常岐. 制度理论视角下的企业创新行为研究——基于国家高新区企业的实证分析 [J]. 科学学研究, 2014, 32 (10): 1580-1592.

[167] 刘斌, 王红兵. 创新驱动发展背景下国家高新区的功能定位分析 [J]. 科学管理研究, 2017, 35 (3): 1-5.

[168] 谢子远. 国家高新区技术创新效率影响因素研究 [J]. 科研管理, 2011, 32 (11): 52-58.

[169] 闫国庆, 孙琪, 陈超, 等. 国家高新技术产业开发区创新水平测度指标体系研究 [J]. 中国软科学, 2008 (4): 141-148.

[170] 李斌, 杜斌, 王平. 市场导向对国家高新区技术创新的影响机制 [J]. 经济与管理研究, 2016, 37 (37): 73-81.

[171] 王战和, 许玲. 高新技术产业开发区与城市社会空间结构演变 [J]. 人文地理, 2006, 21 (2): 65-67.

[172] 贺灿飞. 转型经济地理研究 [M]. 北京: 经济科学出版社, 2017.

[173] 刘志彪. 在新一轮高水平对外开放中实施创新驱动战略 [J]. 南京大学学报 (哲学·人文科学·社会科学), 2015 (2): 18-24.

[174] 郑展鹏. 中部六省对外开放度的实证研究: 2000~2007 [J]. 国际贸易问题, 2009 (12): 70-74.

[175] 靳涛, 陶新宇. 政府支出和对外开放如何影响中国居民消费? ——基于中国转型式增长模式对消费影响的探究 [J]. 经济学 (季刊), 2016, 16 (1): 122-146.

[176] 章潇萌, 杨宇菲. 对外开放与我国产业结构转型的新路径 [J]. 管理世界, 2016 (3): 25-35.

[177] 孙斌栋. 中国城市群空间结构的演化与影响因素——基于人口分布的形态单中心—多中心视角 [J]. 地理科学进展, 2017, 36 (10): 1294-1303.

[178] 侯纯光, 程钰, 任建兰, 等. 中国创新能力时空格局演变及其影响因素 [J]. 地理科学进展, 2016, 35 (10): 1206-1217.

［179］刘鹏，张运峰．产业集聚、FDI与城市创新能力——基于我国264个地级市数据的空间杜宾模型［J］．华东经济管理，2017，31（5）：56－65.

［180］王鹏，陆浩然．区域创新效率的空间差异及其影响因素研究——以广佛肇经济圈为例［J］．科技管理研究，2012（22）：82－86.

［181］王俊松，颜燕，胡曙虹．中国城市技术创新能力的空间特征及影响因素——基于空间面板数据模型的研究［J］．地理科学，2017，37（1）：11－18.

［182］张贵，李涛．京津冀城市群创新产出空间差异的影响因素分析［J］．华东经济管理，2018，32（1）：69－76.

［183］Fischer M M，Scherngell T，Jansenberger E. The Geography of Knowledge Spillovers between High－technology Firms in Europe：Evidence from a Spatial Interaction Modeling Perspective［J］. Geographical Analysis，2005，38（3）：288－309.

［184］Lesage J P，Fischer M M，Scherngell T. Knowledge Spillovers across Europe：Evidence from a Poisson Spatial Interaction Model with Spatial Effects［J］. Papersin Regional Science，2007，86（3）：393－421.

［185］王何，逄爱梅．我国三大都市圈域中心城市功能效应比较［J］．城市规划汇刊，2003（2）：72－76.

［186］程开明．城市体系中创新扩散的空间特征研究［J］．科学学研究，2010，28（5）：793－799.

［187］高丽娜，朱舜，李洁．创新集聚与溢出、空间效应与长三角城市群协同发展［J］．华东经济管理，2016，30（5）：81－85.

［188］何天祥．环长株潭城市群技术进步及空间溢出效应研究［J］．经济地理，2014，34（5）：109－115.

［189］Grossman G M，Helpman E. Trade，Knowledge Spillovers and Growth［J］. European Economic Review，1991，35（2）：517－526.

［190］Keilbach M C. Spatial Knowledge Spillovers and the Dynamics of Agglomeration and Regional Growth［M］. Physica Verlag：Heidelberg，2000.

［191］郝寿义．城市化水平、技术创新与城市经济增长——基于我国25个城市面板数据的实证研究［J］．现代管理科学，2012（1）：74－76.

［192］徐维祥，张凌燕，刘程军，等．城市功能与区域创新耦合协调的空间联系研究——以长江经济带107个城市为实证［J］．地理科学，2017，37（11）：1659－1667.

［193］沈坤荣，赵倩．世界级城市群国际比较与区域高质量发展路径选择［J］．江海学刊，2018（2）：103－107.

［194］吴福象，沈浩平．新型城镇化、创新要素空间集聚与城市群产业发展［J］．中南财经政法大学学报，2013（4）：36－42.

［195］张建清，边娜，范斐．基于PVAR模型的长江中游城市群新型城镇化与科技创新关联性分析［J］．科技管理研究，2017（16）：103－109.

［196］郭进，徐盈之，王美昌．金融外部性、技术外部性与中国城市群建设［J］．经济学动态，2016（6）：74－84.

［197］黄志基，贺灿飞．制造业创新投入与中国城市经济增长质量研究［J］．中国软科学，2013（3）：89－100.

［198］秦耀辰，张丽君，鲁丰先，等．国外低碳城市研究进展［J］．地理科学进展，2010，29（12）：1459－1469.

［199］王利伟，马尧天，欧阳慧．我国城市群低碳化布局的基本特征及影响因素［J］．宏观经济研究，2017（5）：125－133.

［200］邱立新，徐海涛．中国城市群碳排放时空演变及影响因素分析［J］．软科学，2018，32（1）：109－113.

［201］李明生，侯芳芳．基于DEA的长株潭城市群低碳经济发展效率评价研究［J］．工业技术经济，2016（5）：106－111.

［202］Han F，Xie R，Lu Y，et al. The Effects of Urban Agglomeration Economies on Carbon Emissions：Evidence from Chinese Cities［J］．Journal of Cleaner Production，2018（172）：1096－1110.

［203］Kang Z Y，Li K，Qu J Y. The Path of Technological Progress for China's Low－carbon Development：Evidence from Three Urban Agglomerations［J］．Journal of Cleaner Production，2018（178）：644－654.

［204］Burgess E. The Growth of the City［M］．Chicago：University of Chicago Press，1925.

［205］Lee B. "Edge" or "Edgeless" Cities? Urban Spatial Structure in US Metropolitan Areas，1980 to 2000［J］．Journal of Regional Science，2007，47（3）：479－515.

［206］Phelps N A. Suburbs for Nations? Some Interdisciplinary Connections on the Suburban Economy［J］．Cities，2010，27（2）：68－76.

[207] Meijers E. Measuring Polycentricity and Its Promises [J]. European Planning Studies, 2008, 16 (9): 1313 - 1323.

[208] Kauffmann A. Is the "Central German Metropolitan Region" Spatially Integrated? An Empirical Assessment of Commuting Relations [J]. Urban Studies, 2016, 53 (9): 1853 - 1868.

[209] Bertaud A. The Spatial Organization of Cities: Deliberate Outcome or Unforeseen Consequence? [J]. Infection and Immunity, 2004, 74 (7): 43 - 60.

[210] Burgalassi D. Defining and Measuring Polycentric Regions: The Case of Tuscany [R]. MPRA Paper 25880, University Library of Munich, Germany, 2010.

[211] Kloosterman R, Musterd S. The Polycentric Urban Region: Towards a Research Agenda [J]. Urban Studies, 2001, 38 (4): 623 - 633.

[212] Li Y C, Liu X J. How Did Urban Polycentricity and Dispersion Affect Economic Productivity? A Case Study of 306 Chinese Cities [J]. Landscape and Urban Planning, 2018 (173): 51 - 59.

[213] Li Y, Phelps N. Megalopolis Unbound: Knowledge Collaboration and Functional Polycentricity within and Beyond the Yangtze River Delta Region in China [J]. Urban Studies, 2016, 55 (2): 1 - 17.

[214] Meeteren M V, Poorthuis A, Derudder B, et al. Pacifying Babel's Tower: A Scientometric Analysis of Polycentricity in Urban Research [J]. Urban Studies, 2016, 53 (6): 1278 - 1298.

[215] Anas A, Arnott R, Small K A. Urban Spatial Structure [J]. Journal of Economic Literature, 1998, 36 (3): 1426 - 1464.

[216] Modarres A. Polycentricity, Commuting Pattern, Urban Form: The Case of Southern California [J]. International Journal of Urban and Regional Research, 2011, 35 (6): 1192 - 1211.

[217] Miquel À, Garcia L, Ivan M. Employment Decentralisation: Polycentricity or Scatteration? The Case of Barcelona [J]. Urban Studies, 2010, 47 (14): 3035 - 3056.

[218] Burger M J, Goei B, Laan L, et al. Heterogeneous Development of Metropolitan Spatial Structure: Evidence from Commuting Patterns in English and Welsh City - regions [J]. Cities, 2011 (28): 160 - 170.

[219] Zambona I, Serrab P, Grigoriadisc E, et al. Emerging Urban Centrality: An Entropy - based Indicator of Polycentric Development and Economic Growth [J]. Land Use Policy, 2017 (68): 365 - 371.

[220] Lemoy R, Raux C, Jensen P. Exploring the Polycentric City with Multi - worker Households: An Agent - based Microeconomic Model [J]. Computers, Environment and Urban Systems, 2017 (62): 64 - 73.

[221] 孙斌栋，魏旭红. 上海都市区就业—人口空间结构演化特征 [J]. 地理学报，2014，69 (6): 747 - 758.

[222] 张亮，岳文泽，刘勇. 多中心城市空间结构的多维识别研究——以杭州为例 [J]. 经济地理，2017，37 (6): 67 - 75.

[223] Lin D, Allan A, Cui J Q. The Impact of Polycentric Urban Development on Commuting Behaviour in Urban China: Evidence from Four Sub - centres of Beijing [J]. Habitat International, 2015 (50): 195 - 205.

[224] Huang D Q, Liu Z, Zhao X S, et al. Emerging Polycentric Megacity in China: An Examination of Employment Subcenters and Their Influence on Population Distribution in Beijing [J]. Cities, 2017 (69): 36 - 45.

[225] Camagni R. From City Hierarchy to City Network: Reflections about an Emerging Paradigm [M]. Berlin: Spring Berlin Heidelberg, 1993.

[226] Scott A J. Global City - regions: Trends, Theory, Policy [M]. Oxford: Oxford University Press, 2001.

[227] Hall P G, Pain K. The Polycentric Metropolis: Learning from Mega - city Regions in Europe [M]. London, UK: Earthscan, 2006.

[228] Casello J M. Transit Competitiveness in Polycentric Metropolitan Regions [J]. Transportation Research Part A Policy & Practice, 2007, 41 (1): 19 - 40.

[229] Meijers E, Hoogerbrugge M, Cardoso R. Beyond Polycentricity: Does Stronger Integration between Cities in Polycentric Urban Regions Improve Performance? [J]. Journal of Economic and Social Geography, 2017, 109 (1): 1 - 21.

[230] 史雅娟，朱永彬，冯德显，等. 中原城市群多中心网络式空间发展模式研究 [J]. 地理科学，2012，32 (12): 1430 - 1438.

[231] 晁恒，马学广，李贵才. 珠江三角洲地区多中心空间结构的特征及演变 [J]. 地域研究与开发，2014，33 (6): 12 - 18.

[232] Zhao X M, Derudder B, Huang J H. Examining the Transition Processes in the Pearl River Delta Polycentric Mega – city Region through the Lens of Corporate Networks [J] . Cities, 2017 (60): 147 – 155.

[233] Lambooy J G. Polynucleation and Economic Development: The Randstad [J] . European Planning Studies, 1998, 6 (4): 457 – 466.

[234] Bailey N, Turok I. Central Scotland as a Polycentric Urban Region: Useful Planning Concept or Chimera [J] . Urban Studies, 2001, 38 (4): 697 – 715.

[235] Zhao M X, Chen C. Polycentric Network Organization of Mega – city Regions in Yangtze River Delta [J] . Procedia Earth and Planetary Science, 2011 (2): 309 – 314.

[236] 刘修岩, 李松林, 陈子扬. 多中心空间发展模式与地区收入差距 [J] . 中国工业经济, 2017 (10): 25 – 43.

[237] Veneri P. Urban Polycentricity and the Costs of Commuting: Evidence from Italian Metropolitan Areas [J] . Growth and Change, 2010, 41 (3): 403 – 429.

[238] 蔡莉丽, 马学广, 陈伟劲, 等. 基于客运交通流的珠三角城市区域功能多中心特征研究 [J] . 经济地理, 2013, 33 (11): 52 – 57.

[239] 冯长春, 谢旦杏, 马学广, 等. 基于城际轨道交通流的珠三角城市区域功能多中心研究 [J] . 地理科学, 2014, 34 (6): 648 – 655.

[240] 李涛, 张伊娜. 企业关联网络视角下中国城市群的多中心网络比较研究 [J] . 城市发展研究, 2017, 24 (3): 116 – 124.

[241] Ivanova N I. Research and Innovation in a Polycentric World [J] . Herald of The Russian Academy of Sciences, 2012, 82 (4): 269 – 278.

[242] Stefan L, Thierstein A, Bentlage M. The Relational Geography of the Knowledge Economy in Germany: On Functional Urban Hierarchies and Localised Value Chain Systems [J] . Urban Studies, 2013, 50 (2): 276 – 293.

[243] Muniz I, Garcia M A. The Polycentric Knowledge Economy in Barcelona [J] . Urban Geography, 2010, 31 (6): 774 – 799.

[244] Luethi S, Thierstein A, Goebel V. Intra – firm and Extra – firm Linkages in the Knowledge Economy: The Case of the Emerging Mega – city Region of Munich [J] . Global Networks – A Journal of Transnational Affairs, 2010, 10 (1): 114 – 137.

［245］ Munter A，Volgmann K. The Metropolization and Regionalization of the Knowledge Economy in the Multi – core Rhine – ruhr Metropolitan Region ［J］. European Planning Studies，2014，22（12）：2542 – 2560.

［246］ Champion A G. A Changing Demographic Regime and Evolving Polycentric Urban Regions：Consequences for the Size，Composition and Distribution of City Populations ［J］. Urban Studies，2001，38（4）：657 – 677.

［247］ Bontje M. Dealing with Deconcentration：Population Deconcentration and Planning Response in Polynucleated Urban Regions in North – west Europe ［J］. Urban Studies，2001，38（4）：769 – 785.

［248］ 蒋丽，吴缚龙. 2000—2010年广州人口空间分布变动与多中心城市空间结构演化测度［J］. 热带地理，2013，33（2）：147 – 155.

［249］ 刘爱华，邹哲，刘淼. 基于人口密度模型的大都市空间结构演化——以天津市为例［J］. 城市发展研究，2015，22（3）：11 – 14.

［250］ Giuliano G，Small K A. The Determinants of Growth of Employment Subcenters ［J］. Journal of Transport Geography，1999，7（3）：189 – 201.

［251］ Craig S G，Kohlhase J E，Perdue A W. Empirical Polycentricity：The Complex Relationship between Employment Centers ［J］. Journal of Regional Science，2016，56（1）：25 – 52.

［252］ 于涛方，吴唯佳. 单中心还是多中心：北京城市就业次中心研究［J］. 城市规划学刊，2016（3）：21 – 29.

［253］ Cladera J R，Duarte C R，Moix M. Urban Structure and Polycentrism：Towards a Redefinition of the Sub – centre Concept ［J］. Urban Studies，2009，46（13）：2841 – 2868.

［254］ McMillen D P，Smith S. The Number of Subcenters in Large Urban Areas ［J］. Journal of Urban Economics，2003（3）：321 – 338.

［255］ Krehl A. Urban Spatial Structure：An Interaction between Employment and Built – up Volumes ［J］. Regional Studies Regional Science，2015，2（1）：289 – 307.

［256］ Pereira R H M，Nadalin V，Monasterio L，et al. Urbancentrality：A Simple Index ［J］. Geographical Analysis，2013，45（1）：77 – 89.

［257］ Green N. Functional Polycentricity：A Formal Definition in Terms of Social

Network Analysis [J] . Urban Studies, 2007, 44 (11): 2077 -2103.

[258] Liu X J, Wang M S. How Polycentric Is Urban China and Why? A Case Study of 318 Cities [J] . Landscape and Urban Planning, 2016 (151): 10 -20.

[259] Champion T, Coombes M. Is Pennine England Becoming More Polycentric or More Centripetal? An Analysis of Commuting Flows in a Transforming Industrial Region, 1981 -2001 [R] . SERC Discussion Paper 105, 2012.

[260] 罗震东. 长江三角洲地区功能多中心程度初探 [J] . 国际城市规划, 2010, 25 (1): 60 -65.

[261] 赵渺希, 钟烨, 徐高峰. 中国三大城市群多中心网络的时空演化 [J] . 经济地理, 2015, 35 (3): 52 -59.

[262] Batty M. The Size, Scale, and Shape of Cities [J] . Science, 2008, 319 (5864): 769 -771.

[263] Meijers E. Measuring Polycentricity and Its Promises [J] . European Planning Studies, 2008, 16 (9): 1313 -1323.

[264] 钟海燕. 成渝经济区城市体系优化分析——基于位序规模模型 [J]. 地域研究与开发, 2014, 33 (3): 60 -63.

[265] 李嫚. 京津冀城市群"等级—规模"分布演进及协同发展研究 [J]. 经济问题探索, 2017 (12): 126 -131.

[266] Marhubi A F. Export Diversification and Growth [J] . Applied Economics Letters, 2000, 7 (9), 559 -562.

[267] Meijers E, Hoogerbrugge M, Cardoso R. Beyond Polycentricity: Does Stronger Integration between Cities in Polycentric Urban Regions Improve Performance? [J] . Tijdschrift Voor Economische En Sociale Geografie, 2018, 109 (1): 1 -21.

[268] Meijers E J, Burger M J. Spatial Structure and Productivity in US Metropolitan Areas [J] . Environment and Planning A, 2010, 42 (6): 1383 -1402.

[269] 魏守华, 陈扬科, 陆思桦. 城市蔓延、多中心集聚与生产率 [J] . 中国工业经济, 2016 (8): 58 -75.

[270] 华杰媛, 孙斌栋. 中国大都市区多中心空间结构经济绩效测度 [J]. 城市问题, 2015 (9): 68 -73.

[271] Cervero R. Efficient Urbanization: Economic Performance and the Shape of the Metropolis [J] . Urban Studies, 2001, 38 (10): 1651 -1671.

[272] Lee B, Gordon P. Urban Spatial Structure and Economic Growth in U. S. Metropolitan Areas [C]. The 46th Annual Meetings of the Western Regional Science Association, at Newport Beach, CA, 2007.

[273] CEC. European Spatial Development Perspective: Towards Balanced and Sustainable Development of the Territory of the EU. Luxembourg [R]. Office for Official Publications of the European Communities, 1999.

[274] ESPON. Potentials for Polycentric Development in Europe: The ESPON 1. 1. 1 Project Report [J]. Planning Pructice & Research, 2005, 20 (2): 235 - 239.

[275] Angelidis M. Polycentricity in Policies: The Greek Case [J]. Built Environment, 2005 (31): 112 - 121.

[276] Meijers E, Sandberg K. Reducing Regional Disparities by Means of Polycentric Development: Panacea or Placebo? [J]. Science Regionali: The Italian Journal of Regional Science, 2008, 7 (2): 71 - 96.

[277] Maly J. Impact of Polycentric Urban Systems on Intra - regional Disparities: A Micro - regional Approach [J]. European Planning Studies, 2016, 24 (1): 116 - 138.

[278] 谭崇台. 发展经济学的新发展 [M]. 武汉: 武汉大学出版社, 1999.

[279] Marshall A. Principles of Economics [M]. London: MacMillan, 1920.

[280] 任力. 技术进步与经济增长的理论变迁 [D]. 厦门: 厦门大学, 2005.

[281] Solow R. A Contribution to the Theory of Economic Growth [J]. The Quarterly Journal of Economics, 1956 (70): 65 - 94.

[282] 易纲, 樊纲, 李岩. 关于中国经济增长与全要素生产率的理论思考 [J]. 经济研究, 2003 (8): 13 - 20.

[283] 傅家骥, 姜彦福, 雷家骕. 高质量经济增长的实现要素分析 [J]. 数量经济技术经济研究, 1994 (3): 9 - 17.

[284] 杨久炎. 技术创新: 高质量经济增长的源泉 [J]. 科学学研究, 1995 (1): 50 - 55.

[285] 陶爱萍, 江鑫. 城市规模对劳动生产率的影响——以中国 267 个城市为例 [J]. 城市问题, 2017 (8): 15 - 21.

［286］许小青，魏威，徐佳辉．创新驱动出口产品质量升级的国外研究动态综述［J］．金融经济，2018（16）：103－106.

［287］陈昌兵．新时代我国经济高质量发展动力转换研究［J］．上海经济研究，2018（5）：16－24.

［288］陈诗一，陈登科．雾霾污染、政府治理与经济高质量发展［J］．经济研究，2018，53（2）：20－34.

［289］罗勇，王亚，范祚军．异质型人力资本、地区专业化与收入差距——基于新经济地理学视角［J］．中国工业经济，2013（2）：31－43.

［290］Barro J. Quality and Quantity of Economic Growth［R］. Central Bank of Chile, 2002.

［291］钞小静，任保平．中国地区经济增长质量的时序变化与地区差异分析［J］．经济研究，2011（4）：26－40.

［292］任保平，李禹墨．经济高质量发展中生产力质量的决定因素及其提高路径［J］．经济纵横，2018（7）：27－34.

［293］蔡昉．如何认识和提高经济增长质量［J］．科学发展，2017（3）：5－10.

［294］郭春丽，王蕴，易信．正确认识和有效推动高质量发展［J］．宏观经济管理，2018（4）：18－25.

［295］周振华．经济高质量发展的新型结构［J］．上海经济研究，2018（9）：31－34.

［296］刘志彪．理解高质量发展：基本特征、支撑要素与当前重点问题［J］．学术月刊，2018，50（7）：39－45.

［297］师博，任保平．中国省际经济高质量发展的测度与分析［J］．经济问题，2018（4）：1－6.

［298］宫汝娜，张涛．区域高质量发展的内涵与测度研究——九大国家中心城市的实证分析［J］．技术经济与管理研究，2021（1）：105－110.

［299］张立群．积极改善宏观调控方式 实现经济高质量增长［J］．宏观经济管理，2004（10）：13－16.

［300］郎丽华，周明生．迈向高质量发展与国家治理现代化——第十二届中国经济增长与周期高峰论坛综述［J］．经济研究，2018，53（9）：204－208.

［301］田艳平，徐玮，顾贾能．影响工业高质量增长的制度性因素——基于

中国式分权的研究［J］．学习与实践，2018（5）：40－50.

［302］黄速建，肖红军，王欣．论国有企业高质量发展［J］．中国工业经济，2018（10）：19－41.

［303］高淑桂．实现高质量发展的核心驱动因素研究［J］．宏观经济管理，2018（9）：63－68.

［304］丁涛，顾金亮．科技创新驱动江苏地区经济高质量发展的路径研究［J］．南通大学学报（社会科学版），2018，34（4）：41－46.

［305］茹少峰，魏博阳，刘家旗．以效率变革为核心的我国经济高质量发展的实现路径［J］．陕西师范大学学报（哲学社会科学版），2018，47（3）：114－125.

［306］任保平，李禹墨．新时代我国高质量发展评判体系的构建及其转型路径［J］．陕西师范大学学报（哲学社会科学版），2018，47（3）：105－113.

［307］刘兰，甘德安．技能结构优化、技术进步与高质量发展［J］．学习与实践，2018（9）：13－21.

［308］向国成，李真子．实现经济的高质量稳定发展：基于新兴古典经济学视角［J］．社会科学，2016（7）：57－63.

［309］蒲晓晔，Jarko Fidrmuc．中国经济高质量发展的动力结构优化机理研究［J］．西北大学学报（哲学社会科学版），2018，48（1）：113－118.

［310］李平，付一夫，张艳芳．生产性服务业能成为中国经济高质量增长新动能吗［J］．中国工业经济，2017（12）：5－21.

［311］赵倩，沈坤荣．以城市群建设推动区域经济高质量发展研究［J］．经济纵横，2018（9）：92－98.

［312］侯鹏．新时代我国经济如何实现高质量发展［J］．人民论坛，2018（23）：86－87.

［313］刘友金，周健．"换道超车"：新时代经济高质量发展的新机遇与新路径［J］．社会科学文摘，2018（4）：42－44.

［314］Howard E. Garden Cities of Tomorrow［M］. London, UK: Swan Sonnenschein, 1898.

［315］Geddes P. Cities in Evolution: An Introduction to the Town－planning Movement and the Study of Cities［M］. London, UK: Williams and Norgate, 1915.

［316］Comte A. System of Positive Polity［M］. London: Longmans Green

Press, 1975.

［317］孙一飞．城镇密集区的界定——以江苏省为例［J］．经济地理，1995（3）：36－40.

［318］刘荣增．城镇密集区及其相关概念研究的回顾与再思考［J］．人文地理，2003（3）：13－17.

［319］Gottmann J. Megalopolis or the Urbanization of the Northeastern Seaboard［J］．Economic Geography，1957，33（7）：189－200.

［320］刘易斯．城市发展史——起源、演变和前景［M］．芒福德，倪文彦，等译．北京：中国建筑工业出版社，1989.

［321］史育龙，周一星．关于大都市带（都市连绵区）研究的论争及近今进展述评［J］．国际城市规划，2009，24（S1）：160－166.

［322］Mcgee T G. The Emergence of Desa－kota Regions in Asia：Expanding a Hypothesis［M］．Honolulu，Hawaii：University of Hawaii Press，1991.

［323］于洪俊，宁越敏．城市地理概论［M］．合肥：安徽科学技术出版社，1983.

［324］姚士谋，等．中国的城市群［M］．合肥：中国科技大学出版社，1992.

［325］姚士谋，陈爽，陈振光．关于城市群基本概念的新认识［J］．现代城市研究，1998（6）：15－17.

［326］朱英明，姚士谋，李玉见．我国城市群地域结构理论研究［J］．现代城市研究，2002（6）：50－52.

［327］张伟．都市圈的概念、特征及其规划探讨［J］．城市规划，2003（6）：47－50.

［328］邹军．都市圈与都市圈规划的初步探讨——以江苏都市圈规划实践为例［J］．现代城市研究，2003（4）：29－35.

［329］谢守红．都市区、都市圈和都市带的概念界定与比较分析［J］．城市问题，2008（6）：19－23.

［330］田丽琴．关于城市经济带建设的几个问题［J］．山东财政学院学报，2001（5）：85－89.

［331］杨凤，秦书生．城市经济带的理论渊源及概念辨析［J］．经济纵横，2007（6）：42－45.

［332］洪世键，黄晓芬．大都市区概念及其界定问题探讨［J］．国际城市规划，2007（5）：50－57.

［333］李仙德，宁越敏．城市群研究述评与展望［J］．地理科学，2012，32（3）：282－288.

［334］刘玉亭，王勇，吴丽娟．城市群概念、形成机制及其未来研究方向评述［J］．人文地理，2013，28（1）：62－68.

［335］倪鹏飞．中国城市竞争力报告［M］．北京：社会科学文献出版社，2008.

［336］方创琳．城市群空间范围识别标准的研究进展与基本判断［J］．城市规划学刊，2009（4）：1－6.

［337］顾朝林．城市群研究进展与展望［J］．地理研究，2011，30（5）：771－784.

［338］陆大道．地理学关于城镇化领域的研究内容框架［J］．地理科学，2013（8）：897－901.

［339］姚士谋，陈振光，叶高斌，等．中国城市群基本概念的再认知［J］．现代城市，2015，10（2）：1－6.

［340］吕拉昌，孙飞翔，黄茹．基于创新的城市化——中国270个地级及以上城市数据的实证分析［J］．地理学报，2018，73（10）：1910－1922.

［341］方创琳．改革开放40年来中国城镇化与城市群取得的重要进展与展望［J］．经济地理，2018，38（9）：1－9.

［342］叶明．关于“技术创新”概念的辨析［J］．科学学与科学技术管理，1992（4）：13－15.

［343］胡哲一．技术创新的概念与定义［J］．科学学与科学技术管理，1992（5）：47－50.

［344］朱冬元，宋化民．技术创新概念分析与绩效评价初探［J］．软科学，1996（4）：56－58.

［345］刘凤朝．浅析国家创新系统研究中对“创新”的界定［J］．软科学，2000（4）：59－60.

［346］王缉慈．创新及其相关概念的跟踪观察——返朴归真、认识进化和前沿发现［J］．中国软科学，2002（12）：31－35.

［347］温兴琦，David B. 发展中国家创新体系建设与中介机构作用研究——

基于文献的分析［J］．软科学，2016，30（5）：1－4.

［348］刘一君，张同建．企业集成创新中知识转移转化微观机理探析［J］．山东社会科学，2018（4）：137－142.

［349］付玉秀，张洪石．突破性创新：概念界定与比较［J］．数量经济技术经济研究，2004（3）：73－83.

［350］蒋艳辉，曾倩芳，冯楚建，等．非高管型海归、本土科技人才与企业突破性创新——来自中小型高新技术企业的经验证据［J］．中国软科学，2018（2）：149－159.

［351］王志玮，陈劲．企业破坏性创新概念建构、辨析与测度研究［J］．科学学与科学技术管理，2012，33（12）：29－36.

［352］王峥，龚轶．创新共同体：概念、框架与模式［J］．科学学研究，2018，36（1）：140－148.

［353］陈劲，曲冠楠．有意义的创新：引领新时代哲学与人文精神复兴的创新范式［J］．技术经济，2018，37（7）：1－9.

［354］刘卫东，张玉斌．区域资源结构、产业结构与空间结构的协调机制初探［J］．经济地理，1992（4）：20－25.

［355］宁越敏．上海大都市区空间结构的重构［J］．城市规划，2006（S1）：44－45＋55.

［356］贺灿飞，朱晟君．北京市劳动力结构和空间结构对其制造业地理集聚的影响［J］．中国软科学，2007（11）：104－113.

［357］顾朝林，C. 克斯特洛德．北京社会空间结构影响因素及其演化研究［J］．城市规划，1997（4）：12－15.

［358］王洋，金利霞，张虹鸥，等．广州市居民住房条件的空间分异格局与形成机制［J］．地理科学，2017，37（6）：868－875.

［359］周素红，郝新华，柳林．多中心化下的城市商业中心空间吸引衰减率验证——深圳市浮动车 GPS 时空数据挖掘［J］．地理学报，2014，69（12）：1810－1820.

［360］张志斌，潘晶，达福文．兰州城市人口空间结构演变格局及调控路径［J］．地理研究，2012，31（11）：2055－2068.

［361］李顺成，LEE Hee－Yeon. 紧凑式城市空间结构要素对区域经济发展的影响力研究——基于中国大城市面板数据的实证分析［J］．中国人口·资源

与环境，2017，27（12）：165－173.

［362］覃成林．开封经济区城镇群体研究［J］．地理学与国土研究，1992，8（1）：10－14.

［363］刘曙光，孟华，梁明英．中国经济地域结构类型的初步研究［J］．人文地理，1996（S2）：16－18.

［364］王竹君，任保平．基于高质量发展的地区经济效率测度及其环境因素分析［J］．河北经贸大学学报，2018，39（4）：8－16.

［365］邓子纲，贺培育．论习近平高质量发展观的三个维度［J］．湖湘论坛，2019，32（1）：13－23.

［366］卓越，张珉．全球价值链中的收益分配与“悲惨增长”——基于中国纺织服装业的分析［J］．中国工业经济，2008（7）：131－140.

［367］刘志彪，张杰．我国本土制造业企业出口决定因素的实证分析［J］．经济研究，2009，44（8）：99－112.

［368］田秋生．高质量发展的理论内涵和实践要求［J］．山东大学学报（哲学社会科学版），2018（6）：1－8.

［369］王永昌，尹江燕．论经济高质量发展的基本内涵及趋向［J］．浙江学刊，2019（1）：91－95.

［370］Comte A. System of Positive Polity［M］. London：Longmans Green Press，1975.

［371］Spencer H. The Principles of Sociology［M］. New York：D. Appleton and Company Press，1925.

［372］塔尔科特·帕森斯，尼尔·斯梅尔瑟．经济与社会——对经济与社会的理论统一的研究［M］．刘进，等译．北京：华夏出版社，1989.

［373］罗伯特·默顿．社会理论和社会结构［M］．唐少杰，等译．南京：译林出版社，2006.

［374］艾伦·斯温杰伍德．社会学思想简史［M］．北京：社会科学文献出版社，1988.

［375］陆大道，樊杰．经济地理学的领路人、人文地理学的开拓者：沉痛悼念我国当代杰出的地理学家吴传钧先生［J］．经济地理，2009，29（3）：353－356.

［376］吕拉昌，黄茹，廖倩．创新地理学研究的几个理论问题［J］．地理科学，2016，36（5）：653－661.

［377］ Holland J H. Complex Adaptive System ［M］. Reading: Addison Wesley, 1995.

［378］ 翟瑞雪，戴尔阜. 基于主体模型的人地系统复杂性研究［J］. 地理研究，2017，36（10）：1925－1935.

［379］ 丁志伟，王发曾. 城市—区域系统内涵与机理研究——从城市、城市体系、城市群到城市—区域系统［J］. 人文地理，2012（2）：92－96.

［380］ 李恒，杜德斌，肖刚. 区域知识创新系统中科技创新与高等教育的融合关系研究——基于长三角城市群的案例研究［J］. 上海经济研究，2015（5）：86－94.

［381］ Madani H. Transfer of Technology in the Biopharma Industry: A Case Study of Select Companies in Iran ［J］. The IUP Journal of Knowledge Management, 2012（1）：41－51.

［382］ Gilles H. The Role of Analysts in Intra－industry Information Transfer ［J］. The Accounting Review, 2013（4）：1265－1287.

［383］ 林毅夫. 产业政策与我国经济的发展：新结构经济学的视角［J］. 复旦学报（社会科学版），2017，59（2）：148－153.

［384］ 周海涛，张振刚. 政府科技经费对企业创新决策行为的引导效应研究——基于广东高新技术企业微观面板数据［J］. 中国软科学，2016（6）：110－120.

［385］ 贺灿飞，任永欢，李蕴雄. 产品结构演化的跨界效应研究——基于中国地级市出口产品的实证分析［J］. 地理科学，2016，36（11）：1605－1613.

［386］ 贺灿飞，刘作丽，王亮. 经济转型与中国省区产业结构趋同研究［J］. 地理学报，2008（8）：807－819.

［387］ 顾元媛，沈坤荣. 地方政府行为与企业研发投入——基于中国省际面板数据的实证分析［J］. 中国工业经济，2012（10）：77－88.

［388］ 王锋正，姜涛，郭晓川. 政府质量、环境规制与企业绿色技术创新［J］. 科研管理，2018，39（1）：26－33.

［389］ 马嘉楠，周振华. 地方政府财政科技补贴、企业创新投入与区域创新活力［J］. 上海经济研究，2018（2）：53－60.

［390］ 马双，曾刚，张翼鸥，等. 中国地方政府质量与区域创新绩效的关系［J］. 经济地理，2017，37（5）：35－41.

[391] 李广斌，王勇，袁中金．中国城市群空间演化的制度分析框架——基于法团主义的视角［J］．城市规划，2013（10）：9－13.

[392] 郑春勇．论地方政府合作与区域空间结构的协同演化——以珠江三角洲城市群为例［J］．广东商学院学报，2011，26（3）：4－11.

[393] 杨少华，范红忠．多中心城市的内生形成与政府政策的影响［J］．当代经济科学，2006，28（6）：15－21.

[394] 赵璟，党兴华，王修来．城市群空间结构的演变——来自中国西部地区的经验证据［J］．经济评论，2009（4）：27－34.

[395] 吴林海．论中国高新区的增长极作用［J］．江苏社会科学，2000（1）：22－25.

[396] 曹敏娜，王兴平．高新技术产业开发区的功能定位研究——以南京高新区为例［J］．人文地理，2003，18（2）：37－74.

[397] 方亮，徐维祥．组织学习、国家高新区创新与园区经济增长关系研究［J］．软科学，2015，29（11）：16－19.

[398] 邓羽，司月芳．西方创新地理研究评述［J］．地理研究，2016，35（11）：2041－2052.

[399] 周敏，林凯旋，黄亚平．城市空间结构演变的动力机制——基于新制度经济学视角［J］．现代城市研究，2014（2）：40－46.

[400] 刘耀彬，白彩全，李政通，等．环鄱阳湖城市体系规模结构变动——基于距离、规模、创新扩散的解释［J］．经济地理，2015，35（4）：62－69.

[401] 修春亮，魏冶，等．"流空间"视角的城市与区域结构［M］．北京：科学出版社，2015.

[402] 章潇萌，杨宇菲．对外开放与我国产业结构转型的新路径［J］．管理世界，2016（3）：25－35.

[403] 朱铁臻．改革开放与中国城市发展［J］．首都经济贸易大学学报，2009，10（2）：68－74.

[404] 庞晶，叶裕民．全球化对城市空间结构的作用机制分析［J］．城市发展研究，2012，19（4）：50－54.

[405] 刘承良，管明明，段德忠．中国城际技术转移网络的空间格局及影响因素［J］．地理学报，2018，73（8）：1462－1477.

[406] 王欣，姚洪兴．国际 R&D 对区域技术创新的非线性溢出效应——基

于长三角数据的PSTR模型分析［J］．国际经贸探索，2017，33（1）：60－78.

［407］郑兵云．知识密集型服务业科技创新传导实证研究［J］．软科学，2018，32（2）：16－19.

［408］吕民乐，金妍．知识密集型服务业对中国制造业创新的影响——基于高技术制造业的实证分析［J］．工业技术经济，2016，35（4）：17－24.

［409］吴开松，颜慧超，何科方．科技中介组织在高新区创新网络中的作用［J］．科技进步与对策，2007（7）：41－43.

［410］武晓静，杜德斌，肖刚，等．长江经济带城市创新能力差异的时空格局演变［J］．长江流域资源与环境，2017，26（4）：490－499.

［411］李佳洺，张文忠，孙铁山，等．中国城市群集聚特征与经济绩效［J］．地理学报，2014，69（4）：474－484.

［412］王缉慈．关于发展创新型产业集群的政策建议［J］．经济地理，2004，24（4）：433－436.

［413］孙瑜康，李国平，袁薇薇，等．创新活动空间集聚及其影响机制研究评述与展望［J］．人文地理，2017，32（5）：17－24.

［414］李婧．基于动态空间面板模型的中国区域创新集聚研究［J］．中国经济问题，2013（6）：56－66.

［415］唐未兵，傅元海，王展祥．技术创新、技术引进与经济增长方式转变［J］．经济研究，2014，49（7）：31－43.

［416］李煜伟，倪鹏飞．外部性、运输网络与城市群经济增长［J］．中国社会科学，2013（3）：22－42.

［417］Davelaar E J，Nijkampt P．Spatial Dispersion of Technological Innovation：A Case Study for the Netherlands by Means of Partial Least Squares［J］．Journal of Regional Science，2010，29（3）：325－346.

［418］王飞航，姜安印，刘苗．西部地区中心城市技术创新扩散效应的实证［J］．统计与决策，2018（2）：109－112.

［419］张战仁，杜德斌．分散与整合：跨国公司全球研发网络投资的空间协同治理研究［J］．科技进步与对策，2017，34（21）：24－29.

［420］安虎森．新经济地理学原理［M］．北京：经济科学出版社，2009.

［421］沈玉芳．产业结构演进与城镇空间结构的对应关系和影响要素［J］．世界地理研究，2008，17（4）：17－25.

［422］干春晖，郑若谷，余典范．中国产业结构变迁对经济增长和波动的影响［J］．经济研究，2011，46（5）：4－16.

［423］于斌斌．产业结构调整与生产率提升的经济增长效应——基于中国城市动态空间面板模型的分析［J］．中国工业经济，2015（12）：83－98.

［424］鞠建东，余心玎．全球价值链上的中国角色——基于中国行业上游度和海关数据的研究［J］．南开经济研究，2014（3）：39－52.

［425］袁中华，詹浩勇．生产性服务业集聚、知识分工与国家价值链构建［J］．宏观经济研究，2016（7）：98－104.

［426］王发明．创意产业集群化：基于地域根植性的理论演进及其政策含义［J］．经济学家，2010（5）：63－66.

［427］宁越敏．论中国城市群的发展和建设［J］．区域经济评论，2016（1）：124－130.

［428］付明卫，叶静怡，孟俣希，等．国产化率保护对自主创新的影响——来自中国风电制造业的证据［J］．经济研究，2015，50（2）：118－131.

［429］黄金川，陈守强．中国城市群等级类型综合划分［J］．地理科学进展，2015，34（3）：290－301.

［430］郭兵，罗守贵．地方政府财政科技资助是否激励了企业的科技创新？——来自上海企业数据的经验研究［J］．上海经济研究，2015（4）：70－78.

［431］袁航，朱承亮．国家高新区推动了中国产业结构转型升级吗［J］．中国工业经济，2018（8）：60－77.

［432］靳涛，陶新宇．政府支出和对外开放如何影响中国居民消费？——基于中国转型式增长模式对消费影响的探究［J］．经济学（季刊），2017，16（1）：121－146.

［433］柯善咨，赵曜．产业结构、城市规模与中国城市生产率［J］．经济研究，2014（4）：75－88.

［434］李苗苗，肖洪钧，赵爽．金融发展、技术创新与经济增长的关系研究——基于中国的省市面板数据［J］．中国管理科学，2015，23（1）：162－169.

［435］戴魁早，刘友金．行业市场化进程与创新绩效——中国高技术产业的经验分析［J］．数量经济技术经济研究，2013，30（9）：37－54.

［436］樊纲，王小鲁，张立文，等．中国各地区市场化相对进程报告［J］．经济研究，2003（3）：9－18.

[437] Friedmann J. Regional Development Policy: A Casestudy of Venezuela [J]. Urban Studies, 1966, 4 (3): 309-311.

[438] 谭俊涛，张平宇，李静．中国区域创新绩效时空演变特征及其影响因素研究［J］．地理科学，2016，36（1）：39-46.

[439] 陈瑞芳，陈刚，谭志云，等．基于GIS的江苏省公共文化服务供给新模式研究［J］．现代城市研究，2016（6）：106-113.

[440] 张振刚，李云健，陈志明．科技服务业对区域创新能力提升的影响——基于珠三角地区的实证研究［J］．中国科技论坛，2013（12）：45-51.

[441] 刘瑞明，赵仁杰．国家高新区推动了地区经济发展吗？——基于双重差分方法的验证［J］．管理世界，2015（8）：30-38.

[442] 谭静，张建华．国家高新区推动城市全要素生产率增长了吗？——基于277个城市的“准自然实验”分析［J］．经济与管理研究，2018，39（9）：75-90.

[443] Beck T, Levine R, Levkov A. Big Bad Banks? The Winners and Losers from Bank Deregulation in the United States [J]. Journal of Finance, 2010, 65 (5): 1637-1667.

[444] 王庶，岳希明．退耕还林、非农就业与农民增收——基于21省面板数据的双重差分分析［J］．经济研究，2017（4）：106-119.

[445] 何利．中国省会城市首位度结构特征研究——基于经济分布的实证分析［J］．技术经济与管理研究，2017（6）：111-115.

[446] 陈庆江．政府科技投入能否提高企业技术创新效率？［J］．经济管理，2017，39（2）：6-19.

[447] 安同良，周绍东，皮建才．R&D补贴对中国企业自主创新的激励效应［J］．经济研究，2009（10）：87-98.

[448] 蔡栋梁，李欣玲，李天舒．政府补贴与寻租对企业研发投入的影响［J］．财经科学，2018（5）：105-118.

[449] 原毅军，黄菁菁．FDI、产学研合作与区域创新产出——基于互补性检验的实证研究［J］．研究与发展管理，2016，28（6）：38-47.

[450] 唐宜红，俞峰，李兵．外商直接投资对中国企业创新的影响——基于中国工业企业数据与企业专利数据的实证检验［J］．武汉大学学报（哲学社会科学版），2019，72（1）：104-120.

［451］胡曙虹，黄丽，范蓓蕾，等．中国高校创新产出的空间溢出效应与区域经济增长——基于省域数据的空间计量经济分析［J］．地理科学，2016，36（12）：1767－1776.

［452］类骁．国际研发溢出与省域技术创新能力研究——基于吸收能力的动态面板估计［J］．软科学，2017，31（11）：21－24.

［453］任皓，周绍杰，胡鞍钢．知识密集型服务业与高技术制造业协同增长效应研究［J］．中国软科学，2017（8）：34－45.

［454］黎文靖，李耀淘．产业政策激励了公司投资吗［J］．中国工业经济，2014（5）：122－134.

［455］孟庆玺，尹兴强，白俊．产业政策扶持激励了企业创新吗——基于“五年规划”变更的自然实验［J］．南方经济，2016（12）：1－25.

［456］张冀新，胡维丽，程慧平，等．国家高新区创新能力转换效应研究［J］．经济体制改革，2017（6）：73－78.

［457］Sachs J D，Warner A M. The Curse of Natural Resources［J］. European Economic Review，2001，45（4）：827－838.

［458］郭存芝，罗琳琳，叶明．资源型城市可持续发展影响因素的实证分析［J］．中国人口·资源与环境，2014，24（8）：81－89.

［459］张生玲，李跃，酒二科，等．路径依赖、市场进入与资源型城市转型［J］．经济理论与经济管理，2016（2）：14－27.

［460］白雪洁，汪海凤，闫文凯．资源衰退、科教支持与城市转型——基于坏产出动态模型的资源型城市转型效率研究［J］．中国工业经济，2014（11）：30－43.

［461］郭爱君，胡安军，王祥兵．资源型经济区产业路径依赖的形成机制、特性与破解［J］．经济问题探索，2017（10）：73－79.

［462］张米尔．西部资源型城市的产业转型研究［J］．中国软科学，2001（8）：102－105.

［463］杜辉．资源型城市可持续发展保障的策略转换与制度构造［J］．中国人口·资源与环境，2013，23（2）：88－93.

［464］徐君，李巧辉，王育红．供给侧改革驱动资源型城市转型的机制分析［J］．中国人口·资源与环境，2016，26（10）：53－60.

［465］吴剑平．替代与变迁：制度经济学视阈下的高新区制度演进研究

[J]．科技进步与对策，2014，31（8）：112－115.

[466] 马丽莎，钟勇．高新技术开发区综合效率与城市经济发展互动效应研究[J]．经济体制改革，2015（3）：68－75.

[467] 程郁，陈雪．创新驱动的经济增长——高新区全要素生产率增长的分解[J]．中国软科学，2013（11）：26－39.

[468] Nelson R R, Winter S G. An Evolutionary Theory of Economic Change [M]. Cambridge, MA and London: The Belknap Press, 1982.

[469] David P A. Path Dependence: Putting the Past into the Future of Economics [R]. The Economic Series Technical Report 533, 1988.

[470] Arthur W B. Increasing Returns and Path Dependence in the Economy [M]. Ann Arbor: University of Michigan Press, 1994.

[471] Auty R M. Sustaining Development in Mineral Economics: The Resource Curse Thesis [M]. London: Routledge, 2002.

[472] Holder R. The Curse of Natural Resources in Fractionalized Countries [J]. European Economic Review, 2006, 50 (6): 1367－1386.

[473] Alubaydli O. Natural Resources and the Trade Off between Authoritarianism and Development [J]. Journal of Economic Behavior & Organization, 2012, 81 (1): 137－152.

[474] Wiens D. Natural Resources and Institutional Development [J]. Journal of Theoretical Politics, 2014, 26 (2): 197－221.

[475] Mehlum, H., Moene, K., Torvik, R. Institutions and the Resource Curse [J]. Economic Journal, 2006, 116 (508): 1－20.

[476] 金建国，李玉辉．资源型城市转型中的政府管理创新[J]．经济社会体制比较，2005（5）：134－137.

[477] 董利红，严太华．制度质量、技术和人力资本投入与“资源诅咒”：基于我国省际面板数据的实证机理分析[J]．管理工程学报，2016，30（4）：18－24.

[478] Eric T L, Martin C, Stig H J. The Neglected Role of Local Institutions in the "Resource Curse" Debate: Limestone Mining in the Krobo Region of Ghana [J]. Resources Policy, 2017 (54): 43－52.

[479] Yannis A, Maxime W. Turning Resource Curse into Development Divi-

dends in Guinea - Bissau [J]. Resources Policy, 2017 (53): 226 - 237.

[480] 张复明，景普秋. 资源型经济的形成：自强机制与个案研究 [J]. 中国社会科学，2008 (5): 117 - 207.

[481] McLan I W, Taylor A M. Australian Growth: A California Perspective [R]. NBER Working Paper, 2001.

[482] Frankel J A. The Natural Resource Curse: A Survey of Diagnoses and Some Prescriptions [R]. HKS Faculty Research Working Paper Series RWP12 - 014, John F. Kennedy School of Government, Harvard University, 2012.

[483] 万建香，汪寿阳. 社会资本与技术创新能否打破"资源诅咒"?——基于面板门槛效应的研究 [J]. 经济研究，2016 (12): 76 - 89.

[484] 郭丕斌，周喜君，李丹，等. 煤炭资源型经济转型的困境与出路：基于能源技术创新视角的分析 [J]. 中国软科学，2013 (7): 39 - 46.

[485] Setterfield M. Should Economists Dispense with the Notion of Equilibrium? [J]. Journal of Keynesian Economics, 1997, 20 (1): 47 - 76.

[486] 贺灿飞，梁进社. 中国区域经济差异的时空变化：市场化、全球化与城市化 [J]. 管理世界，2004 (8): 8 - 17.

[487] 陈培阳，朱喜钢. 基于不同尺度的中国区域经济差异 [J]. 地理学报，2012, 67 (8): 1085 - 1097.

[488] 鲍超，李秋颖，梁广林. 1985—2010 年中国城市的空间格局与重心演变轨迹 [J]. 城市发展研究，2015, 22 (9): 36 - 42.

[489] 邵帅，范美婷，杨莉莉. 资源产业依赖如何影响经济发展效率——有条件资源诅咒假说的检验及解释 [J]. 管理世界，2013 (2): 32 - 63.

[490] 曹勇，曹轩祯，罗楚珺，等. 我国四大直辖城市创新能力及其影响因素的比较研究 [J]. 中国软科学，2013 (6): 162 - 170.

[491] 赵康杰，景普秋. 资源依赖、资本形成不足与长期经济增长停滞——"资源诅咒"命题再检验 [J]. 宏观经济研究，2014 (3): 30 - 42.

[492] 赵辉，刘学敏. 资源型经济转型路径分析 [J]. 城市问题，2013 (7): 31 - 35.

[493] 杨莉莉，邵帅. 人力资本流动与资源诅咒效应：如何实现资源型区域的可持续增长 [J]. 财经研究，2014, 40 (11): 44 - 60.

[494] 赵领娣，徐乐，张磊. 资源产业依赖、人力资本与"资源诅咒"——

基于资源型城市的再检验［J］．地域研究与开发，2016，35（4）：52－57.

［495］周亚虹，贺小丹，沈瑶．中国工业企业自主创新的影响因素和产出绩效研究［J］．经济研究，2012（5）：107－119.

［496］Heckman J J，Ichimura H，Todd P. Matching as an Econometric Estimator：Evidence from Evaluating a Jobtraining Programme［J］．Review of Economic Studies，1997，64（4）：605－654.

［497］原新，高瑗．改革开放以来的中国经济奇迹与人口红利［J］．人口研究，2018，42（6）：3－14.

［498］Gereffi G. International Trade and Industrial Upgrading in the Apparel Commodity Chain［J］．Journal of International Economics，1999（1）：37－70.

［499］卢福财，胡平波．全球价值网络下中国企业低端锁定的博弈分析［J］．中国工业经济，2008（10）：23－32.

［500］李廉水，程中华，刘军．基于再集成的“低端锁定”突破路径研究［J］．中国工业经济，2015（2）：63－75.

［501］郝凤霞，张璘．低端锁定对全球价值链中本土产业升级的影响［J］．科研管理，2016，37（S1）：131－141.

［502］辜胜阻，吴华君，吴沁沁，等．创新驱动与核心技术突破是高质量发展的基石［J］．中国软科学，2018（10）：9－18.

［503］郭朝先．当前中国工业发展问题与未来高质量发展对策［J］．北京工业大学学报（社会科学版），2019，19（2）：50－59.

［504］郭春丽，易信，何明洋．推动高质量发展面临的难题及破解之策［J］．宏观经济管理，2019（1）：7－14.

［505］金碚．关于“高质量发展”的经济学研究［J］．中国工业经济，2018（4）：5－18.

［506］吴传清，邓明亮．科技创新、对外开放与长江经济带高质量发展［J］．科技进步与对策，2019，36（3）：33－41.

［507］黄志基，贺灿飞．制造业创新投入与中国城市经济增长质量研究［J］．中国软科学，2013（3）：89－100.

［508］贺晓宇，沈坤荣．现代化经济体系、全要素生产率与高质量发展［J］．上海经济研究，2018（6）：25－34.

［509］徐现祥，李书娟，王贤彬，等．中国经济增长目标的选择：以高质量

发展终结“崩溃论”［J］. 世界经济，2018，41（10）：3－25.

［510］王群勇，陆凤芝. 环境规制能否助推中国经济高质量发展？——基于省际面板数据的实证检验［J］. 郑州大学学报（哲学社会科学版），2018，51（6）：64－70.

［511］龚关，胡关亮. 中国制造业资源配置效率与全要素生产率［J］. 经济研究，2013（4）：4－15.

［512］台航，孙瑞. 财政分权和国有企业生产效率——基于省级工业企业数据的实证分析［J］. 财政研究，2017（8）：95－110.

［513］赵志耘，杨朝峰. 中国全要素生产率的测算与解释：1979—2009年［J］. 财经问题研究，2011（9）：3－12.

［514］毛丰付，潘加顺. 资本深化、产业结构与中国城市劳动生产率［J］. 中国工业经济，2012（10）：32－44.

［515］张军，吴桂英，张吉鹏. 中国省际物质资本存量估算：1952—2000［J］. 经济研究，2004（10）：35－44.

［516］邵军，徐康宁. 我国城市的生产率增长、效率改进与技术进步［J］. 数量经济技术经济研究，2010（1）：58－66.

［517］张军，施少华. 中国经济全要素生产率变动：1952－1998［J］. 世界经济文汇，2003（2）：17－24.

［518］肖功为，贺翀. 中国产业结构优化升级引致的城镇化效应研究——一个省级面板分位数模型的实证检验［J］. 财经理论与实践，2013，34（5）：90－94.

［519］付宏，毛蕴诗，宋来胜. 创新对产业结构高级化影响的实证研究——基于2000—2011年的省际面板数据［J］. 中国工业经济，2013（9）：56－68.

［520］李文星. 产业结构优化与就业增长［J］. 当代财经，2012（3）：14－24.

［521］钞小静，沈坤荣. 城乡收入差距、劳动力质量与中国经济增长［J］. 经济研究，2014，49（6）：30－43.

［522］赵通，任保平. 金融资本和产业资本融合促进实体经济高质量发展的模式选择［J］. 贵州社会科学，2018（10）：112－117.

［523］许弟伟，龚飒. 经济高质量发展模式下资本市场发展的着力点［J］. 宏观经济管理，2019（1）：65－70.

[524] 赵文军，于津平．市场化进程与我国经济增长方式——基于省际面板数据的实证研究［J］．南开经济研究，2014（3）：3－22.

[525] 王君．工业化、信息化与经济增长方式转变［J］．宏观经济管理，2013（3）：35－37.

[526] Buccci A，Sacco P L，Segre G. Smart Endogenous Growth：Cultural Capital and the Creative Use of Skills［J］．International Journal of Manpower，2014，35（1/2）：33－55.

[527] 靳涛，林海燕．文化资本与经济增长：中国经验［J］．经济学动态，2018（1）：69－85.

[528] Boschma R，Iammarino S. Related Variety，Trade Linkages，and Regional Growth in Italy［J］．Economic Geography，2009，85（3）：289－311.

[529] 吴三忙，李善同．专业化、多样化与产业增长关系——基于中国省级制造业面板数据的实证研究［J］．数量经济技术经济研究，2011，28（8）：21－34.

[530] 祝树金，于晓路，钟腾龙．我国地区产业多样化、技术创新与经济发展——基于面板数据联立方程模型的研究［J］．产经评论，2014，5（6）：52－62.

[531] Brachert M，Kubis A，Titze M. Related Variety，Unrelated Variety and Regional Functions：Identifying Sources of Regional Employment Growth in Germany from 2003 to 2008［J］．Evolutionary Economic Geography，2013，20（1）：2－15.

[532] Frenken K，Oort F V，Verburg T. Related Variety，Unrelated Variety and Regional Economic Growth［J］．Regional Studies，2007（5）：685－697.

[533] 周国富，徐莹莹，高会珍．产业多样化对京津冀经济发展的影响［J］．统计研究，2016，33（12）：28－36.

[534] Hansen B E. Sample Splitting and Threshold Estimation［J］. Econometrica，2000，68（3）：575－603.

[535] 何兴强，欧燕，史卫，等．FDI 技术溢出与中国吸收能力门槛研究［J］．世界经济，2014，37（10）：52－76.

[536] 杨俊，张宗益．中国经济发展中的收入分配及库兹涅茨倒 U 假设再探讨［J］．数量经济技术经济研究，2003（2）：30－34.

[537] 邵红伟，靳涛．收入分配的库兹涅茨倒 U 曲线——跨国横截面和面

板数据的再实证［J］．中国工业经济，2016（4）：22－38.

［538］吴延兵．不同所有制企业技术创新能力考察［J］．产业经济研究，2014（2）：53－64.

［539］魏敏，李书昊．新时代中国经济高质量发展水平的测度研究［J］．数量经济技术经济研究，2018，35（11）：3－20.

［540］梁婧，张庆华，龚六堂．城市规模与劳动生产率：中国城市规模是否过小？——基于中国城市数据的研究［J］．经济学（季刊），2015，14（3）：1053－1072.

后　记

本书得以完成并出版，首先感谢广西大学张林教授给予的细心与认真指导！在本书写作过程中，张林教授在理论框架构建、整体写作思路等方面提出了诸多建设性意见与建议，使本书能够得以顺利推进。张林教授逻辑缜密、治学严谨的学术态度，也深刻地启迪着我今后的学术生涯！

感谢我的妻子在本书写作过程中给予我的莫大鼓励与关心！感谢我的父亲、母亲、岳父与岳母对我的生活与工作无微不至的关怀与照顾！没有他们的支持，本书也不可能得以完成！

感谢广西大学商学院黎鹏教授、李红教授、张协奎教授、谢舜教授、周均旭教授、曹平教授、刘亚萍教授以及西北大学席恒教授对本书写作提出的中肯批评与改进建议，他们高深的理论功底和严谨的治学态度让我受益匪浅，也让我学到了更多学术科研之道！

本书的出版得到了广西工业高质量发展研究中心的资助，令我万分感激，在此深表谢意！祝愿广西工业高质量发展研究中心越办越好，成为助推区域经济高质量发展的高水平智库！